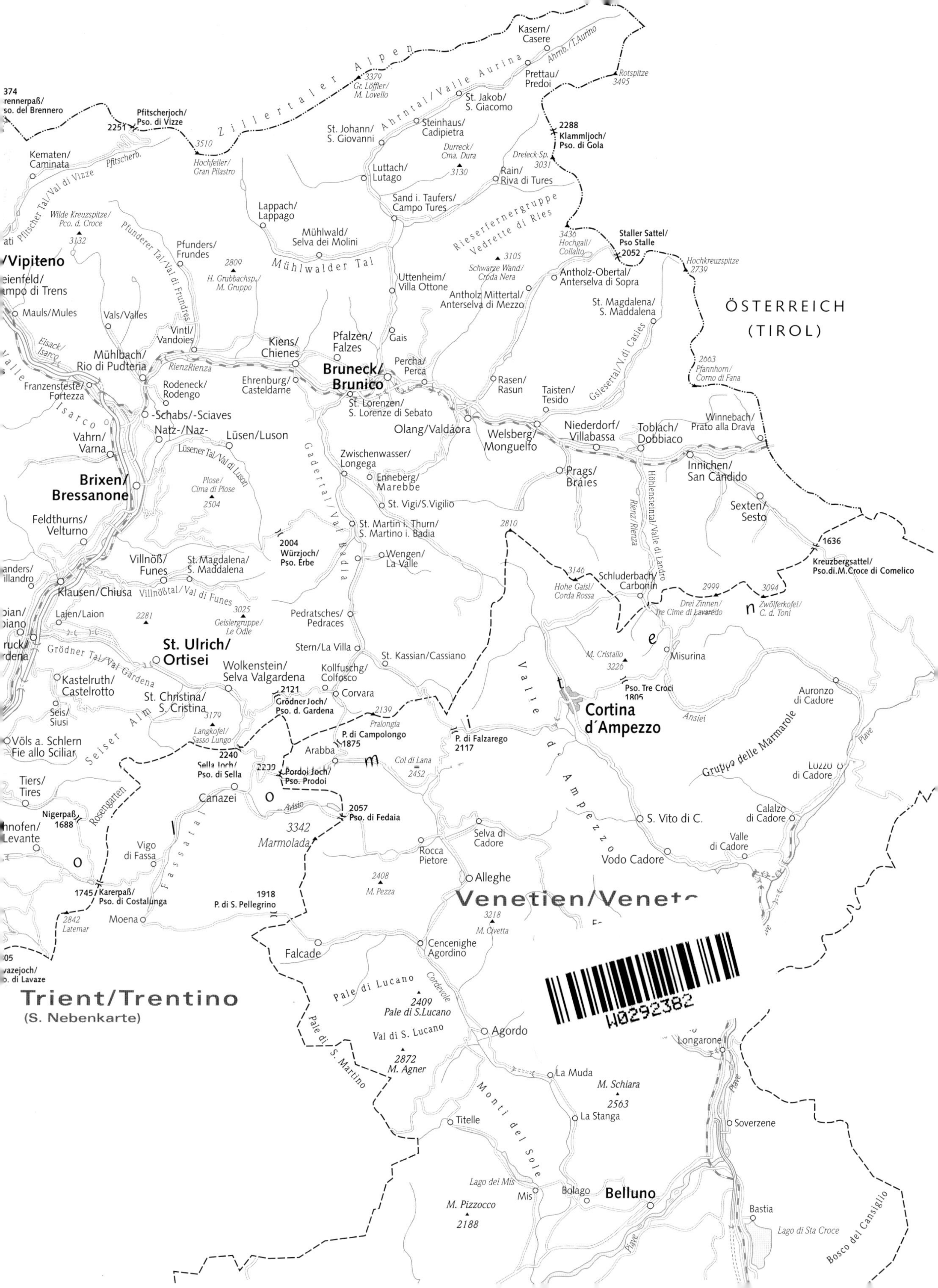

Zillertaler Alpen
Brennerpaß/
Pso. del Brennero
Pfitscherjoch/
Pso. di Vizze
2251
3510
Hochfeiler/
Gran Pilastro
Kematen/
Caminata
Pfitscherb.
Pfitscher Tal/Val di Vizze
Wilde Kreuzspitze/
Pco. d. Croce
3132
Vipiteno
Pfunderer Tal/Val di Frundres
Pfunders/
Frundes
2809
H. Grubbachsp./
M. Gruppo
Mauls/Mules
Vals/Valles
Vintl/
Vandoies
Mühlbach/
Rio di Pudteria
Eisack/
Isarco
Franzensfeste/
Fortezza
Valle Isarco
Rienz/Rienza
Rodeneck/
Rodengo
-Schabs/-Sciaves
Natz-/Naz-
Lüsen/Luson
Lüsener Tal/Val di Luson
Vahrn/
Varna
Brixen/
Bressanone
Plose/
Cima di Plose
2504
Feldthurns/
Velturno
Villnöß/
Funes
St.Magdalena/
S. Maddalena
Villnößtal/Val di Funes
3025
Geislergruppe/
Le Odle
Klausen/Chiusa
Lajen/Laion
2281
Grödner Tal/Val Gardena
St. Ulrich/
Ortisei
Kastelruth/
Castelrotto
Seis/
Siusi
Völs a. Schlern
Fie allo Sciliar
Seiser Alm
St. Christina/
S. Cristina
3179
Langkofel/
Sasso Lungo
Wolkenstein/
Selva Valgardena
2121
Grödner Joch/
Pso. d. Gardena
2240
Sella Joch/
Pso. di Sella
Tiers/
Tires
Rosengarten
Nigerpaß
1688
Levante
Vigo
di Fassa
Fassatal
Canazei
1745
Karerpaß/
Pso. di Costalunga
2842
Latemar
Moena
Lavazejoch/
Pso. di Lavaze
Trient/Trentino
(S. Nebenkarte)
St. Johann/
S. Giovanni
Ahrntal/Valle Aurina
Steinhaus/
Cadipietra
3379
Gr. Löffler/
M. Lovello
St. Jakob/
S. Giacomo
Kasern/
Casere
Prettau/
Predoi
Ahrnb./T.Aurino
Rotspitze
3495
2288
Klammljoch/
Pso. di Gola
Durreck/
Cma. Dura
3130
Dreieck-Sp.
3031
Luttach/
Lutago
Rain/
Riva di Tures
Sand i. Taufers/
Campo Tures
Lappach/
Lappago
Mühlwald/
Selva dei Molini
Mühlwalder Tal
Rieserfernergruppe
Vedrette di Ries
3436
Hochgall/
Collalto
Staller Sattel/
Pso Stalle
2052
3105
Schwarze Wand/
Croda Nera
Hochkreuzspitze
2739
Uttenheim/
Villa Ottone
Antholz-Obertal/
Anterselva di Sopra
Antholz Mittertal/
Anterselva di Mezzo
St. Magdalena/
S. Maddalena
ÖSTERREICH
(TIROL)
Gsiesertal/V.di Casies
Kiens/
Chienes
Pfalzen/
Falzes
Gais
Percha/
Perca
Bruneck/
Brunico
Ehrenburg/
Casteldarne
St. Lorenzen/
S. Lorenze di Sebato
Rasen/
Rasun
Taisten/
Tesido
2663
Pfannhorn/
Corno di Fana
Olang/Valdáora
Welsberg/
Monguelfo
Niederdorf/
Villabassa
Toblach/
Dobbiaco
Winnebach/
Prato alla Drava
Innichen/
San Cándido
Zwischenwasser/
Longega
Enneberg/
Marebbe
Prags/
Bráies
St. Vigi/S.Vigilio
Gadertal/Val Badia
St. Martin i. Thurn/
S. Martino i. Badia
2004
Würzjoch/
Pso. Erbe
Wengen/
La Valle
Höhlensteintal/Valle di Landro
Rienz/Rienza
Sexten/
Sesto
2810
1636
Kreuzbergsattel/
Pso.di.M.Croce di Comelico
3146
Hohe Gaisl/
Corda Rossa
Schluderbach/
Carbonin
2999
Drei Zinnen/
Tre Cime di Lavaredo
3094
Zwölferkofel/
C. d. Toni
Pedratsches/
Pedraces
Stern/La Villa
St. Kassian/Cassiano
Kollfuschg/
Colfosco
Corvara
M. Cristallo
3220
Misurina
Pso. Tre Croci
1805
Valle d'Ampezzo
Cortina
d'Ampezzo
Ansiei
Auronzo
di Cadore
Gruppo delle Marmarole
Piave
2139
Pralongia
P. di Campolongo
1875
Arabba
P. di Falzarego
2117
Dolomiten
Col di Lana
2452
2239
Pordoi Joch/
Pso. Prodoi
Avisio
2057
Pso. di Fedaia
3342
Marmolada
Selva di
Cadore
Rocca
Pietore
Alleghe
Lozzo
di Cadore
S. Vito di C.
Calalzo
di Cadore
Valle
di Cadore
Vodo Cadore
2408
M. Pezza
Venetien/Veneto
3218
M. Civetta
1918
P. di S. Pellegrino
Falcade
Cencenighe
Agordino
Cordevole
Pale di Lucano
2409
Pale di S.Lucano
Val di S. Lucano
Pale di S. Martino
2872
M. Agner
Agordo
Longarone
La Muda
M. Schiara
2563
La Stanga
Monti del Sole
Titelle
Soverzene
Piave
Lago del Mis
Mis
Bolago
Belluno
M. Pizzocco
2188
Bastia
Lago di Sta Croce
Bosco del Cansiglio
Piave

Dieter Kreutzkamp

Straßen in die Einsamkeit

Dieter Kreutzkamp

Straßen in die Einsamkeit

Südtirol – Trentino

Zwischen Ortler und Dolomiten,
zwischen Brenner und Trient

Auf Hirtenpfaden und stillen Bergwegen
entlang der Sonnenseite der Alpen

Mit Beiträgen von Reinhard Kuntzke,
Jul Bruno Laner, Hanspaul Menara, Klaus Thiele,
Christoph Wendt u. a.

Frederking & Thaler

Inhaltsverzeichnis

Im Herzen Südtirols – Zwischen Bozen und Meraner Land

Der Nordosten – Zwischen, Brenner und Ahrntal

Zwischen Bozen und Trient – Weinberge, stille Täler und der Zauber des Südens

Anhang

Auf der Sonnenseite der Alpen

Berge, die der große Baumeister Le Corbusier als die »schönste Architektur der Welt« bezeichnete, ein mildes Klima, das den Frühling früher als anderswo Einzug halten läßt, eine Alpenregion die bekannt ist für ihren Wein und köstliche Äpfel: Südtirol. Schon im März blühen die Kirschbäume, Ende April stehen in den Tälern Millionen Apfelbäume in Blüte. Vom sonnenverwöhnten Südzipfel ist es nur noch ein Sprung zum Gardasee. Im Westen dominieren die Gipfel des Ortler, weiter östlich schwelgt das Auge im Panorama bizarrer Dolomitenwände. Zahlreiche Burgen, etwa 200 edle Ansitze, Klosterbauten und Kirchen reihen sich hier und im angrenzenden Trentino aneinander wie Perlen an einer Kette.

Deutsch spricht man in Südtirol, Italienisch im Trentino. Doch für den heutigen Besucher werden diese Sprachgrenzen unscharf, verwischen sich zunehmend. So führen die Reportagen dieses Buches im Bereich der südlichen Dolomiten bis weit hinein ins Trentino und Belluno. Wie bereits Albrecht Dürer und nach ihm Johann Wolfgang von Goethe blicken auch die Autoren über den Rand Südtirols hinaus, ins Trentiner Fersental zum Beispiel, eine seltsam anmutende deutsche Sprachinsel in Oberitalien. Und nach Trient, dieser Perle der Renaissance.

Im Fokus jedoch stehen stille Pfade und einsame Straßen. Auf uralten Hirtenwegen folgt man Schafherden, die über Gletscher und Pässe hinweg auf ihre Sommerweiden in den Ötztaler Alpen ziehen. Man folgt ihnen durchs Pustertal und wandert auf stillen Pfaden durch die Welt der Ladiner, einer noch immer lebendigen eigenständigen Kultur im Herzen der Dolomiten, und stellt überrascht fest, wieviel Stille es in dieser beliebten Besucherregion gibt. Wild, fast unerschlossen hingegen sind die südöstlichen Dolomiten, wo es beim Giro Grande in einem abenteuerlichen Fußmarsch zu menschenleeren Bergen und der Civetta, der »Wand der Wände«, geht.

Kaum eine andere Alpenregion lädt zum Wandern ein wie Südtirol/Trentino. Doch nicht nur stillen Hirten- und Bergwegen folgen die Autoren. Auf dem »Friedenspfad« im Trentino wird man – wie auch am Ortler – mit dem Ersten Weltkrieg konfrontiert, dessen Relikte heute wie eine ewige Mahnung aus dem Eis tauen. So, wie es mit »Ötzi« geschah, dem berühmtesten Südtiroler.

Vom Hochplateau des Ritten nordöstlich von Bozen bieten sich herrliche Blicke auf das Schlernmassiv.

Südtirol erscheint wie eine deutschsprachige »Insel« im Norden Italiens. Doch wo sich heute im Zuge der Europäischen Union und des Euro-Einzugs die Grenzen verwischen, waren sie bis Ende 1918 (s. S. 13 f.) schwer umkämpft. Hannes Kautzky wirft einen Blick zurück in die Schicksalsjahre Südtirols.

Zwischen Zentralismus und Selbstbestimmung – Südtirol 1918–1969

Bereits im Zuge der nationalistischen Bestrebungen des 19. Jahrhunderts hatte sich die *Irredenta*, eine nationale Bewegung zur Angliederung »unerlöster italienischer Volkstumsgebiete«, um die Eingliederung der Regionen Trient, Triest und Istrien in den jungen italienischen Einheitsstaat bemüht. Über Jahrhunderte waren die deutschsprachigen Tiroler unter der Krone der Habsburger mit den italienischsprachigen des Trentino (Welschtirol) bestens ausgekommen, erst mit dem Erstarken des Nationalismus in ganz Europa entstand ein immer stärkerer Germanisierungsdruck auf die Welschtiroler, der zwangsläufig Gegenbewegungen zur Folge hatte. Die nationale Euphorie begann schließlich auf beiden Seiten, grelle Blüten zu treiben. Hand in Hand mit dem Nationalismus ging zur gleichen Zeit ein starker Imperialismus. Glühender Anhänger dieser Bewegung und Hauptaktionist der chauvinistischen Vorkriegsstimmung in Italien war Ettore Tolomei, dessen Vorstellungen noch weit über das Trentino hinausgriffen: Die »Abrundung« des italienischen Staatsgebiets mit strategisch sicheren Grenzen am Alpenhauptkamm war sein Ziel. So machte er sich daran, alle geographischen Bezeichnungen mit viel Phantasie durch italienische Namen zu ersetzen.

Dann kam das Jahr 1918. Das Ende des Ersten Weltkriegs markierte die Auflösung des habsburgischen Österreich: Nationalismus, das starre Festhalten der deutschsprachigen Österreicher an ihren Privilegien und mangelnde Toleranz gegenüber den anderen Kulturen in der Donaumonarchie hatten ihren Zerfall bewirkt. Am 3. November wurde ein Waffenstillstandsvertrag mit Italien unterzeichnet, der jedoch in der allgemeinen Verwirrung der österreichischen Heerleitung erst am nächsten Tag in Kraft trat. Während Österreichs Soldaten sich auf den Heimmarsch machten, hatte die italienische Armee 36 Stunden Zeit, sie im Handstreich gefangenzunehmen und so die Weichen für das weitere Schicksal Südtirols zu stellen.

Bis zum August 1919 folgte ein hartnäckiges Tauziehen um das Gebiet. Italien, vom Zusammenbruch Österreichs völlig überrascht und ohne konkrete Vorstellungen, wie es mit der kleinen Alpenregion weitergehen sollte, ließ Tolomei und seine Faschisten gewähren. Nicht durch die Begegnung mit den Italienern sollte das Trauma der Südtiroler seinen Anfang nehmen, sondern durch die Konfrontation mit einem zentralistischen italienischen Staat, seiner uferlosen Bürokratie und seinem massiven Kolonialismus.

Mit der Machtergreifung der Faschisten im Jahr 1922 erhielt Tolomei freie Hand, sein radikales Italianisierungsprogramm durch ein Bündel von Verwaltungsmaßnahmen durchzusetzen: Italienisch als einzige Amtssprache, Ersetzung deutscher Orts- und Flurnamen durch italienische Bezeichnungen, ein italienischer Polizei- und Beamtenapparat, Ausschaltung von Einheimischen bei der Kontrolle von Wirtschaftseinrichtungen und Vereinen, verstärkte Ansiedlung von Italienern aus dem Süden des Landes. Eine neue, faschistische Architektur veränderte das Gesicht Bozens (s. S. 104 ff.). Ab 1925 wurde selbst der private Deutschunterricht verboten, so daß die Kinder heimlich in den »Katakombenschulen« der Kirche ihre Muttersprache lernen mußten. Willkürakte machten darüber hinaus deutschen und ladinischen Südtirolern das Alltagsleben schwer, machten sie buchstäblich zu »Fremden in der eigenen Heimat«.

1939 einigten sich Hitler und Mussolini darauf, einen Teil der Südtiroler umzusiedeln. Diese mußten entweder für Deutschland optieren und auswandern oder sich für eine ungewisse Zukunft irgendwo im faschistischen Italien entscheiden. Dieser Zwang, zwischen zwei Übeln zu wählen, trieb einen Keil zwischen die Südtiroler und spaltete sie in »Geher« und »Dableiber«. Letztere argumentierten, daß eine Massenumsiedlung schon aus organisatorischen Gründen unmöglich sei, erstere votierten indirekt gegen die Unmenschlichkeit des Nationalsozialismus.

1945, nach Ende des Zweiten Weltkriegs, forderten die Südtiroler bei den Alliierten ihr Recht auf Selbstbestimmung, wobei sie von Österreich unterstützt wurden. Rom wehrte sich vehement, wollte nicht auf die wichtigen Wasserkraftwerke in den Bergen, die Bozener Industrie und seine »heilige« Brennergrenze verzichten. Da es für die Westmächte mit Beginn des »kalten Kriegs« wichtig war, Italien im eigenen Lager zu halten, handelten der österreichische Außenminister Karl Gruber und der italienische Ministerpräsident Alcide De Gasperi 1946 ein Auto-

Hübsche Südtiroler Trachten in Kastelruth.

nomieabkommen für Südtirol aus, in dem ihm auf dem Papier völlige Gleichberechtigung der deutschen und italienischen Bevölkerung, die Förderung der Tiroler Kultur und Österreich als Schutzmacht zugestanden wurden. In der Praxis änderte sich allerdings wenig, denn die zentralistische italienische Bürokratie und ständig wechselnde Regierungen ließen praktische Maßnahmen im Sand verlaufen. Österreich intervenierte ergebnislos und brachte die Südtirolfrage 1960 vor die UNO.

Währenddessen regte sich in Nord- und Südtirol immer heftigerer Unmut, der Befreiungsausschuß Südtirol (BAS) wollte symbolische Aktionen setzen, um Volk und Politiker wachzurütteln. Da die Neofaschisten Bozen weiterhin ungeniert für ihre Aufmärsche nutzten, planten von der offiziellen Politik Enttäuschte Anschläge mit dem Ziel, nur Sachschaden zu verursachen, ohne Menschenleben zu gefährden. Nach ersten kleinen »Nadelstichen« schlugen die als »Bumser« bezeichneten Aktivisten zu: In der sogenannten »Feuernacht« im Juni 1961 flogen 37 Hochspannungsmasten in die Luft und legten große Teile des norditalienischen Stromnetzes lahm. Mit einem Schlag stand Südtirol am Rande eines Bürgerkriegs und damit im Zentrum des Weltinteresses. Die Polizei verhaftete und folterte Schuldige wie Unschuldige, und statt der betroffenen Bevölkerung hatten 1963 bis 1967 Radikale und Geheimdienste das Sagen. Pangermanische Gruppen und der italienische Geheimbund Gladio bekämpften sich erbittert, die Anschläge wurden zunehmend brutaler und forderten zwei Dutzend meist unschuldige Opfer. Inwiefern diese Gewaltjahre die spätere politische Lösung beeinflußten, darüber wird man nur spekulieren können, zumindest veranlaßten sie die UNO zu intervenieren. Eine Kommission zur Lösung der Autonomiefrage erarbeitete ein »Paket«, das 1969 und 1972 ratifiziert wurde und dessen Bestimmungen, äußerst schleppend, 20 Jahre später offiziell als umgesetzt galten.

Das *Gruber-De-Gasperi-Abkommen* und das »Paket« garantierten den Südtirolern einen Sonderstatus. Mehr als 80 Jahre nach ihrer Abtrennung von Tirol sprechen sie weiterhin ihre Muttersprache, pflegen ihre kulturellen Gewohnheiten. Das ganze Gebiet hat in den letzten Jahrzehnten einen unglaublichen wirtschaftlichen Aufschwung erlebt. Die italienische Lebensart wird von vielen als Bereicherung gesehen. Das Dasein am Schnittpunkt der Kulturen öffnet neue Perspektiven, und mit dem Schengener Abkommen und der Einführung des Euro sind alte und neue Grenzen endgültig gefallen.

Farbenprächtige Fronleichnamsprozession im Sarntal.

10 000 Jahre im Zeitraffer

ab 8000 v. Chr. Die Besiedelung des Alpenraums beginnt

ab 2500 v. Chr. Eingewanderte indogermanische Stämme bilden im Alpenraum das Volk der Räter.

ab 500 v.Chr. In der sog. *Fritzens-Sanzeno-Kultur* leben von Nordtirol bis zum Trentino rätische Traditionen weiter, während darum herum die keltische La-Tène-Zivilisation dominiert.

15 v.Chr. Die Römer erobern den Alpenraum, der für sie als Transitstrecke nach Norden von Bedeutung ist. Südtirol wird Teil der Provinz Rätien.

1258–95 Meinhard II. vereint Nord- und Südtirol unter einer zentralen Herrschaft mit einheitlicher Verwaltung und Rechtsprechung. Durch eine geschickte und skrupellose Handels- und Finanzpolitik führt er sein »Land im Gebirge« unter Ausnutzung aller legalen (und illegalen) Methoden zu Reichtum und Wohlstand.

1318–69 Meinhards Enkelin Margarethe, umworbene Erbin Tirols, wird bereits als Kind mit dem achtjährigen Luxemburger Prinzen Johann Heinrich verheiratet. Nach dem Tod ihres Vaters verstößt sie ihn unter dem Vorwand der Impotenz und heiratet 1342 Ludwig, den Sohn des römisch-deutschen Kaisers. Dieser Skandal und ihr selbstbewußtes Auftreten bringen ihr den Beinamen »Maultasch« ein – ein Schimpfwort, das vermutlich der Propaganda gegen ihren Lebensstil entspringt, der nicht den mittelalterlich-züchtigen Moralvorstellungen entspricht.

1363 Nach dem frühen Tod ihres Sohnes Meinhard III. setzt Margarethe ihren nächsten Verwandten, Rudolf, den Begründer der Habsburger-Dynastie, als Erben ein. Damit fällt Tirol ans Habsburgerreich.

1499 Kaiser Maximilian verliert die Schlacht an der Calva gegen die Eidgenossen. Der Obervinschgau ist verwüstet und verarmt in der Folge dramatisch, Jahre des Hungers folgen.

1525 Die drückende Wirtschaftslage führt zu Bauernaufständen. Südtirols »vergessener Held« Michael Gaismair träumt von einem demokratischen Staat nach christlichen Grundsätzen, doch werden alle Reformen nach seiner Ermordung 1532 wieder rückgängig gemacht.

1797 Im ersten Koalitionskrieg Österreichs gegen Frankreich kommt es in ganz Südtirol zu Kämpfen. Ein Volksaufgebot besiegt die Franzosen bei Spinges am Eingang ins Pustertal. Das stärkt das Vertrauen in die eigene Kraft enorm und ermöglicht die späteren Erfolge von 1809. Die Tiroler weihen vor dieser Schlacht ihr Land dem »allerheiligsten Herzen Jesu« – ein psychologisch erfolgreicher Trick, um Verteidiger zu motivieren.

Der Tiroler Adler an der Post-Brücke über die Passer in Meran.

1809 Im Aufstand gegen die bayrisch-französische Besatzung schlagen die Tiroler die Bayern in der Sachsenklemme bei Franzensfeste und siegen unter der Führung von Andreas Hofer aus dem Passeiertal in drei großen Schlachten am Berg Isel bei Innsbruck.

1919 Laut Friedensvertrag von Saint-Germain fällt Südtirol nach dem Ersten Weltkrieg an Italien.

ab 1922 Radikale Italianisierung Südtirols

1946 Das vom österreichischen Außenminister Gruber und dem italienischen Ministerpräsidenten Alcide De Gasperi unterzeichnete *Gruber-De-Gasperi-Abkommen* regelt die umstrittene Autonomiefrage Südtirols nur vage und provisorisch.

1948 Italien vereinigt Südtirol (Alto Adige) mit dem italienisch dominierten Trentino zur Region Alto Adige-Trentino – ein weiterer Versuch, die Italianisierung des Gebietes voranzutreiben.

1961 In der »Feuernacht« entlädt sich die Erbitterung der Südtiroler über die hartnäckige Hinhaltetaktik Italiens in Gewaltaktionen.

1969 Das neu erarbeitete Südtirol-»Paket« soll endlich die Autonomie bringen, deren praktische Umsetzung sich jedoch 20 Jahre hinschleppt.

1996 Nord- und Südtirol richten in Brüssel das Büro »Europaregion Tirol« ein, dem sich auch das Trentino anschließt.

Für den Südtiroler Sebastian Marseiler wurde der Besuch in der bizarren Gebirgswelt am Ortler zu einer Reise mit der Zeitmaschine in die Vergangenheit; er überstand das Abenteuer unbeschadet, anders als Tausende vor ihm …

Kampf um den Ortler – Eisiger Haß im ewigen Eis

In der Leitung heult der Novembersturm. Es zischt, kracht und winselt. Kein Wunder nach den großen Lawinenabgängen. Die Nachricht, die vom Tal heraufgeschickt wird, klingt so haarsträubend, daß der diensthabende Telefonist mehrmals nachfragt. Aufgeben? Ja! Waffenstillstand? Ja, sofort Front verlassen! Das Ende. Im Eisunterstand schlägt die Nachricht ein wie eine feindliche Granate. Freudige Erleichterung geht über in dumpfe Beklemmung: Das ist kein Waffenstillstand, das bedeutet Niederlage. Alles umsonst! Dreieinhalb Jahre in arktischer Hölle zwischen drei- und viertausend Metern. Umsonst die Angst. Umsonst die Erfrierungen, umsonst der Hunger, umsonst der Kameradentod, umsonst die unsäglichen Mühen, unter denen man Munition und Verpflegung auf die Eisgipfel des Ortlermassivs geschleppt hatte. In Wirklichkeit weit mehr Munition als Verpflegung. Zentnerweise Granaten und Gewehrmunition. Alles muß zurückgelassen werden. In eisiger Kälte erfolgt der Abstieg. Nur die Toten und die Verwundeten fahren mit der ausgeleierten Seilbahn. Eisig die Stimmung auch unten im Tal, ein letztes »Habt acht!«.

Oben in fast viertausend Meter Höhe bleibt eine schwerbewaffnete Front mit Kanonen, Minenwerfern, Maschinengewehren, Granaten und Munition. Was 1914 in Sarajewo begann, endet am 3. November 1918 am Ortler unter gewaltigen Schneemassen. Eisiges Vergessen breitet sich über alles, 74 Jahre lang. Auch über eine Baracke am Hinteren Madatsch und drei abseits stehende übergroße Aluminiumkannen.

Es ist der 10. August 1992. Im Autoradio die Nachrichten: Mord in Sarajewo. Ein Journalist von CNN wurde Opfer eines Heckenschützen. Die Geschichte läuft Amok. Wieder Sarajewo, wieder Bosnien-Herzegowina. Kein Thronfolgermord diesmal, nur schmutziger Bürgerkrieg, die Welt schaut zu, versorgt widerwillig die Flüchtlinge. Und oben auf dem Cevedale, am Königsjoch, auf der Königsspitze, am Hinteren Madatsch gehen die Gletscher zurück, treten gerade die Relikte des vergangenen Irrsinns zutage, die Baracken, Kanonen und die Granaten, selbst die stinkenden Latrinen, jenes Irrsinns, der 1914 in Sarajewo begann. Wir fahren nach Sulden zur aufgelassenen Front.

Am 23. Mai 1915 erfolgte die Kriegserklärung Italiens an den vormaligen Verbündeten Österreich-Ungarn. Die italienischen Generäle glaubten, leichtes Spiel zu haben und das Trentino und Tirol in kurzer Zeit überrennen zu können. Da die Einfalltäler durch starke Festungsbauten gesperrt waren, verlagerte sich der Krieg immer mehr in die Höhe. Die Tiroler Standschützen, die italienischen Alpini und die Bergführer hüben und drüben wußten genau: Eine hochgelegene Position oder eine Bergspitze konnte mit wenigen Männern gehalten werden. Ein Wettlauf auf die Gipfel im Ortlergebiet zwischen drei- und viertausend Metern begann. Wichtige Übergänge und Spitzen wurden besetzt, Baracken in das Gletschereis gesetzt, mit Drahtverhau gesichert, jeder Nagel, jedes Brett, jedes Holzscheit mühsam vom Tal heraufgetragen. Doch bald machten beide

Stilfser Joch am Ortler: Wo sich heute Urlauber genüßlich bräunen, prallten nach 1915 Soldaten Italiens und Österreichs aufeinander.

Seiten die schmerzliche Erfahrung: Weit mehr zu fürchten als der Gegner war die Natur.

Die Morgenluft ist kühl, prickelt in den Nasenlöchern. Der Schnee ist alt und matschig, die Spalten sind aber noch nicht frei. Über den Gletscher hin stapfen wir in die Morgenröte hinein, vorsichtig Schritt für Schritt setzend; manchmal bricht ein Fuß durch, rudert im Nichts, unendlich lang die Schrecksekunde, die Angst durchzubrechen, von der Spalte geschluckt zu werden. Irgendwann wächst ein brauner, blitzzerfetzter Fels mit bizarrer Silhouette aus dem Eis. Wie abgestürzte Riesenheuschrecken liegen in geringem Abstand voneinander drei Kanonen da, das Rohr schief in den Boden oder ins weiße Nichts gerichtet. 12 000 kg, von den Österreichern 1917 am Isonzo erbeutet, wurden per Eisenbahn bis Goldrain transportiert, dann 35 km geschleppt und gezogen auf Schlitten von Standschützen und Hunderten russischer Kriegsgefangener. Pferde und Maultiere konnten nicht mehr eingesetzt werden, da sie zuvor schon geschlachtet worden waren, um den Verpflegungsnotstand einigermaßen zu mildern. Bei einem toten Russen fand sich bei der Obduktion nur Gras im Magen.

Über den aufgesprungenen Rumpf des Langenferners herauf hat man die Ungetüme gezogen, Zentimeter um Zentimeter über Spalten hinweg, 2500 Höhenmeter überwindend. Doch umsonst: Einmal installiert, erwiesen sich die Beutestücke von einer geradezu phantastischen Ungenauigkeit. Anstatt die Alpini in ihrem Nachschub empfindlich zu stören, erschreckten und störten sie im entfernten Valfurva Frauen und Kinder bei der Heuarbeit. Was an den Kanonen nicht niet- und nagelfest war, ist abmontiert, weggetragen.

Kurz vor dem Gipfel des Cevedale (3769 m) wird es innerhalb weniger Minuten finster, in die bedrückende Stille bricht fernes Donnergrollen. Am Gipfelgrat fetzt uns ein eisiger Wind Schneegraupel ins Gesicht, schemenhaft tauchen die Umrisse einer

Special: »Ötzi« – Der berühmteste Südtiroler

Zunächst dachte niemand an eine Sensation, als 1991 eine Leiche nahe der Similaunhütte im italienisch-österreichischen Grenzgebiet aus dem zurückschmelzenden Gletscher am Hauslabjoch herausschaute, apern doch immer wieder Tote aus dem Eis. Eine genauere Untersuchung bestätigte jedoch wenig später ihr geradezu unglaubliches Alter: 5300 Jahre. »Ötzi«, wie der gefriergetrocknete Alpenmensch nach seinem Fundort in den Ötztaler Alpen bald genannt wurde, lebte in der Kupferzeit.
Er war 1,60 m groß, hatte lange, dunkle Haare, einen Bart und war etwa 45 Jahre alt. Er trug eine Art Leggings wie Indianer, seine Schuhe bestanden aus Bärenledersohle und Hirschleder. Als Polster- und Isoliermaterial diente Gras, das von einem Netz im Schuh zusammengehalten wurde, so daß es beim Gehen nicht verrutschen konnte. Als Jacke trug er ein Gewand aus verschiedenfarbigen Ziegenfellstreifen, auf dem Kopf eine Bärenfellmütze und als Regenschutz einen Mantel aus geflochtenem Gras, ähnlich wie spanische Hirten bis ins vorige Jahrhundert. Auch Waffen und Ausrüstung waren an ein Leben als Jäger und Hirte im Gebirge angepaßt und technisch ausgereift: tödlich scharf die Feuersteinspitzen seiner Pfeile, deren Befiederung mit Faden und Birkenteer als Klebstoff schräg am Schaft angesetzt. Dies ließ den Pfeil im Fluge rotieren und erhöhte seine Durchschlagskraft.
Aus dem italienisch-österreichischen Tauziehen um die letzte Ruhe- oder besser: Ausstellungsstätte des prominenten Toten ging Südtirol als Sieger hervor; schließlich hatte »Ötzis« Fundort auf dortigem und nicht auf österreichischem Territorium gelegen. Nach eingehender Untersuchung durch die Wissenschaft wurde der prominente Leichnam unter großem Sicherheitsaufgebot und riesigem Medienrummel fast wie in einem Staatsbegräbnis von Innsbruck nach Bozen überführt. Seit 1998 ist »Ötzi« dort im eigens für ihn errichteten Südtiroler Archäologiemuseum zu sehen.

Ötzi – so wie er vor 5300 Jahren ausgesehen haben soll. Zu besichtigen im Museum in Bozen.

halb ausgeaperten Baracke auf, es stinkt nach Dachpappe und Latrine. Ein Stapel Holzscheite und die Gewehrmunition wurden nicht mehr verfeuert. Der Eispickel fängt an zu singen und zu phosphoreszieren, Haare stellen sich auf: Gewitter! Nichts wie weg! Den Abstieg zur Casati-Hütte schaffen wir im Dauerlauf, bis auf die Knochen naß, die linke Gesichtshälfte vom Sturm gefühllos und halb erfroren. Sommer auf dem Gletscher.

Guido bewirtschaftet die Casati-Hütte von März bis Oktober, Mitte März zeigt das Thermometer nicht selten minus 30 bis minus 35° C an. Wie haben das unsere Großväter nur ausgehalten bei ihrer damaligen Ausrüstung? Ich kenne diesen Menschenschlag, die alten Alpini aus Guidos Dorf, vom italienischen Militärdienst, diese Burschen aus den lombardischen Gebirgstälern mit ihrer schuhsohlharten Schale und dem weichen Kern: »buoni come il pane«. Einen Gebrauchtwagen würde ich Guido wohl nicht abkaufen, doch Gipfel stürmen mit ihm jederzeit.

Die Gegner haben sich gegenseitig respektiert, sagt Guido, damals während der Grande Guerra. Man kannte sich unter Umständen von früher, und wenn nicht gerade ein schneidiger Leutnant oder Tenente einen Angriff befahl und auf kriegerische Lorbeeren aus war, versuchten die einfachen Soldaten, sich so wenig wie möglich anzutun. Man verständigte sich über das Niemandsland hinweg, dreimal in der Woche hißte man die Fahne. Das bedeutete Tausch: österreichischen Tabak gegen italienischen Reis. Mitunter war es für eine Mannschaft ein größeres Problem, den eigenen Offizier umzustimmen, als den Feind niederzuhalten. Ging es schief, röhrten wieder die Kanonen und Granaten über die Gletscher, schossen Scharfschützen Wachen ab, bohrte man unterirdische Gänge durchs Eis hin zum Gegner, versuchte man blutig, sich gegenseitig aus den Stellungen zu werfen.

Die Stange für ein Feldtelefon hat an der unteren Schulter der Königsspitze alle Stürme überlebt. Es hat leicht geschneit in der Nacht auf dem Gletscher mit Temperaturen unter 45° C. Wir stoßen die Steigeisen, hacken den Pickel ins glatte Eis, vorsichtig geht der Blick nach oben, jetzt nur kein Steinschlag! Über den Tälern hängt eine dichte Wolkendecke, die Welt darüber besteht nur noch aus eisbedeckten Berggipfeln im Licht- und Schattenspiel der Sonne. Irgendwann taucht irreal an der äußersten Kante ein Mast auf: 16 km Seilbahn führten damals von Sulden auf die obere Schulter der Königsspitze, handbetrieben. Wie zog man die Tragseile herauf, wo die einfache Mannschaft nur stumpfe Steigeisen und lediglich die

Autor Sebastian Marseiler entdeckt bei seinen Erkundigungen eine aus dem Schnee apernde Kanone.

Offiziere einen Eispickel besaßen? Zwei Drittel der Soldaten kamen durch Lawinen, Schneestürme und Eiseskälte um. Wie oft ein mächtiges Poltern, gefolgt von Augenpaaren, die mit lähmendem Entsetzen dem wirbelnden Körper des Kameraden nachstarrten, sein dumpfes Aufschlagen auf Felsvorsprüngen hörten, sahen, wie er vom Nichts verschluckt wurde? Ein Steinschlag zischt ungeheuer schnell an uns vorbei. Wir müssen uns beeilen.

Die Gipfelwächte der Königsspitze (3851 m) ist ein Geschenk des Windes und der Orkane, die mit Geschwindigkeiten von bis zu 150 km/h darüberpfeifen. Von unten gesehen ist sie von überirdischer Schönheit, weiß, rein hinausschwebend über schroffer Eiswand. Hier oben Krieg? Unmöglich.

Alte Fotos zeigen die Mannschaft in den Baracken, ein Leben, gebückt und auf engstem Raum im Schein von Petroleumfunzeln, auf Holzpritschen mit Stroh, Mann neben Mann wie eingelegte Sardinen, verbrannt und gegerbt die Gesichtshaut. Hinaus zum Wachdienst bei jedem Wetter, ausgestattet mit dem »Mannlicher« Stutzen, 120 Schuß Munition, drei Handgranaten, einer Gasmaske und einem

Der Dolomiten-Krieg bringt seine Vorboten in die Stille der Berge: Träger schleppen Munition und Waffen zu ihrem Unterstand.

Bajonett. Von September/Oktober bis April/Mai: Stellung halten und überleben. Überleben hieß im Winter, wenn die winzigen Baracken unter 10 m Schnee versanken, Eingänge freischaufeln bei orkanartigen Stürmen, die in Minutenschnelle alles wieder zuwehten. Ein verwehter Eingang bedeutete Erstickung. Die Toten, die an Grippe, Lungenentzündung oder Erfrierung zugrunde gegangen waren, bettete man bis zum Frühjahr einfach neben der Baracke in den Schnee.

Unweit des Gipfelkreuzes liegt eine Munitionskiste im Geröll, die Geschosse sind von Rost und Grünspan überzogen, aber immer noch scharf. Knappe 5 kg wiegt so ein Ding, und es sind noch genug da, den halben Gipfel in die Luft zu jagen. Es gluckt, rieselt, plätschert, doch das Schmelzwasser des Madatschferners spielt Verstecken. Der Schnee klebt in dicken Stollen unter den Steigeisen. Drei Schritte, Bein heben, den Schaft des Eispickels an den Schuh schlagen. Olaf, ein ausgezeichneter Kenner dieses Niemandslands, ist vorsichtig. Sein Großvater, der dreieinhalb Jahre Front da oben überlebt hat, hat ihm den Weg über den Gletscher gezeigt. Nach Friedhofserde rieche es hier und nach Tod, erklärt er breit grinsend. Keine Spalte zu sehen.

Am Fundament der Biwakschachtel »Ninotta« (3400 m) lehnt eine Granate. Olaf und ich wiegen sie in den Händen, wirklich kein Spaß, die Dinger hier heraufzutragen. Sturm und Lawinen haben das Dach der Baracken, förmlich angeklebt an den Nordhang des Hinteren Madatsch, weggerissen, das Innere liegt bloß, halb vereiste Pritschen mit Stroh und Holzwolle ausgelegt, die Zwischenwände mit Moos isoliert, versengt die Bretterwand hinter dem Ofenrohr. Säuberlich aufgereiht hängen fünf Konservenschlüssel an einem Nagel. (Das »Marodenbüchlein« einer Sanitätsstation der Ortlerfront führt als zweithäufigste Krankheit Gastritis, Verstopfung und Darmkatarrh an.) Unter der Küche Abfall, rostige Dosen, wenige Knochen, an einem kleben noch vertrocknete Fleischreste. Ähnlich sähen die Soldaten aus, die der Gletscher ausspeie, erzählt Olaf, die Haut auf den Knochen getrocknet wie Leder, oft leicht mit Schimmel überzogen, die Augenhöhlen leer, die Gesichtszüge auf dem Schädel ausgetrocknet, doch noch erkennbar.

Die abseits stehende Baracke muß erst seit kurzem ausgeapert sein, ein chaotisches Durcheinander erweckt den Eindruck, als sei der Raum erst gestern verlassen worden, Schneeschuhe und Kleidung am Boden, dünne Decken, eine verrostete Pralinenschachtel, eine Zeitung vom 22. Oktober 1918, eine ungarische Illustrierte, Gewehrmunition, halb im Eis ein St.-Josefs-Kalender »zur Förderung des christlichen Lebens«. Zwei Kisten Stielhandgranaten starren drohend aus dem Eis unter den Pritschen. Eine Zeitmaschine hat uns in die Vergangenheit versetzt. 20 m entfernt stehen drei große Aluminiumkannen ordentlich nebeneinander, davor Holzkistchen mit Wachspapierrollen voll hellbraunen Pulvers. Die Kannen haben einen doppelten Deckel, der an einem Kettchen hängt. Wir wischen über den Rumpf, suchen eine Aufschrift, können uns den Inhalt nicht erklären. Doch sie sehen recht unscheinbar aus, wie Aschekübel. Wir lassen sie stehen. Es ist der 13. August 1992.

Freitag, 14. August 1992. Eine gewaltige Detonation erschreckt die Skifahrer und die Leute von der Finanzwache am Stilfser Joch. Am Hinteren Madatsch erhebt sich ein Rauchpilz. Die Mannschaft des Rettungshubschraubers findet einen 3 m tiefen und 8 m breiten Krater vor. Leichenteile liegen 400 m weit verstreut. Ein Bergführer hebt den zerfetzten Deckel einer Aluminiumkanne auf. In den Kannen befanden sich über 100 kg reines Nitroglyzerin.

Südtirols Burgen – Wie Adlerhorste auf Felsspitzen

Ein paar hundert Burgen, Burgruinen, Schlösser und Adelssitze gibt es in Südtirol, Fachleute bezeichnen es daher gerne als die burgenreichste Region Europas. Aus diesem fast unüberschaubaren historischen Schatz seien hier zunächst vier bedeutende Beispiele vorgestellt. Anderen begegnet man an späterer Stelle, so etwa Schloß Juval (s. S. 82 f.), dem Wohnsitz des Extrembergsteigers Reinhold Messner.

Die Churburg – Liebling der Besucher

Die nach wie vor von den Grafen Trapp bewohnte und gut erhaltene Churburg (Castel Coira) erhebt sich am Hang oberhalb von Schluderns (Sluderno) im Vinschgau. Die 1259 erstmals urkundlich erwähnte Festung, ursprünglich als Bollwerk der Bischöfe von Chur gegen die mächtigen Vögte von Matsch errichtet, bestand aus dem hohen Bergfried, dem Palas, der Burgkapelle und einer massiven Ringmauer.

Ihr weithin sichtbares, zinnenbestücktes Ensemble samt Einrichtung und Ausstattung machte die Churburg zu einem der meistbesuchten Schlösser Südtirols. Ihr sehenswertes Interieur umfaßt unter anderem prächtige getäfelte Räume, ein reichhaltiges Archiv, die alte Nikolauskapelle mit einem hervorragenden Passionsaltar (1415), eine gotische Stube im Erdgeschoß des Arkadenhofes, das sogenannte Jakobszimmer mit interessanten Erinnerungsstücken des Jakob Trapp VII. (1529–1563) sowie einen schönen Loggiengang mit einem gemalten Stammbaum der Grafenfamilie. Die meistbestaunte Sehenswürdigkeit aber ist die berühmte Rüstkammer mit verschiedensten Harnischen für Mann und Pferd, einer Armbrustsammlung und weiteren Waffen aus der Ritterzeit. Sie ist europaweit eine der größten Privatsammlungen mittelalterlicher Rüstungen und Waffen.

Schloß Tirol – Keimzelle des Landes

Schloß Tirol (Castel Tirolo), Stammburg des gleichnamigen Grafengeschlechts und Keimzelle des späteren Landes Tirol, thront in beherrschender Lage hoch über Meran auf einem Geländesporn und ist

Ein weithin sichtbares, zinnenbestücktes Bollwerk: die Churburg im Vinschgau.

von Dorf Tirol aus auf kurzem Wege bequem zu erreichen. Wann sie erbaut wurde, weiß niemand genau, doch da die Dynastie 1141 erstmals urkundlich erwähnt ist, dürfte auch ihre Burg, eine bereits in den Ursprüngen sehr ausgedehnte und aufwendig ausgeführte Anlage mit mächtigem Bergfried, großem Saalbau, Palas und zweigeschossiger Kapelle, in der ersten Hälfte des 12. Jahrhunderts entstanden sein.

Als bedeutendste Persönlichkeit unter den immer mächtiger werdenden Grafen von Tirol profilierte sich Meinhard II. (1258–1295) als Tiroler Landesfürst, Graf von Görz und Herzog von Kärnten. Um 1300 wurde die Burg ein Raub der Flammen, gewann jedoch bald ihre Bedeutung als Fürstensitz zurück. 1420 verlegte Herzog Friedrich den landesfürstlichen Sitz nach Innsbruck, und auf Schloß Tirol saß fortan der »Hauptmann an der Etsch«.

Das Schloß, das sich heute im Besitz des Landes Südtirol befindet, kann besichtigt werden. Vor allem im Südtrakt mit dem Saalbau und dem Palas sind große Teile der ursprünglichen Bausubstanz erhalten geblieben, freigelegt oder wiederhergestellt worden. Hervorragende, zum Teil rätselhafte Werke romanischer Steinmetzkunst sind die Portalfassungen des Saales und der oberen Kapelle, besonders hervorzuheben sind auch die kostbaren frühgotischen Fresken aus der Zeit um 1340, mit denen die Kapelle geschmückt ist.

Hocheppan – Sitz der Rivalen

Burg Hocheppan (Castello di Appiano) sitzt nahe dem Dorf Eppan (Appiano/Oberetsch) in wehrhafter Lage hoch über einem mit senkrechten Wänden abbrechenden Felskopf. Ihren wehrhaften Charakter unterstreicht der fünfeckige, 23 m hohe Bergfried, der schon aufgrund seiner Größe und Form eine Seltenheit unter den Burgtürmen Tirols darstellt. Als Sehenswürdigkeit von europäischem Rang aber gilt die Burgkapelle, deren Inneres um 1200 vollständig mit reichen, ebenso berühmten wie kostbaren romanisch-byzantinischen Fresken sakralen Inhalts ausgemalt wurde.

Graf Ulrich II. von Eppan war es, der wahrscheinlich um 1120 die erste Burg erbaute. Damals waren die Eppaner Grafen die schärfsten Rivalen der Grafen von Tirol im Kampf um die Vorherrschaft im Land an der Etsch. Ihr Geschlecht aber erlosch schon bald, und ihre stolze Burg fiel 1315 in die Hände der Tiroler Landesfürsten. Noch im 16. Jahrhundert erfolgte ein Ausbau vor allem durch Wehrbauten an der Zugangsseite, doch dann war die große Zeit auch dieser Burg vorbei.

Auf dem sogenannten Eppaner Burgenweg läßt es sich heute bequem auf den Spuren der alten Rittersleut' wandern. Ausgangs- und Endpunkt dieser Tour ist Schloß Korb, in dem sich ein Hotel mit Restaurationsbetrieb befindet. Von hier führt der Weg zunächst zur Burgruine Boymont. Nur Fragmente dieser einst vor allem zu Wohnzwecken errichteten Befestigung sind noch erhalten. Nach einer Waldwanderung wird die Burg Hocheppan erreicht. Der Rückweg dieses knapp vierstündigen Burgenrundkurses führt an Weinfeldern und Gasthöfen vorbei.

Informationen

i: Die beschriebenen Burgen können wie viele andere in der Region im Rahmen von Führungen besichtigt werden.

❍ *Churburg*, Schluderns, Tel. (0473) 615241. Führungen: Mitte März–1. Nov. Di–So 10–12 und 14–16.30 Uhr.
❍ *Schloß Tirol*, Dorf Tirol, Tel. (0473) 220221. Öffnungszeiten: März–Nov. Di–So 10–17 Uhr.
❍ *Burg Hocheppan* befindet sich in Privatbesitz der Grafen Enzenberg. Eine von April bis November geöffnete Gaststätte steht den Besuchern offen. Seit neuestem bietet die Gemeinde Eppan mit dem Eppaner Burgenritt (s. S. 19) eine zusätzliche Touristenattraktion.
❍ *Schloß Taufers*, Sand in Taufers, Tel. (0474) 678543.

Schloß Taufers – Wie ein Riegel im Tal

Das einstige Hauptschloß der Herren von Taufers (Castello di Tures) ist eine stolze, mächtige, geradezu herausfordernd das Reintal abriegelnde Zwingburg mit wehrhaften, einst über eine Zugbrücke zugänglichen Torbauten, hoch aufragendem Bergfried, mächtigem Palas, an dem besonders zahlreiche Biforien ins Auge fallen, sowie einer Reihe weiterer, den Burghof umschließender Bauelemente, teils aus romanischer (13. Jahrhundert), teils aus späterer Zeit. Auch in kunsthistorischer Hinsicht ist die Burg von Bedeutung; hier seien neben den meisterhaft gearbeiteten Täfelungen und Holzdecken vor allem die prächtigen gotischen Fresken in der romanischen Burgkapelle hervorgehoben, die 1482 vermutlich von Michael Pacher geschaffen wurden.

Folgende Doppelseite: Stolz reckt Burg Taufers bei Sand in Taufers ihre mächtigen Zinnen in den Himmel.

Special: Ritterspiele – Der Eppaner Burgenritt

Neckisch sehen sie aus, die bunten Leibchen, die alle 72 Reiter des Eppaner Burgenritts überstreifen müssen. Blau sind die Trikots, mit gelben Borten und einem großen Löwen auf der Brust. Gelb und Blau – die Farben der Gemeinde Eppan (Appiano) südlich von Bozen. Strömten früher die Touristen wie von allein nach Südtirol, so mußten die meisten Fremdenverkehrsorte südlich des Brenners in letzter Zeit empfindliche Einbußen hinnehmen. Die Tourismusorte müssen sich etwas einfallen lassen. »Burgen haben wir in unserer Gegend genug, und mittelalterliche Spektakel sind beliebt«, dachten sich die Verantwortlichen des Tourismusvereins Eppan und kreierten den Burgenritt als touristisches Event der reitsportlichen Art. 60 km ist die Strecke lang, die Roß und Reiter an zwei Tagen zu bewältigen haben. Bergauf und bergab, kreuz und quer durch das Überetsch, wie die Region im Süden Südtirols heißt. Für die Pferde, die oft nur die Weide oder ihren Reitplatz kennen, eine gewaltige Entfernung. Zwischendurch müssen acht Turniere und weitere Pflichtdurchgänge absolviert werden. Ohne ein spezielles Training ist da nichts zu machen.

Ritterspiele mit Südtiroler Flair: Der Oswald-von-Wolkenstein-Ritt ist das bekannteste mittelalterliche Reitspektakel im Schlerngebiet.

Der »Apfelschuß« am Kreuzstein ist das erste Turnier am zweiten Wettkampftag, dem Sonntag. Es gilt – hoch zu Roß –, einen überdimensionierten Apfel zu treffen. »Marlene« steht in großen Buchstaben über der Zielscheibe. Die Obstbaugenossenschaft ist einer der Hauptsponsoren des Burgenritts und nutzt die Veranstaltung, um für ihre Äpfel zu werben. Denn auch die Südtiroler Obstwirtschaft steckt in Schwierigkeiten. Innerhalb kurzer Zeit ist die Volksrepublik China zum größten Obstproduzenten der Welt aufgestiegen und macht den Südtiroler Obstbauern zunehmend Konkurrenz. Auch in Afrika, in den Ländern des früheren Ostblocks und in Südamerika wächst die Erntemenge von Jahr zu Jahr. So können sich die Südtiroler Produzenten über ihre Rekordernten nicht so recht freuen. Die Preise verfallen, und es ist schwer, das Obst abzusetzen. Die Kisten mit Äpfeln, aus denen sich die Besucher und Teilnehmer des Burgenritts unentgeltlich bedienen können, werden die Überproduktion nur unwesentlich verringern.

Beim »Apfelschuß« sind die Pferde nervös. Das Sirren der Pfeile und die Zuschauer irritieren. Für je drei Schüsse haben die Wettkämpfer eine Minute Zeit. Jeder getroffene Ring der 15 m entfernten Apfel-Zielscheibe wird in Sekunden umgerechnet. Nicht verschossene Pfeile kosten Strafzeit.

Während am Rand des Turnierplatzes die Südtiroler Fahne aus Scham schlaff am Mast hängt, flattert oben am höchsten Turm der Ruine Boymont die rote Flagge mit dem Ochsenkopf wie wild im Wind. Im Namen der Burg steckt das lateinische Wort für den kastrierten Stier, den die früheren adligen Herren vom »Ochsenberg« als Wappentier wählten. Um das Jahr 1235 herum – das genaue Datum ist nicht überliefert – ließen Heinrich und Reimprecht von Boymont das romanische Kastell erbauen. Die beiden Brüder waren Ministerialen, untergebene Dienstmänner, der Grafen von Eppan. Nur eine Schlucht trennt Schloß Boymont von der gewaltigen Burganlage Hocheppan, dem Stammsitz des mächtigen Adelsgeschlechts, das fast die Geschichte Südtirols verändert hätte. Es fehlte nicht viel, und die Provinz südlich des Brenners hieße heute »Südeppan«.

Damals, im 12. Jahrhundert, konkurrierten zwei Adelsdynastien um die politische Vormachtstellung im Land: die Grafen von Tirol und die von Eppan (s. auch S. 18). Andere Widersacher waren längst ausgeschaltet. Die stark befestigte Burg Hocheppan war die wehrtechnische Antwort auf den Bau der Burganlage Tirol oberhalb Merans. Was die Teilnehmer des Burgenritts heute nachspielen, war im Mittelalter blutiger Ernst. Über drei Jahrzehnte zogen sich die Kämpfe zwischen den beiden feudalen Herrschaftshäusern hin. Weite Teile des Landes wurden verwüstet, unzählige Menschen fanden den Tod. Der Überfall auf eine päpstliche Gesandtschaft, die zu Kaiser Barbarossa unterwegs war, läutete das Ende der Eppaner ein. Denn eine kaiserliche Strafexpedition war die Folge, die den politischen Einfluß der Grafen von Eppan brach. Die Tiroler hatten nun freie Bahn.

Urlaub auf dem Bergbauernhof, Kuhglocken, Schafblöken – eine Idylle, von der sicher viele schon einmal geträumt haben. Das Angebot der Südtiroler Bergbauern ist groß, von der Mehr-Sterne-Unterkunft bis zur rustikalen Hütte. Als hätte die Zeit eine Verschnaufpause eingelegt, fand sich Christoph Wendt, als er nur wenige Kilometer Luftlinie von Meran entfernt den Rucksack in einer alten Bauernstube absetzte, plötzlich in einer ganz anderen Welt wieder.

In einer anderen Welt – Ferien auf dem Bergbauernhof

Sein Hof sei nicht mit dem Wagen zu erreichen, hatte der Bauer uns ausrichten lassen. Doch er werde uns an der Seilbahnstation abholen, hatte er noch hinzugefügt. Wir sollten ihn nur den Tag wissen lassen. Das Schicksal will es, daß wir die Gondel der vereinbarten Seilbahn gerade noch im Bergwald verschwinden sehen, als wir nach längerem Hin und Her schließlich an der Talstation hinter Schenna ankommen. Nachdem uns drei Stunden später die nächste Gondel heraufgebracht hat, stehen wir etwas hilflos mit unseren Rucksäcken, gerüstet für zwei Wochen Ferien auf dem Bergbauernhof, vor der Seilbahnstation.

Nebelfetzen hüllen uns ein, kalt und feucht, ringsum ist alles grau. Weder Berge und grüne Almen noch Weidevieh mit romantisch bimmelnden Glocken sind auszumachen. Eine alte Frau, mit Kopftuch und hohen Schnürschuhen, rucksackbewehrt wie wir und soeben mit heraufgekommen, fragt uns, wohin wir wollen. Das Gepäck sollten wir nur bei der Seilbahn lassen, der Bauer werde es schon holen. Wir selbst sollten gleich mit ihr kommen, sie müsse auch zu dem Hof hinüber. Und dann stapfen wir los. Direkt in den Wald hinein, der schwarz aus dem Nebel auftaucht. Nässe tropft von den Bäumen.

Sie sei unten gewesen in der Stadt, erzählt die Alte und zeigt nach Meran hinunter, Einkäufe machen, zum Arzt und dann nach Schenna zur Gemeinde. Man müsse schon einiges zusammenkommen lassen, sonst lohne der Weg nicht. Hinab sei sie ja gelaufen, den direkten Weg, das sei kürzer. Doch hinauf, na ja, wenn man 82 sei, da gehe es mit der Seilbahn eben schneller. Sie hat dann aber doch nichts dagegen, daß wir ihr den Rucksack abnehmen. Er mag gut 15 oder 20 kg wiegen. Kein Weg, keine Straße führen zum Hof hinauf. Von der Bergstation der Seilbahn heißt es auf Schusters Rappen anderthalb Stunden lang auf schmalen Waldpfaden und über Almen zu Fuß zu laufen. Und wer den direkten Weg von Schenna heraufsteigen will, muß sich mehr als zwei Stunden abmühen.

Herr über Milchvieh und eine Herde Schafe – Südtiroler Bergbauer.

Ein Hahn kräht, Schafe blöken. Es »duftet« nach Kuhstall und Holzteer. Wir hören und riechen den Hof bereits, bevor wir ihn aus dem Nebel auftauchen sehen. Die Bäuerin steht draußen am Brunnen, wäscht gerade das Butterfaß aus. Soso, begrüßt sie uns, da seien wir ja. Hungrig würden wir wohl sein vom Weg und durstig, meint sie und heißt uns eintreten. Zuerst führt sie uns in die Küche – tief müssen wir uns bücken. Von der Decke hängen unzählige Schinken und Speckseiten herab, schwarz geräuchert. Rund 80 solcher Schinken serviere sie im Jahr, zugekaufte natürlich, für die vorüberkommenden Touristen, erzählt die Bäuerin, als sie uns in der Stube ein Stamperl Obstler zur Begrüßung vorsetzt. Auf unsere Frage, ob der Schnaps selbst gebrannt sei, gibt sie keine Antwort. Sie wechselt das Thema. Erzählt von der herrlichen Aussicht von hier oben auf Meran und das Passeiertal.

Wir sehen allerdings vorerst nur wogende Nebelfelder, kosten den Schinken und beten im stillen um besseres Wetter. Unsere »Fremdenzimmer« könnten für einen Heimatfilm inszeniert sein: Die Wände rundum mit Lärchenholz getäfelt, aus Lärchenholz auch die Möbel, bunt kariert Bettzeug und Vorhänge. Ein bunter Wiesenblumenstrauß auf dem Nachtkasten. Wasser liefert ein altertümlicher Krug auf der Kommode, mehr gibt es draußen am Brunnen. Und durch die Ritzen zwischen den mächtigen Dielenbrettern können wir direkt in die gute Stube hinunterschauen.

Von Romantik keine Spur. Die Arbeit am Berg ist hart.

Seit Jahren wirbt der Südtiroler Bauernbund in Bozen mit einer aufwendigen Broschüre für Erholung auf dem Bauernhof. Doch keiner der dort vorgestellten Höfe ist, scheint uns, ein so »echter« Bergbauernhof wie dieser, dessen Namen nicht preiszugeben wir dem Bauern hatten versprechen müssen, als wir im Winter zuvor bei einer etwas halsbrecherischen Wanderung hier herauf geraten waren und den Bauersleuten die Zustimmung abgerungen hatten, ein paar Wochen bei ihnen verbringen zu können, um das Leben der Bergbauern in dieser Abgeschnittenheit selbst zu erleben.

Ob er denn, vor die Wahl gestellt, noch einmal als Bergbauer leben wollte, fragen wir unseren Gastgeber. Dieser nickt. »Ja, es ist ein schweres Leben, Arbeit, harte Arbeit gibt es hier bei uns im Überfluß, und Geld gibt es dafür nur wenig ... Trotzdem, hier oben ist man wenigstens sein eigener Herr. Herr über einen Stall Milchvieh und eine Alm voll Jungtiere, eine Herde Schafe, die man den ganzen Sommer kaum zu sehen bekommt.« Und dann seien da noch die Haflinger, eine Schar Hühner, ein paar Schweine und etliche Bienenvölker, die ihm gehörten, und natürlich der Hof, der seit mehr als dreihundert Jahren dort stehe, zu dem neben Weiden, Almen und kleinen Feldern für Gerste, Hafer und Kartoffeln auch etliche Hektar Wald gehörten.

Was aber, wenn der Bauer einmal nicht mehr alles selbst machen kann? Der Alte zuckt die Schultern. Sein Sohn sei zur Zeit beim Militär, in »Italien drunten«, wie er es ausdrückt, und die Tochter in Meran in der Schule. Sie müsse dort wohnen, komme nur am Wochenende, um der Mutter in der Wirtschaft zu helfen.

Um den Hof herum blühen jetzt Mehlprimeln und gelbe Trollblumen, blauer Enzian und orangerotes Habichtskraut. Ringsum grüne Almen, nur hier und da ein Waldstück. Der Hof aus dunkelbraun verwittertem Holzwerk hockt wie eine Glucke am Wiesenrand über einem Steilhang, an dem der Pfad nach Schenna hinunterführt. Daneben der Viehstall, nach einem Brand vor Jahren neu errichtet. Es sei eine böse Nacht gewesen als damals der Blitz einschlug, erinnert sich die Bäuerin. Die Feuerwehr habe mehr als eine Stunde gebraucht, um von Schenna heraufzukommen. Es mußte ja alles zu Fuß gehen, und alles mußte getragen werden, fügt sie fast entschuldigend hinzu.

Mit dem Pferdeschlitten wird das Heu von Steilhängen heruntergeschafft, werden Bierkästen und Limonade von der Seilbahnstation herübergeholt. Über Tage, bei gutem Wetter, kommen immer wieder Wanderer auf einem vielbegangenen Höhenweg am Hof vorbei. Doch ein Bergbauernhof ist kein Gasthof, einen Rückzug auf das gemietete Zimmer und die Gaststube gibt es nicht. Familienanschluß ist geradezu obligatorisch. Und als dunkle Wetterwolken vor der Ifinger Spitze drohen, sorgen wir Gäste uns mindestens ebenso wie die Bauern selbst darum, auch die letzten Heuballen trocken in die Scheune zu bekommen.

Bevor wir angekommen waren, hatten wir ein festes Programm gehabt, Wanderkarten und Führer gekauft und studiert. Wir hatten Routen ausgearbeitet und Pläne geschmiedet. Das hätten wir lieber bleiben lassen sollen! Bereits nach wenigen Tagen waren wir fest in den Rhythmus des Hofes und des Bauernlebens hier oben, hoch über der normalen Welt, eingespannt. Morgens weckt uns der Hahn, der wie im Werbeprospekt auf dem gewaltigen Misthaufen unter unserem Fenster kräht. Und wir stehen auf zu einer Zeit, da man sich daheim nach erleichtertem Blick auf den Wecker noch einmal zum Weiterschlafen herumdreht.

Die Kühe sind noch nicht draußen? Nein, Gott sei Dank. Noch klirren sie drüben im Stall mit den Ketten. Aber der Bauer ist schon lange beim Melken. Die Morgentoilette der Kinder am Brunnen draußen fällt fast immer aus, denn schon kommen die Tiere aus dem Stall, glotzen aus großen, eigentlich recht schönen Augen. »Ins Holz könnt ihr später mitkommen ...!« befindet der Bauer. Er muß den Schneebruch aufarbeiten, vom letzten Winter. Wir hören schon von weitem das gequälte Brummen der Motorsäge, als wir hinaufsteigen. Und bald sind wir mittendrin im Rücken und Schleppen. Schwielen an den Händen und Harzflecken an der Hose tun der Begeisterung keinen Abbruch. Im Gegenteil. Haben wir uns jemals so gut erholt wie hier? Am Abend sinken wir in unserer Heimatfilmkammer todmüde ins karierte Bett. Den Fernsehapparat unten in der Stube haben wir bisher noch nicht in Betrieb gesehen. Und wir verstehen, warum.

Das Frühstück macht uns morgens die Bäuerin: Speck und Eier, Brot und Schinken, Honig und selbstgemachte Butter, Kaffee und Milch. Die Bauersleute selbst essen Mus – die große Pfanne steht auf dem Tisch in der Küche. Zu Mittag und Abend dürfen wir selber in der Küche brutzeln, das Herdfeuer mit Lärchenholz füttern und versuchen, in der rußigen Pfanne einen Schmarrn zu machen oder die Pfifferlinge zu schmoren, die wir von Waldwanderungen mitgebracht hatten.

Eine Stromleitung aus dem Tal herauf gibt es noch nicht. Noch immer versorgt ein eigenes kleines Aggregat den Hof mit Energie. Und wenn im Stall die Melkmaschine in Bewegung gesetzt wird, gehen in der Stube die Lampen aus. Dann schimmern unten im Tal die Lichter der Kurstadt Meran. Kaum 4 km Luftlinie sind es bis dorthin, 4 km in eine andere Welt ...

In den Bergen ist Gras nicht gleich Gras und Heu nicht gleich Heu, mehr als das Futter fürs liebe Vieh, eine Mixtur von duftenden Blütlein und würzigen Gräslein. Und je höher man steigt, desto würziger wird es, entdeckte Jul Bruno Laner – ein Wissen, das sich die Südtiroler seit Generationen zunutze machen, um ins aromatische Heu zu steigen ...

Hölle, Himmel, heißes Heu – Heubäder am Jochgrimm bei Deutschnofen

Bei den Bauern seit Jahrhunderten gegen alle möglichen Gebrechen bekannt, hat sich die Kunde vom Heubaden nun auch bis in breite Schichten der nichtbäuerlichen Bevölkerung herumgesprochen. Das 21. Jahrhundert hat sich auf die Naturheilkunst besonnen. Das Heubad ist eine jener heilenden und vorbeugenden Maßnahmen, die eine Zeitlang fast in Vergessenheit geraten wären, hätten nicht zwei Heubäder allen Zeitzeichen zum Trotz die alte Tradition aufrechterhalten, bis der Trend wieder in eine neue Richtung wies: das Völser Heubad und das am Jochgrimm im Gemeindegebiet von Deutschnofen.

Das Jochgrimmgebiet ist im Sommer wie im Winter attraktiv. Familienfreundliche Lifte und Beherbergungsmöglichkeiten, anspruchsvollere Langlaufloipen mit traumhafter Aussicht auf die Bergwelt erfreuen die Wintersportler. Weiß- und Schwarzhorn sowie der nahe Zanggen verlocken zu schönen Touren, im Winter auf Skiern, im Sommer zu Fuß. Dann ist neben Wandern und Berggehen das Heubaden Hauptattraktion und zieht viele Gäste aus dem Südtiroler Unterland und dem Oberetsch an.

Mitte Juni bis Mitte August führt Walter Daldos; Wirt und Barbier, mit Hilfe seiner Frau und weiterer Verwandter neben Gasthaus, Landwirtschaft und Beherbergungsbetrieb auch das örtliche Heubad. »Schon 1870 wurde hier mit dem Heubaden begonnen«, weiß Daldos zu berichten. Das heutige Gebäude wurde 1911 errichtet. Die Wirtsfamilie macht alles selbst. Es beginnt mit dem Grasmähen im Juni vor der Haustür, dann steigt man mit der Jahreszeit Tag für Tag höher hinauf, bis es im August schließlich aus ist mit der Grasherrlichkeit von den Bergwiesen des Badlwirtes. In dieser Höhe sind die ungedüngten Wiesen reinste Kräutergärten.

Tradition und Eigenheiten, Prozeduren und Praktiken, ja die gesamte »Badekultur«, ist nicht zuletzt von der Lage, dem Einzugsgebiet und der

Klientel beeinflußt. Zur Vorbereitung des Heubades wird auf Jochgrimm noch nicht »verbrenntes«, also nicht vergorenes Heu in die Badekammer eingestreut. In dieses »Heubett« werden die Gäste eingegraben und bleiben dort etwa 20 Minuten. Es gibt vier Badezyklen am Tag, zwei am Vormittag und zwei am Nachmittag, fein säuberlich getrennt nach Männlein und Weiblein.

Je nach Außentemperatur und Gärungsstand des Heus schwankt die »Badetemperatur« zwischen 30 und 60 °C. Bei 60 °C allerdings beginne es schon »höllisch« zu werden, behaupten erfahrenere Badegäste, man könne sogar Blasen bekommen, wenn man zu lange im heißen Heu liegen bleibe. Um das zu verhindern, sieht der Bademeister regelmäßig nach dem Rechten, doch spürt auch jeder selbst am eigenen Körper, wenn die Angelegenheit brenzlig zu werden beginnt.

Ist man einmal im Heu »eingepackt« und richtig heiß geworden, dann, sagen »alte Hasen«, sei man in der »Hölle« des Heus, die direkt ins »Paradies« körperlicher und seelischer Entspannung und höchsten Wohlbehagens führe. Nach dem 20minütigen Bad kommt man nicht etwa in Decken oder zur Abkühlung unter die Dusche, sondern in normal getrocknetes Heu. Dies dient der Abtrocknung und zugleich der Abkühlung des überhitzten Körpers. Eine volle Kur dauert neun bis elf Tage und sieht ein Heubad pro Tag vor. Die Methode ist nirgends kodifiziert, sie wird einfach seit Generationen angewandt.

Die heilsame Wirkung beginnt sich schon nach fünf Bädern bemerkbar zu machen. Für den Kreislauf ist das Heubaden gut verträglich, allerdings verlangt der Badlwirt ein Attest des Haus- oder Gemeindearztes, aus dem die Badetauglichkeit des Gastes hervorgeht. Aus aller Herren Länder kommen inzwischen die Gäste ins Heubad im Gebirge. Ein junger Fotograf aus Turin etwa nutzt seinen Sommerurlaub in Obereggen, um die Folgeschmerzen eines Unfalls zu kurieren, Damen gestandenen Alters rüsten sich für den Winter gegen Rheuma, ein Bauer aus Oberetsch will einfach vormittags den Wein hinausschwitzen, auf daß er am Nachmittag wieder besser schmecken möge. Und zwei junge

Höchstes Wohlbehagen beim entspannenden Heubad.

Special: »Törggelen« – Zum Umtrunk beim Weinbauern

Wenn in den Rebgärten die Weinlese begonnen hat, werden die Einheimischen unruhig: Die Zeit für das »Törggelen« ist gekommen, für manchen das Urigste, das dieser weinselige Alpenwinkel zu bieten hat. Törggelen ist ein Stück Tradition in Südtirol. Sowie der neue Wein in den Fässern ist, ziehen die Familien von jeher hinauf zu den Weinbauern, um zu sehen, was die »Wimme« gebracht hat, wie der soeben gekelterte Jahrgang, der »Nuie«, geworden ist. Und weil der frische Wein, der da »verkoschtet« wird, durchaus noch ein stürmischer »Sauser« sein kann, der schwer zu Kopfe steigt, ist eine gute »Unterlage« natürlich ebenso wichtig. Sonst wird das »Törggelen« doch noch zum »Torkeln«...

Deftige Südtiroler Köstlichkeiten und ein Gläschen Wein beim Törggelen.

Zum zünftigen Törggelen gehört eine kräftige »Marende« mit deftigen Südtiroler Köstlichkeiten. Frische Feigen können dabei aufgetischt werden, über dem Feuer geröstete Kastanien, Nüsse, Bauernspeck und ein Stück Käse auf einem Holzbrett oder auch Kaminwurz, Surfleisch oder Schweinsrippe mit Knödel und Sauerkraut, danach eventuell noch ein Schlutzkrapfen.

»Erfunden« haben wollen den Brauch im 17. Jahrhundert die Eisacktaler aus Brixen und Klausen. Inzwischen ist er überall in Südtirol verbreitet, wo Wein wächst, auf der Rebterrasse des Überetsch, im Bozener Unterland, auf dem Ritten, dem Hausberg Bozens, bei Meran, im Burgrafenamt oder im Vinschgau. Ziel einer Törggelen-Wanderung kann ein Bergbauer sein, ein Buschenschank – erkennbar am ausgesteckten Buchsbaumbündel. Einfache Jausenstationen oder urige Gasthöfe mit holzgetäfelten Bauernstuben sind »Geheimtips« einheimischer Kenner. Man sitzt möglichst lange draußen an blankgescheuerten Tischen in der milden Oktobersonne, zieht dann, wenn es kühler wird, in die gute Stube.

Dem Wandersmann werden Einheimische gern einen Tip geben, ganze »Invasionen« sehen sie natürlich weniger gern in »ihren« Törggele-Lokalen, die – wie etwa der Patscheider Hof bei Signat am Ritten – von Urlaubern kaum selbst entdeckt werden. Zum richtigen Törggelen gehört immer der Fußmarsch, die Wanderung hinauf zum Weinbauern, zum Buschenschank-Wirt, der dann zeigt, was Küche und Keller an Eigenerzeugnissen hergeben. Und am schönsten, so meinen die Einheimischen, ist das Törggelen im November, wenn es nach dem »goldenen Oktober« ganz still geworden ist in den »Weinleiten« Südtirols.

Erkenntnis eines Törggelen-Gastes
über den Südtiroler Gewürztraminer:

Der Wein, man sage es in Kürze,
hat in sich viele Gewürze,
die er abseits von allen Moden
entlockt hat dem Traminer Boden.
Und in der Kürze
liegt die Würze.

Damen versprechen sich Schlankheit, Fitneß und reine Haut. So holt sich jeder aus dem heilenden Heu, was er sich zur Heilung, Vorbeugung oder einfach für Entschlackung und Wohlbefinden erwartet.

Ein feinfühliger Stammgast, der jedes Jahr acht Tage auf Jochgrimm verbringt, hat einen besonderen Grund, hier heraufzukommen, obwohl er selbst nicht im Heu badet: Er liebt seine Frau, und wer seine Frau liebe, so der Neumarkter, der müsse sie ins Heubad bringen, denn gesunde Frauen seien fröhlichere Frauen und fröhliche Frauen seien noch nettere Gattinnen.

Land zwischen Etsch und Eisack – Wo der Wein regiert

Schon Johann Wolfgang von Goethe schwärmte auf seiner Italienischen Reise über die Fahrt durch das Etschtal, das er als das Tor zum Süden empfand, wo sich die Etsch »gegen Mittag« wende und nach dem Lande zeige, »wo die Zitronen blühen«: »Die Hügel am Fuße der Berge sind mit Wein bebaut. Über lange, niedrige Lauben sind die Stöcke gezogen, die blauen Trauben hängen gar zierlich von der Decke herunter und reifen an der Wärme des nahen Bodens. Auch in der Fläche des Tals, wo sonst nur Wiesen sind, wird der Wein in solchen eng aneinanderstehenden Reihen von Lauben gebaut, dazwischen das türkische Korn – Mais –, das nun immer höhere Stengel treibt.«

Was Wunder, daß im sonnigen Land zwischen Etsch und Eisack die Freude am Wein so alt ist wie die Weinkultur selbst, und diese reicht vermutlich bis in frühgeschichtliche Zeiten zurück, ganz sicher jedoch bis in die Zeit, bevor die Römer kamen. Der römische Kaiser Tiberius selbst, der mit seinem Bruder Rätien unterwarf, lobte den dortigen Wein über den grünen Klee und wollte ihn auch in seiner Sommerresidenz nicht missen. Da die Räter den Wein in Holzgebinden transportierten und nicht in zerbrechlichen Amphoren, stellten die holperigen Römerstraßen kein Hindernis dar für einen Transport bis nach Rom und Capri zu den Bacchanalien des kaiserlichen Weinfreundes.

Zwar ist nicht dokumentarisch belegt, ob schon die römischen Legionäre zum Törggelen gezogen sind (s. S. 26), doch eines ist sicher: Das Wort »Törggl«, zu deutsch »Baumpresse«, und damit auch das »Törggelen« kommen vom lateinischen Verb »torquere«, das »pressen« bedeutet.

Seit jenen Zeiten hat der Weinbau an den Südtiroler Hängen stets eine bedeutende wirtschaftliche, kultische und kulturelle Rolle gespielt. Der Legende zufolge soll sogar ein leibhaftiger Enkel des biblischen Stammvaters Noah die Hand im Spiel gehabt und den Wein an Eisack, Etsch und Passer nördlich und südlich der Alpen berühmt gemacht haben. Auch Minnesänger und moderne Künstler besangen und besingen den Wein aus dem Land im Gebirge. Die Sorten sind mannigfach, und um sich ihre Eigenschaft leichter merken zu können, wurden sie in einprägsamen Reimen charakterisiert:

Kalterer See

Fruchtig, mild und angenehm,
sortentypisch und bequem,
mild, harmonisch, leicht zu handeln,
wie der Geschmack von Bittermandeln.

Eisacktaler Silvaner

Zum Silvaner zieht's dich hin,
weil er hellgelb ist bis grün
in seinem wunderschönen Leib
von einem jungen, schlanken Weib,
und er paßt auf jeden Tisch
bei Spargeln, Weinsuppe und Fisch.

Veltliner

Die Fluggesellschaft wohl belebt,
die auf vieltausend Fuß hoch schwebt,
besser als Sprit und Kerosin
ein grüner Wein aus dem Veltlin
von Eisacktaler Kelter,
da wird kein Triebwerk älter.

Weinkellerei in Eppan. Schon die alten Römer schätzten die guten Tropfen.

Südtiroler Dolomiten – Die »schönste Architektur der Welt«

Blickfang – das »Ranuikirchl«, die Kapelle St. Johann vor der Geislergruppe.

Jul Bruno Laner, der in Bozen zuhause ist, durchstreift die Seiser Alm zu allen Jahreszeiten. Sein hintergründiges Porträt über die größte Alm Südtirols geriet ihm zu einer Liebeserklärung.

Die Seiser Alm – Gebirgsarena im Spiegel der Jahreszeiten

Die Seiser Alm ist weit mehr als ein Futterplatz für hungriges Vieh. In ihrer Vielfalt ist die größte Hochalm Europas ein buntes Kaleidoskop, in dem Natur und Kultur, Fremdenverkehr und Landwirtschaft, Modernes und Althergebrachtes ineinanderfließen. Die »Alm«, wie sie von den Einheimischen meist lapidar genannt wird, hat eine lange Geschichte, nicht nur geologisch gesehen, sondern auch politisch. Vor etwa 200 Millionen Jahren begannen sich im warmen Thetismeer, einem Vorläufer des heutigen Mittelmeers, durch Sedimentablagerungen die Dolomitenriffe zur »schönsten Architektur der Welt« (Le Corbusier) aufzutürmen, lange bevor Menschen die Erde bevölkerten. Diese besiedelten schon seit früher Urzeit das Gebiet.

Festlich herausgeputzte Bewohner in Völs am Schlern.

Politisch traditionell ein Herzstück Tirols, liegt die Alm heute im Spannungsfeld dreier Kulturen, der deutschen (die Alm gehört zur deutschsprachigen Gemeinde Kastelruth), der ladinischen und der italienischen. Schier endlos scheinen sich ihre sanften Matten aneinanderzureihen, immer wieder neue grüne Horizonte bildend, über die sich die bleichen Dolomitenriesen erheben, als würden sie aus den Wiesen herauswachsen. Es sind wahrhaft Riesen, die Gebirgsstöcke, die sie umkränzen. Mächtig erheben sich der zerfurchte Langkofel und der abgeflachte Plattkofel, daneben reckt sich das Molignon-Massiv himmelwärts, stolz zeigen die Roßzähne ihre Zacken, der Schlern beschließt den Reigen. Blickt man übers Grödnertal (Val Gardena), so sieht man die Dolomiten von den Geislerspitzen bis zum Sellastock. Eingebettet in diese eindrucksvolle Arena liegt ein besonders schönes Stück Dolomitenwelt, das mythisch verträumt und zugleich reeller, moderner Lebensraum voller Abenteuer ist.

Blütenteppiche und gleißender Firn

Bereits Oswald von Wolkenstein (1376–1445), einer der bedeutendsten deutschsprachigen Minnesänger und Dichter an der Grenze vom Mittelalter zur Neuzeit, dessen Leben ein einziges Abenteuer war, rühmte die Alm und ihre Schönheit im Frühjahr:

> »Zergangen ist meines Herzens Weh / seit daß
> nun fließen will der Schnee / ab Seuser alben ...«

Und in der Tat kann man, wenn man im Frühling auf die Alm geht und die Krokusblüten zu Tausenden aus dem Boden sprießen, während vom Schlern noch der Firnschnee gleißt, die zarte Stimmung des alten Haudegens Oswald gut nachempfinden. Die Alm und ihr Umfeld am Seiser Hochplateau und in der Grödnertalsohle ist so vielfältig, daß ihre Landschaft vom Frühling bis in den Winter hinein immer wieder neue Perspektiven bietet.

Wenn der Schnee ganz geschmolzen ist und um die Ruine Hauenstein Kastelruth des Minnesängers Vöglein zwitschern, kann man den Einzug des Frühlings an einem Tag Schritt für Schritt verfolgen; je nach Höhenlage kann man ihm vorauseilen, zurückgehen und sich wieder von ihm einholen lassen. Der Frühling ist ein langsamer Kletterer, und mit ihm klettert alles, was sprießt und gedeiht.

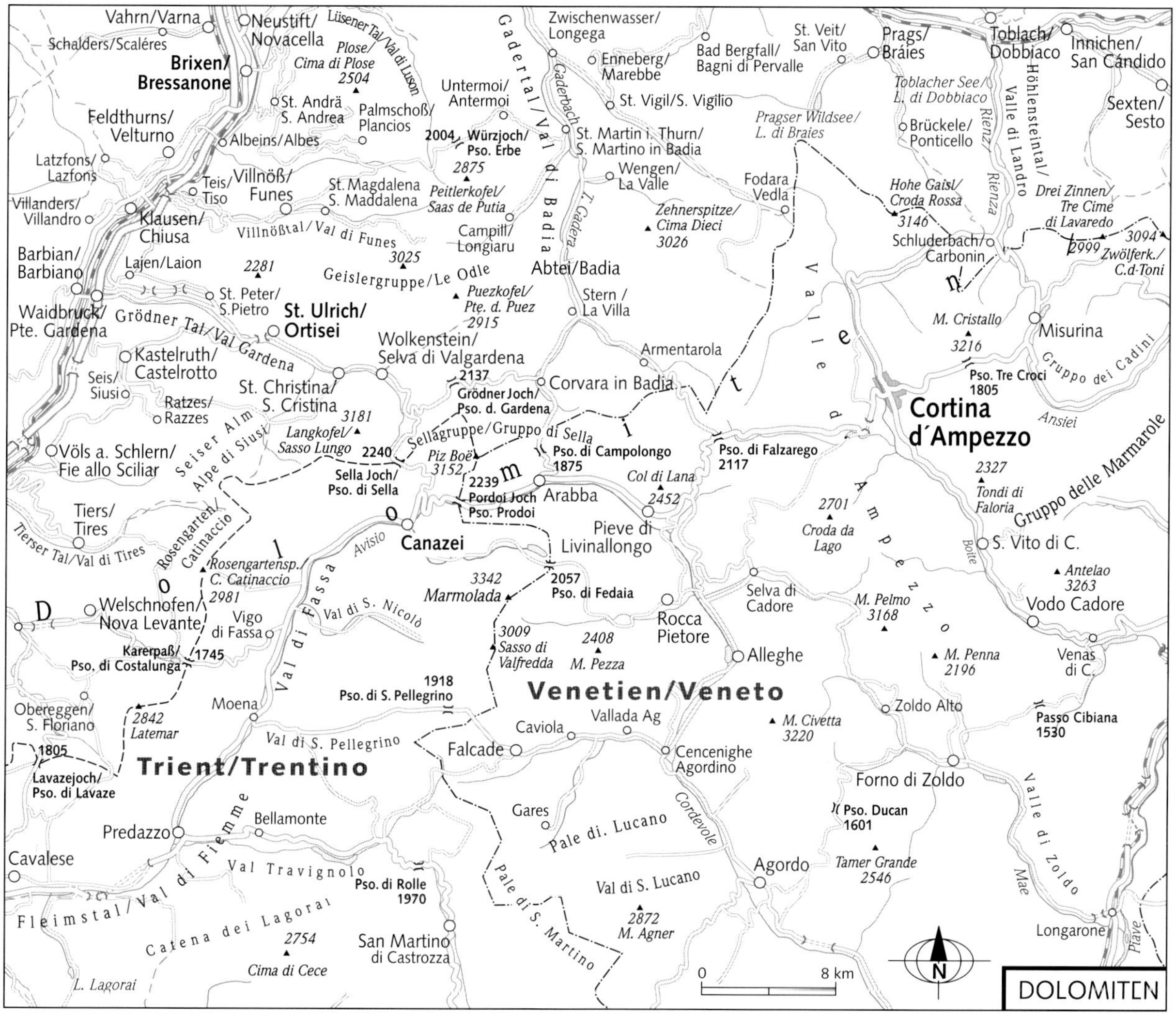

Ist die Apfelblüte im Etschtal um den Bozner Talkessel vorüber, leuchten an den Hängen des Eisacktales die gelben Blüten der Kornellkirsche, zwischen Völs und Kastelruth blühen die ersten Bäumchen, und auf der Seiser Alm machen Krokusteppiche den Schneeflecken das Territorium streitig. Tag für Tag klettert der Frühling weiter, erreicht auch die schattigen Hänge, die Scharten und Schluchten, in seinem Gefolge ein immer stärker anschwellendes Meer von Blüten und Pflanzen. Fließend ist die Grenze zwischen Frühling und Sommer. Bei der berühmten Fronleichnamsprozession in Kastelruth schwitzen die Männer bereits gewaltig beim Fahnentragen in praller Sonne, während auf der Alm am Spitzbühel die Gleitschirmflieger noch in ihren Daunendecken stecken. Ganz Kecke hacken mit Firngleitern durch den Harsch der letzten Schneerinnen.

Wildes Treiben bei der Heuernte

Der warme Sommer bläst zum Almauftrieb, er läßt Sensen dengeln und Klingen wetzen. Aus der Höhe betrachtet wirkt das Gesamtbild wie von geschickter Kosmetik geschönt. Erst sorgen Mähmaschinen und, in den steilsten Stücken, die Sensen für bizarre Schnitte und Stehfrisuren, dann wird fein säuberlich gekämmt, mit Rechen und Heuladern.

Zur Zeit der Heuernte herrschte schon immer ein wildes Treiben auf der Seiser Alm, doch früher sei es weniger hektisch gewesen, meint der Malaier Bauer, früher, als es noch keine schnellen Traktoren gab, habe man immer noch die Zeit gefunden, das Fuhrwerk anzuhalten und bei der Schmungschweige ein Gläschen zu trinken. Auch habe man immer beim Frommer-Bildstöckl halt gemacht, um sein »Gegrüßt seist du Maria« zu murmeln, meint die Bäuerin, heute dagegen fahre alles in Eile vorbei mit dem Traktor. Touristen halten nur im Gasthaus an.

Im übrigen sei es einfach viel lustiger gewesen, mit vielen Menschen zu arbeiten anstatt mit wenigen Maschinen. Da kamen die Mäher und Dirnen, die sogenannten Recherinnen, auf die Alm. Der Mäher hieß Tschasch, und zwischen Tschaschen und Recherinnen gab es eine ausgeklügelte Rangordnung. Jedem Mäher stand eine Recherin zur Seite, und diese war wiederum bestrebt, einen möglichst feschen Tschasch zu bekommen. Wenn andererseits einem Tschasch seine Recherin nicht paßte, konnte er so schnell und mit Gewalt mähen, daß das Heu weit verstreut wurde und die Recherin nicht mehr nachkam mit ihrer Arbeit. Allerdings trug die Recherin stets »Lecka« unter ihrer Schürze verborgen, eine Tüte mit Süßigkeiten, mit denen sie ihren Tschasch verwöhnte. Dieser revanchierte sich, sobald sie wieder ins Dorf zurückgekehrt waren, mit »Tschaschbirnen«, als Dank für die Versüßung des Almalltags.

Ältere Recherinnen wissen zu berichten, daß die Burschen nicht selten ihre Recherinnen schnell vergaßen, wenn sie wieder im Tal unten waren, doch die Mädchen waren diesbezüglich nicht nachtragend, denn »auf der Alm, da gibt's kei' Sünd ...« Doch das ist aber leichter gesagt als bewiesen, denn so manche Bauernmagd und Bäuerin endete auf dem Scheiterhaufen, weil man sie beschuldigt hatte, auf der Alm und ganz besonders am Schlern und auf den »Hexensesseln« am Puflatsch mit dem Leibhaftigen kopuliert zu haben.

Die Hexenböden der Seiser Alm waren weitum berüchtigt und erscheinen sogar in den Akten verschiedener Hexenprozesse. Der Prozeß, der in den Jahren 1506 und 1510 auf Schloß Prösels acht mutmaßlichen Hexen gemacht wurde, fand über das Gebiet des Seiser Hochplateaus hinaus ein so weites Echo, daß die Schlernhexen bis heute im allgemeinen Volksbewußtsein lebendig geblieben sind. Sogar ein Skirennen wurde nach ihnen benannt, und die Segelfluggilde im Bozener Aero Club, im Dolomitenhimmel beheimatet, trägt eine Schlernhexe als Emblem am Seitenruder.

Im Sommer geht es nicht nur auf der Alm lustig zu, auch in den umliegenden Dörfern ist allerhand los. Man sieht Grillen zwischen Halmen zappeln, und

Heueinfuhr auf der Seiser Alm.

Seiser Alm – die größte geschlossene Almfläche Europas (1800–2100 m ü.d.M.).

Menschen zwischen hohen Bäumen in den großen Wäldern, in denen sich der einzelne verliert. Sowohl Gröden als auch das Seiser Hochplateau bieten eine ganze Palette von Erholungs- und Betätigungsmöglichkeiten: Beim Minigolf tummeln sich Kinder und Erwachsene, ein Paraglider hängt in einem Zirmbaum, die Dolomitentürme sind fast künstlerisch mit bunten Kletterseilen verschnürt, der Bergrettungsdienst hält Jeep und Helikopter in Bereitschaft, zehn Reiter traben zwischen Völs und Kastelruth, auf dem Wiesenfest spielen Musikkapellen, auf Prösels konzertiert im Saal ein Streichquartett, am Völser Weiher und im Bozener Bad wird ausgiebig geplanscht, und im Heubad werden schöne Frauen noch schöner.

Törggelen und Winterfreuden

Wenn der Sommer zu Ende ist, wird es ruhiger auf der Seiser Alm. Die Almwiesen sind abgeweidet, und es beginnt der Almabtrieb. An den Leiten im Tal werden die Trauben blau und süß, Mandeln und Nüsse fallen von den Bäumen, die grünen Igel sind schon aufgeplatzt und geben ihre kastanienbraunen Früchte frei. Der Herbst zieht farbenprächtig ins Land. Er ist ein gemütlicher Kunstmaler und steigt gemächlich von den Gipfeln hinunter ins Tal. Nur ab und zu macht er einen gewaltigen Satz, wenn ihm der Winter, platzheischend, eine Schneefahne in den Rücken pustet.

Hoch auf dem Schlern ergrauen die zarten Schlernhexenblüten, der Türkenbund ist längst verwelkt am Almengrund, das Knabenkraut, die Orchidee der Berge, bis auf zwei Stengel eingeschrumpft. Beim ersten Schneefall fliegen die Dohlen abwärts, das Murmeltier geht bald in Winterschlaf. Doch unten auf den Höfen herrscht frohes Treiben, die neuen Weine gären vor sich hin; der Süße, der »Sußer«, und der Neue warten auf den Gast in den zahlreichen kleinen Buschenschänken. Man wandert von Hof zu Hof, mit Völserbrot, Nüssen, Speck, und Wein unter dem Duft gerösteter Kastanien: Jetzt ist die Törggelenzeit.

Dann kommt sie, die weiße Jahreszeit, mit Abfahrt, Langlauf, Schlittenrennen, mit Schlittschuhlaufen und Ausflügen in die Pracht der Winterlandschaft. Frühmorgens geht es auf die Alm, gesund ermüdet kehren wir zurück in die Geborgenheit der warmen Stuben.

Bergrettung – Wenn das Funkgerät piepst

Für jene die sich zu Fuß fortbewegen und am Klettern erfreuen, ist der Sommer die ideale Jahreszeit. Befreit vom Schnee und mit sicheren Steigen lockt die Anhöhe zu Dolomitengipfeln, die zum Greifen nahe scheinen.

Wen wundert es da, daß die Seiser Alm ein beliebter Ausgangspunkt für Bergwanderungen, Bergtouren und extreme Klettertouren geworden ist, daß es für Bergsteiger geradezu eine Herausforderung ist, diese gigantische Architektur der Natur zu besteigen und zu beklettern. Bergsteigen ist für viele mehr als Sport, Freizeit und Erholung, Bergsteigen kann zur Lebensform werden. Doch – Bergsteigen ist nicht Schachspielen, denn es birgt objektive und subjektive Gefahren, die so manchem schon zum Verhängnis geworden sind.

Auf der Seiser Alm ist der Flugrettungsdienst durch Aiut Alpin Dolomites unter der Führung von Catores-Ches Raffael Kostner sichergestellt. Wie die Bergrettungsmänner sind auch die Flugretter ehrenamtliche Fachkräfte. Der eine ist im Hauptberuf Bauer, der andere Hüttenwirt auf Sanon, wieder ein anderer Holzschnitzer öder ähnliches. Doch wenn der Sprechfunk piepst, sind sie alle gleich zur Stelle. Die Bergrettung hat immer alle Hände voll zu tun, auch wenn es sich oft um zwar dramatisch aussehende, aber nicht wirklich tragische Bergunfälle handelt.

Abends, bei einem Glas Rotwein, erzählen die Männer schmunzelnd hinter vorgehaltener Hand von der Bergung eines Mannes, der auf der Sesvennahütte kollabiert war und für tot gehalten wurde. Mit dem Hubschrauber ins Tal gebracht, wachte er prompt auf, verlangte etwas zum Trinken und fühlte sich ansonsten pudelwohl. Als man seine Personalien aufnahm, entdeckte man, daß er ganze 76 Jahre alt war und sich noch zu Fuß bis auf 2300 Meter vorgewagt hatte.

Ein Touristenpaar hatte sich am Santner in eine viel zu schwierige Tour verstiegen, konnte sich aber noch durch Rufe bemerkbar machen. Als die Bergretter kamen, brüllten sie den beiden zu, sie sollten ihr Seil auswerfen. Doch das Seil kam und kam nicht. Als die Retter die Verstiegenen schließlich erreichten, stellte sich heraus, daß diese wohl ein Kletterseil besaßen, doch es war noch in der Plastikhülle versiegelt, wie sie es am Tag zuvor in Bozen gekauft hatten...

Von Gröden durch die Bleichen Berge – Wandertage in Ladinien

Weit unterhalb der Seiser Alm im Herzen der Dolomiten liegt das Grödnertal (Val Gardena), das Tal der Herrgottsschnitzer. Rund 500 Grödner üben noch heute den Beruf des Holzschnitzers aus, ihre Erzeugnisse gehen aus dem Dolomitental in die ganze Welt. Das 400-Einwohner-Dorf St. Ulrich (Ortisei, 1294 m) zieht sich bis weit in die Hänge von Seceda und nach Raschötz hinauf, ein wenig talaufwärts liegt das liebliche St. Christina. Wolkenstein (Selva), der dritte der drei Grödner Orte, ist von hier oben nicht zu erkennen. Dafür fängt sich der Blick in den Zacken, Mauern und Spitzen, die drüben jenseits des Tales aufragen: Seceda, Col Raiser und die Geislerspitzen.

»Benuni te Gherdeina«, willkommen in Gröden, begrüßt uns hier oben Christina, eine junge, charmante Grödnerin, die uns für ein paar Wandertage durch die Dolomiten führen will. Bei ihrem ladinischen Gruß wird uns klar, daß wir in diesen Tagen nicht nur eine der schönsten Gebirgslandschaften erleben, sondern auch der interessanten Kultur einer kleinen Minderheit begegnen werden (s. S. 37, 40).

Mit Superlativen sollte man vorsichtig sein. Als Christina uns erklärt, der Weg durch den Confinboden zwischen Seiser Alm und Langkofel sei der schönste in den Dolomiten, sind wir zunächst skeptisch. Doch als wir am Fuße des 3181 m hohen steinernen Langkofel stehen, dem »Sasslongh« der Ladiner, vor dessen grauem Gestein Latschen und Zirben dunkle Akzente setzen, während die herbstlich verfärbten Lärchen golden gegen den blauen Himmel zu lodern scheinen, ahnen wir, daß Christina doch recht haben könnte. Und dann kommt plötzlich das große Aha-Erlebnis: Zwischen den oft mannshohen Felsblöcken der »Steinernen Stadt« tut sich plötzlich der Blick auf die fast zum Greifen nahe erscheinende Sella auf, das steinerne Herzstück der Dolomiten, der »Bleichen Berge«, wie dieses Gebirgsland in den alten Sagen und Märchen seiner ladinischen Bewohner gerne genannt wird.

Doch die Sella dort vor uns ist alles andere als bleich! Rötlich und grau, gelblich und fast schwarz erhebt sie sich jenseits von Plan de Gralba aus wie der unvollendete Stumpf eines gigantischen gotischen Turmes. Wie helle Fäden winden sich die Straßen an ihren Flanken in die Höhe, zum Sellajoch unter uns, zum Grödnerjoch darüber ein wenig weiter weg. Hin-

Wandertag mit Fernsicht: Weg zur Roßzahnscharte. Im Hintergrund Plattkofel, rechts Sella.

ter uns steht der Langkofel als gewaltiges steinernes Massiv. Seine Spitze, der höchste Punkt Grödens, ist nicht immer so klar zu erkennen wie heute. Oft ist sie von Wolken verhangen. Die Grödner deuten dies aus Erfahrung als Schlechtwetterzeichen.

»N ie-pa chisc bia i plu biej monc di mond!« ruft Christina unwillkürlich in ihrem heimatlichen Idiom und weist über die faszinierende Szenerie ringsum. »Sind das nicht die schönsten Berge der Welt?« übersetzt sie uns die fremdartig klingenden Worte.

Weiter geht es ins Abteital, ins ladinischste aller Dolomitentäler. Wir müßten die besondere Bauernkultur in diesem Tal erleben, meint Christina, und außerdem sei der Weg dorthin besonders schön. Mehr verrät sie uns nicht, und das ist vermutlich gut so. Denn so ahnen wir nichts von den Schweißtropfen, die wir noch vergießen werden, während wir zunächst die geruhsame Wanderung von Wolkenstein aus ins Langental genießen. Ein paar Schweißtropfen werden uns allerdings auch hier abverlangt, in diesem Tal, das sich zwischen himmelhoch aufragenden Dolomitenwänden ins Gebiet des Puez-Geissler-Naturparks hineinzieht. Die Nachmittagssonne beleuchtet die bizarren Trümmer, die an die fast 500 m senkrecht aufragende Steviolawand geklebt zu sein scheinen.

Christina drängt uns weiter ins Tal hinein. Dort steht inmitten einer Almwiese zwischen blühenden Herbstblumen die Kapelle des heiligen Silvester. Im 14. Jahrhundert erbaut, wurde sie erst vor einigen Jahren restauriert. Dabei kam in ihrem Inneren ein mehr als 500 Jahre alter Freskenzyklus zutage, der heute kunstinteressierte Besucher begeistert.

Die Morgensonne brennt uns voll in den Rücken, als wir am nächsten Tag vom Grödnerjoch aus zur Puezhütte aufsteigen. Hätte Christina uns vorher gesagt, welche Steigungen uns erwarteten, wer weiß, vielleicht hätten wir auf die Tour verzichtet. So schauen wir immer wieder sehnsüchtig zurück in die Tiefe zum Grödnerjoch, über das die Autos so schnell, so mühelos vom Grödnertal ins Abteital hinübergleiten. Tief unten, am Ende der vom Paß hinabführenden Kehren, wird Kollfuschg (Colfosco) sichtbar, das »Collfosch« der Ladiner. Das höchstgelegene Dorf im Hochabteiltal ist das ladinische Bilderbuchdorf schlechthin. Seine alte Kirche vor der im Hintergrund mächtig und allesbeherrschend aufragenden Sella gehört zu den meistfotografierten Motiven des

Tals. Doch wir sind von diesem Tal einstweilen noch weit entfernt.

Als erst einmal das schweißtreibende Steigungsstück hinter uns liegt und wir beim Weitergehen unsere ganze Aufmerksamkeit den letzten Blüten des Eisenhutes und des hoch aufragenden Schwalbenschwanzenzians auf den Almwiesen zuwenden können, ist die Mühsal rasch vergessen. Es ist ein Wanderparadies, in das uns unsere Führerin hinaufbringt, weniger ein Tummelplatz für Extremkletterer. Die kommen vielleicht drüben am Peitlerkofel eher auf ihre Kosten, obschon uns der Hüttenwirt am Abend versichert, den Gipfel zu besteigen sei eigentlich Pflichtprogramm für jeden Besucher der Puezhütte.

Die Hochfläche von Puez und Gardenaccia, durch die wir am Morgen weiterwandern, sieht aus wie eine Mondlandschaft Oder eher wie eine Marslandschaft? Geröll, Felsbrocken, dazwischen immer wieder hoch aufragende Spitzen, Nadeln und Mauern.

Der touristische Alltag hat uns wieder, als wir am Nachmittag den kleinen Sompuntsee bei Perdaces erreichen. Ausflügler, Tretboote, Menschenmassen auf den Terrassen, die die warme Sonne genießen. Und nach draußen der Blick über das Abteital, dessen Name an das längst nicht mehr existierende Kloster Sonnenburg erinnert. Berühmt ist das Tal, dessen Mittelpunkte Pedraces, S. Kassian, Stern und Corvara längst erste Adressen im Südtiroler Fremdenverkehr sind, vor allem wegen seiner Viles, der uralten ladinischen Weiler, die allenthalben in die Sonnenhänge des Tales verstreut sind. Mit Hof und Wirtschaftsgebäuden bis hin zu Holzschuppen, Mühle oder eigener Kapelle bildet ein jeder eine autarke kleine Welt.

Eine solche Vila lernen wir zum Abschied kennen, die jahrhundertealte Vila Rungg hoch oberhalb von Pedraces, heute ein einfaches Berggasthaus, wo uns ein üppig-deftiges ladinisches Bauernmahl serviert wird: Gerstensuppe und Krapfen, Pfannen mit Polenta, Schüsseln mit Sauerkraut, Rippchen und Gulasch, Apfelstrudel und Brandteiggebäck. Die Augen gehen uns über angesichts der Portionen. Immer wieder trägt der Bauer neu auf, immer wieder müssen wir dezent den Gürtel lockern. Fast hilflos blicken wir Christina an, die sich über Blickkontakt mit dem Bauern verständigt. Der versteht und kommt mit der Obstlerflasche. Und wir stoßen an, auf Ladinien, die schöne, fremdartige Gebirgswelt.

Licht- und Farbspiele der Natur in einem Teich bei Tiers – der Rosengarten und sein Spiegelbild.

Wolkenstein im Grödnertal – Zwischen Schnitzerwerkstätten und Skiliften

Mehr als 500 m ragt die glatte Felswand der Steviola senkrecht vom Talboden des Langentales bei Wolkenstein (Selva) auf. Das Tal ist eng hier, und wenn man sehen will, wo das Ende der Wand gegen den blauen Winterhimmel zu stoßen scheint, muß man den Kopf schon ordentlich in den Nacken legen. Dabei kann es geschehen, daß das Auge beim Aufwärtsschauen an einer kleinen Unregelmäßigkeit in der Wand hängenbleibt, einer kümmerlichen Ruine, die hoch über dem Boden an den Fels geklebt zu sein scheint. Schon immer hat diese Ruine, die Reste der Burg Wolkenstein, Gemüter und Phantasie der Menschen bewegt. Die der Einheimischen ebenso wie die der Besucher, von denen viele ins Langental kommen, ist doch das kleine Dolomitental im Sommer ein blühender Almboden, im Winter das schönste Langlaufgebiet des inneren Grödnertals.

Weit zieht sich die präparierte Loipe vom Parkplatz ins Tal hinein, dem Grödner Joch entgegen, das das Grödnertal vom Gadertal, dem Hochabteital, trennt. Nur schade, daß letzteres so eng ist, daß im Winter wochenlang kein Sonnenstrahl auf den Talboden dringt, nur die Ruine in der Steviolawand erreichen die Sonnenstrahlen. Und da mag man dann sinnen, was es mit dieser Burg auf sich gehabt hat, über die so wenig Zuverlässiges zu erfahren ist.

Noch heute lebt in Gröden die Sage, die Burg sei einst von einem Römer erbaut worden, der vor Attilas Heerscharen geflohen war. Als deutsche Edelleute später das bereits verfallene Gemäuer wieder-aufbauten, hätten sie es »Welschenstein« genannt, in Erinnerung an den »welschen« Erbauer. Aus »Welschenstein« sei dann auch der Name des Ortes entstanden, der als Wolkenstein heute der wichtigste Wintersportplatz des Grödnertales ist.

Der Name und die Lage des verwegenen Felsennestes machen verständlich, daß man den berühmtesten Träger des Namens Wolkenstein immer wieder mit der Burg in Verbindung gebracht hat: den Liedersänger Oswald von Wolkenstein (um 1375–1445). Der Wolkensteiner, wie ihn seine Zeitgenossen nannten, war ja nicht nur fahrender Sänger und Diplomat, der 1416 als Gesandter am Konzil von Konstanz teilnahm, sondern hatte auch einen respektablen Ruf als Raufbold und Raubritter. Und wo konnte man einer solchen Tätigkeit damals besser nachgehen als an einem Paßübergang über die Berge? Durch das Langental verlief im Mittelalter der wichtigste Handelsweg vom Etschtal durch Eisack- und Grödnertal und über das Grödner Joch weiter nach Osten, nach Kärnten und Venedig. Es gibt nur Vermutungen, jedoch keine Beweise dafür, daß Oswald sich, wie oft behauptet wird, häufig auf der der Familie gehörenden Burg aufgehalten hat, Tatsache ist jedoch, daß sie bis vor wenigen Jahren der Familie derer von Wolkenstein und damit Nachfahren des Sängers gehört hat.

Im Spätwinter ist das Langental eines der schönsten Ausflugsziele von Wolkenstein aus, nicht nur für Langläufer, auch für Schneewanderer, für die hier ein Pfad durch den Schnee gespurt wird. Dabei kommt man vorbei an der kleinen Kapelle des heiligen Silvester mit ihren erst kürzlich entdeckten Fresken (s. auch S. 35). Daß auf diese kunsthistorische Sehenswürdigkeit keine besonderen Wegweiser aufmerksam machen, daß man so gar kein Aufhebens von ihr macht, paßt eigentlich zur Atmosphäre der Bescheidenheit, die ungeachtet seiner Entwicklung zum wichtigen Wintersportzentrum bis heute für diesen inneren Bereich des Grödnertals chrakteristisch ist. Vielleicht haben die rund um Wolkenstein mit fast brutaler Gewalt aufragenden, alles beherrschenden Felsen auch die Menschen, die in ihrem Schatten leben, ein bißchen demütig gemacht.

Nirgends sonst in den Dolomiten stehen die gewaltigen, bizarr geformten Bergriesen so unübersehbar, nirgends überragen sie einen Talschluß so beherrschend, so unausweichlich wie hier bei Wolkenstein. Da ist zum einen die Sella, jener Bergklotz, der in den ganzen Alpen seinesgleichen sucht. Wie der Stumpf eines nie fertig gewordenen Riesenturmes steht er im Herzen der Dolomiten, an seinem Fuß schlängeln sich Täler in alle vier Himmelsrichtungen, von denen das Grödnertal wohl das schönste und bekannteste ist. Ihm gegenüber schwingt sich dessen Wahrzeichen in den Himmel, der 3181 m hohe Langkofel, der höchste Punkt über dem Grödnertal. Wenn die Spitze des Sasslongh, wie er hier genannt wird, einen Hut trägt, wissen das die Grödner als Schlechtwetterzeichen zu deuten.

Der Südtiroler Chronist Marx Sittich von Wolkenstein, der im 16. Jahrhundert lebte, nennt diesen

Special: Laurins Rosengarten

Es gibt zahlreiche Sagen aus den Dolomiten, ältere und neuere, bekanntere und weniger bekannte. Zu den beliebtesten gehört sicherlich diejenige von Laurin, angesiedelt im Rosengartengebirge, das sich zwischen Canazei und Bozen hinzieht. Das spektakuläre Abendglühen auf seinen Bergspitzen gab vermutlich die Anregung für die folgende Episode aus dem mittelalterlichen Sagenkreis um Dietrich von Bern. Dort oben im Felsengebirge hatte einst der Zwergenkönig Laurin sein Reich, wo er einen zauberhaften Garten voll herrlich blühender Rosen hegte und pflegte, der mit einem Seidenfaden umschlossen war. Doch eines Tages verrieten die Rosen Dietrich von Bern das heimliche Königreich Laurins, nachdem dieser die Schwester eines seiner Gefährten entführt hatte. Es kam zum erbitterten Kampf, in dem Laurin unterlag und von Dietrich in die Gefangenschaft geführt wurde.

Senner auf Wuhnleger-Alm in der Region Rosengarten/Latemar

Da drehte sich der Zwergenkönig noch einmal um, blickte über den zertrampelten Rosengarten und verfluchte die Blüten für ihren Verrat. Niemals, so lautete sein Fluch, sollten sie je wieder blühen, weder bei Tag noch bei Nacht. Da verödete und versteinerte Laurins Königreich, und die einst so fruchtbare Landschaft wurde zur toten Felswüste der Bleichen Berge. Und wo einst der rotblühende Garten lag, erblickt man seither bis lange in den Sommer hinein ein weißes Schneefeld. Doch der Fluch des Zwergenkönigs betraf nur den Tag und die Nacht, die Dämmerung hatte er vergessen. Und so blühen die Rosen allabendlich kurz vor Sonnenuntergang noch einmal auf und künden von ihrer einstigen Pracht. Dann erstrahlt das tagsüber so farblose Rosengartengebirge in geheimnisvollem Rot, und die Leute in den alten Gassen von Bozen schauen hinauf zum untergegangen Reich des Zwergenkönigs Laurin ...

Wandertips: *Kollfuschger Höhenweg und Grödner Sonnenseite*

Kollfuschger Höhenweg

Diese nicht besonders lange Rundtour, bei der vor allem die Aussicht über das Talbecken von Corvara hinweg zur Fanesgruppe, zu den Tofanen und zum Settsass sowie zu den nahen Felsbastionen des Sellastockes mit seinen senkrechten Wänden, Pfeilern und Schluchten beeindruckt, führt von Kollfuschg (Colfosco) im innersten Gadertal durch das kleine Edelweißtal, in dem diese Blume tatsächlich reichlich blüht, hinauf und auf einem rund 4 km langen Höhenweg größtenteils durch Bergwiesen und Zirbenbestände zur Ciralm und zum Grödner Joch. Von dort geht es dann zum Ausgangspunkt zurück.
Am Höhensteig vor der mächtigen Felskulisse des Sellamassivs und den über dem Weg aufragenden Felswänden von Ciampac, Col Turond und Cir blühen im Hochsommer herrliche rote Feuerlilien, weiße Paradieslilien, der purpurrote, schwarz gesprenkelte Türkenbund, gelbe Arnikasterne, duftende Brunellen, die verschiedensten Orchideenarten, ganze Büsche der zarten Akelei, und selbst die Fruchtstände so mancher bereits verblühten Blume, wie etwa die silbernen Wuschelköpfe der Schwefelanemone, sehen aus wie Blüten. So verwundert es nicht, daß Dolomitenkenner für diese Gegend die Bezeichnung »Märchenwiesen von Ciampac« geprägt haben.
Wegverlauf: Von Kollfuschg (1615 m) auf Weg 4 mäßig steil durch das Edelweißtal hinauf zu der meist ganzjährig geöffneten Edelweißhütte (1824 m; etwa 3/4 Std.); von dort Richtung Westen, der Markierung folgend, über die Forcelleshütte hinauf zu einer Geländeschulter (2100 m) und auf dem markierten Höhensteig mit nur geringer Steigung weiter nach Westen. Der Steig durchquert bald Grashänge, schüttere Zirbenbestände und einmal ein kleines Bergsturzgelände und endet am Grödner Joch (2121 m; Gastbetriebe, Straßenübergang Gröden-Gadertal; ab Edelweißhütte knapp 2 Std.). Vom Joch schließlich entweder mit einer Fahrgelegenheit oder zu Fuß, der Markierung folgend, meist abseits der Straße über Grashänge hinunter nach Kollfuschg (gut 1 Std.).

Höhenunterschied: ca. 500 m.

Gesamtgehzeit: ca. 3 1/2 bis 4 Std.

Orientierung und Schwierigkeit: für routinierte Bergwanderer leicht und problemlos.

Wanderkarten, Maßstab 1:50000: Freytag-Berndt, Blatt S 5 (Cortina – Marmolada – St.Ulrich); Kompaß, Blatt 59 (Sellagruppe – Marmolada).

Auf der Grödner Sonnenseite nach St. Jakob

Die spitztürmige, auf einer einsamen Waldlichtung stehende Jakobskirche, eine Gehstunde oberhalb von St. Ulrich (Ortisei), bietet vor der Kulisse der Langkofelgruppe einen der bekanntesten und anmutigsten Anblicke ganz Südtirols. Das innen und außen mit spätgotischen Fresken geschmückte Höhenheiligtum ist von einem kleinen Friedhof, einer kleinen Ringmauer und einer größeren Grasfläche umgeben.
Diese Wanderung, die von St. Ulrich auf der einen Seite hinaufführt nach St. Jakob und auf der anderen Seite, weit gegen St. Christina ausholend, wieder zurück, bietet aber auch herrliche Blicke über St. Ulrich und das Grödnertal und streift manch alten Bergbauernhof und den mächtigen, 1933 geschnitzten Christus vom Col de Flam. In tieferer Lage, nicht weit von St. Ulrich entfernt, begegnet man einer Lokomotive des alten Grödner Bähnleins, einem Bronze-Denkmal für Luis Trenker, den berühmten Sohn Grödens (1892–1990), und einem weiteren für Paul Grohmann (1838–1908), den Wiener Dolomitenerschließer und Erstbesteiger des Langkofels.
Wegverlauf: Von der Pfarrkirche in St. Ulrich (1236 m) zunächst der Beschilderung »St. Jakob« folgend, kurz zwischen Häusern aufwärts und auf der nach St. Jakob/Sacun führenden Straße weiter, bis links die Col-de-Flam-Promenade abzweigt (Wegweiser). Auf dieser bequem zum Gekreuzigten vom Col de Flam, dann auf dem steiler durch Wald ansteigenden Weg hinauf (Beschilderung »Kirche St. Jakob«) und zuletzt rechts hinüber zur Jakobskirche (1566 m; ab St. Ulrich gut 1 Std.). – Abstieg: Von der Kirche laut Beschilderung »St. Christina« auf ebenem Weg durch Wald und vorbei am Hof Peza ostwärts zu den Wiesen des Gehöftes Ulâta oberhalb von St. Christina; hier scharf rechts ab (Beschilderung »St. Jakob Dorf«) in westlicher Richtung zum Weiler St. Jakob (ca. 1450 m); von dort auf dem Fußweg hinunter (Beschilderung »St. Ulrich«) und über die Luis-Trenker-Promenade zurück zum Ausgangspunkt.

Höhenunterschied: 330 m.

Gesamtgehzeit: ca. 3 bis 4 Std.

Orientierung und Schwierigkeit: leichte Wanderung; meist gute Beschilderungen.

Wanderkarten, Maßstab 1:50000: Freytag-Berndt, Blatt S 1 (Bozen – Meran und Umgebung) und Blatt S 5 (Cortina d'Ampezzo – Marmolada – St. Ulrich); Kompaß, Blatt 54 (Bozen).

Weltbekannt ist die Schnitzkunst im Grödner Tal.

Das Lied gehört zu den bekanntesten und meistverbreiteten Volksliedern in Gröden, und auch hier in Wolkenstein wird es noch häufig gesungen, natürlich in Ladinisch, das in den letzten Jahren eine bemerkenswerte Renaissance erlebte. Auch auf der Ortstafel steht ganz selbstverständlich unter dem deutschen »Wolkenstein« und dem italienischen »Selva» das ladinische »Selva Gherdeina«.

In dem armen, abgelegenen Talschluß hat die Landwirtschaft nie eine wichtige Rolle gespielt. Hier war man schon immer auf andere Erwerbsmöglichkeiten angewiesen. So entwickelte sich, aus Not und Talent geboren, im 17. Jahrhundert die weltberühmte Holzschnitzkunst. Von den erwähnten rund 500 Schnitzern, die heute noch im Grödnertal arbeiten, leben mehr als 100 in Wolkenstein. Doch die Allgegenwart der Werkstätten und Verkaufsstellen von Holzfiguren aller Art und Größe täuscht eine Bedeutung vor, die die Schnitzerei zumindest für Wolkenstein schon lange nicht mehr besitzt.

Berg den »Wolckenstain«. Er habe viele Zinnen und Spitzen und sei fast immer in Nebel und Regen gehüllt. Vielleicht wollte er so den Namen für Ort und Berg erklären. Wieviel schöner klingt es dagegen in dem alten Grödner Volkslied, in dem es auf ladinisch heißt:

Sasslongh, jel me un,
Chapel n'al degun,
no d'invierno no d'instá
ne s'al mei mo glaciá.

Es gibt nur einen Langkofel,
einen Hut hat er nicht,
weder im Winter noch im Sommer
hat er je gefroren.

Knapp 3000 Einwohner hat der Ort, doch bietet er seinen Gästen 8000 Fremdenbetten an. Kein Zweifel, Wolkenstein ist der wichtigste Touristenort des Tales und dank der günstigen Lage zu Pisten und Aufstiegshilfen natürlich auch der bei weitem wichtigste Wintersportplatz Grödens. Hinter dem Fremdenverkehr muß daher zumindest im Winter alles andere zurückstehen.

So richtig als Wintersportplatz aufgeblüht ist Wolkenstein jedoch nach 1970, nachdem man in den Hängen von Ciampinoi alpine Skiweltmeisterschaften ausgerichtet hatte. Zahlreiche moderne Seilbahnen, Sessel- und Schlepplifte erschließen heute die großartigen Abfahrten an Ciampinoi und Danterceppies, Col Raiser oder Plan de Gralba. Allein dieses Pistenangebot reicht für einen ganzen Skiurlaub aus.

An den Steilhängen des Gadertals, das südlich vom mittleren Pustertal abzweigt und dessen Bevölkerung noch das alte ladinische (rätoromanische) Idiom spricht, fallen die ausgedehnten Wiesen auf. Oft in geradezu extrem steiler Hanglage liegen die Bauernhöfe. Manch anderes bergbäuerliches Gebiet hat hier aufgrund touristischer Erschließungen sein Gesicht grundlegend gewandelt, nicht so das ausgedehnte Höfegebiet von Wengen.

Wengen – Stilles Land inmitten der Dolomiten

Die Ortschaft Wengen, ladinisch La Val, erst im 19. Jahrhundert entstanden, müßte eigentlich Neu-Wengen heißen, denn das ursprüngliche Wengen, heute Alt-Wengen genannt, liegt um einiges höher am Hang und ist ebenfalls ein schöner alter Weiler. Ein ebener, von bunten Laubbäumen überschatteter Weg führt von Alt-Wengen hinüber zu einem Wiesenrücken, auf dem hoch über dem Tal, mit der kühnen Gestalt des Peitlerkofels im Hintergrund, das im 15. Jahrhundert erbaute Kirchlein St. Barbara steht. Mit seinem hohen, malerischen Turm, dem spätgotischen, reich bemalten Rippengewölbe und einem schönen Altarbild ist es ein ganz besonderes Juwel. Überragt wird das Gebiet von Wengen von der felsigen Kreuzspitze, in deren Wänden der Steinadler haust und auf deren Spitze die Hirten schon in ältesten Zeiten ein einfaches Kreuz aufgestellt hatten, das dem kleinen Berg dann den Namen gab.

Hinter der Kreuzspitze, von der aus der Blick nicht nur die Berggipfel der umliegenden der Dolomiten umfaßt, sondern weit darüber hinweg bis zur Ortlergruppe, zu den Ötztaler, Stubaier und Zillertaler Alpen reicht, dehnen sich die faszinierenden Ritwiesen aus, auf denen zahlreiche verwitterte Heuhütten stehen. Überragt werden sie von der wuchtigen Paresspitze und von den mächtigen Felsspitzen des Neuner, Zehner und Heiligkreuzkofel. Im Herbst umrahmt von goldenen Lärchen unter tiefblauem Himmel und dazu in ihrem natürlichen Zustand erhalten, bilden diese Bergwiesen eine der schönsten Almlandschaften Südtirols.

Bereits in den siebziger Jahren und zehn Jahre später erneut hing über der herrlichen bäuerlichen Siedlungslandschaft von Wengen jedoch ein Damoklesschwert. Denn damals wurde die Errichtung eines Skigebietes mit Sesselliften, Skiliften, Park-

Junges Paar in traditioneller Tracht bei einer vorfrühlingshaften Schlittenfahrt bei St. Christina in Gröden.

Herrliche Ausblicke bieten sich vom 2137 m hohen Grödner Joch auf Sella, Langkofel und Tschierspitzen.

plätzen, Hotels und Skipisten nicht nur erwogen, sondern bereits konkret geplant. Doch beide Male regte sich zugleich auch entschiedener Widerstand, und diejenigen, die dem Landschaftsschutz das Wort redeten, führten ins Feld, daß die wenigen Arbeitsplätze, die durch die Schaffung des Skigebietes gewonnen würden, in keinem Verhältnis stünden zu den Schäden an Natur, Landschaft und historischer Bausubstanz.

Die Zeit solcher Erschließungen, so wurde gefordert, sollte endlich vorbei sein, und gerade in Wengen sollte man dem »sanften Tourismus« den Vorzug geben und nicht den Versprechungen von Landschaftsvermarktern glauben. Außerdem bedeute die Erschließung des Gebietes die Zerstörung einer der letzten intakten Kultur- und Naturlandschaften der Alpen. Als dann auch die Südtiroler Landesregierung ihre Zustimmung zur Erschließung unwiderruflich versagte, war dies nicht nur ein Grund zur Freude für die Umweltschützer, sondern bedeutete tatsächlich die Erhaltung eines besonders schützenswerten ländlichen Gebietes. So ist Wengen keines jener Gebiete geworden, in denen mitten durch Weiler, Wiesen und Wälder, vorbei an spitztürmigen Höhenkirchlein und vorbei an den Fenstern der Einheimischen die Lifte rattern, Skifahrer flitzen und Touristenmassen strömen, keine Riesenbaustelle und kein lauter Rummelplatz, sondern ist ein stiller Platz geblieben. Und deshalb einer der schönsten der ganzen Dolomiten.

Die Dolomiten werden eingeteilt in die östlichen und die westlichen, die Südtiroler, Trentiner und Belluneser, die Grödner, Pragser, Enneberger und Sextener Dolomiten und so weiter. Daneben hat natürlich auch jede Gruppe und jeder Gipfel, ja jede einzelne Felszacke ihren eigenen Namen. Der Südtiroler Fotograf und Autor Hanspaul Menara kennt die Südtiroler Bergwelt wie kaum ein anderer, auch die Drei Zinnen in den Sextener Dolomiten.

»Überwältigende Wirklichkeit« – Die Drei Zinnen

Die nordöstlichste Gruppe der Südtiroler Dolomiten sind die Sextener Dolomiten. Sie flankieren auf einer Seite das bei Innichen vom Pustertal abzweigende Sextener Tal, nach dem sie auch benannt wurden. Einige Dreitausender ragen hier auf, wie die mächtige Dreischusterspitze oder die Hochbrunnerschneide, eine Reihe charakteristischer Gipfel bestimmt das Bild. Sie machten die Sextener Dolomiten berühmt, doch alle stehen hinsichtlich ihrer Form, ihrer alpinistischen Besteigungsgeschichte und ihres Bekanntheitsgrades im Schatten der Drei Zinnen, die mit ihrer Bilderbuchseite nach Norden zeigen und sich über den weiten, flachen Böden der Langen Alpe mit ihren zum Teil überhängenden Nordwänden mächtig, scharfkantig und weltweit einmalig in den Himmel erheben.

Manch einer freilich ist ihrer inzwischen fast überdrüssig, denn an ihren Felswänden – das Gestein ist der sogenannte Haupt- oder Dachsteindolomit – wurden nicht nur Meilensteine des Extremalpinismus gesetzt, oft genug wurden sie auch zum reinen Sensationsobjekt klettertechnischer Rekorde herabgewürdigt, wurden von Zeichnern, Malern und Fotografen mindestens ebenso oft abgebildet wie das Matterhorn, von Schriftstellern so oft beschrieben wie kaum eine andere Berggruppe, als Namengeber für Vereine verwendet, in der Werbung als Blickfang für alle möglichen und unmöglichen Produkte herangezogen und ins Sextener Gemeindewappen als Träger einer kecken Gemse eingebaut (obwohl sie sich eigentlich auf dem Boden der Gemeinde Toblach erheben!).

Unzählig sind auch die Versuche, Gestalt und Wesen der Drei Zinnen in Worte zu kleiden, die je

Die Dreizinnenhütte vor Zwölferkofel (links) und Paternkofel (rechts).

Hoch oberhalb von Meran steht die Kirche von Hafling. Hier bietet sich ein herrlicher weiter Blick über die Berge.

nachdem, ob von nüchternen Wissenschaftlern, tüchtigen Kletterern oder schwärmenden Romantikern. Anscheinend wenig beeindruckt jedoch zeigte sich um 1840 der Topograph J. J. Staffler in seiner mehrbändigen Landesbeschreibung Tirols, lapidar stellt er fest: »Vom Montebello schiebt sich ein langer Ast von Höhlenstein bis zum Rohrwaldberge, und ist durch die Dreizinnen-Spitze und den Sextenstein ausgezeichnet.«

Der Alpinist Adolf Witzenmann war 70 Jahre später zwar auch um eine knappe Formulierung bemüht, doch ihn hatte zumindest größere Begeisterung erfaßt: »Eine magnetische Kraft strahlt von den drei Felsgestalten auf die Bergsteigerwelt aus, unwiderstehliches Sehnen, heiße Liebe entfachend, aber auch – wie alle ausgeprägten Individualitäten – Haß.«

Der Buchautor Julius Gallhuber meint 1934: »Berge? Das sind nicht Berge, das sind Felsklötze, einfache Felsklötze, wie sie die Riesen in den Märchen aus den Bergen schlagen. Aber von so phantastischer Größe, bei so unglaublicher Steilheit der Flanken, daß unsere Denk- und Vorstellungskraft einfach nicht mehr mitkann.« In die gleiche Kerbe schlug 1950 die Zeitschrift des Schweizer Alpenklubs: »Drei Zinnen! Die berühmtesten Dolomitgipfel – Spielklötze, von Zyklopenhand irgendwohin geworfen!«

Vorhergehende Doppelseite: Die Drei Zinnen – niemand wirbt besser für die Dolomiten als sie.

Dem nüchternen Geologen Raimund von Klebelsberg waren der Klötze aber dann doch zu viele, und er meinte: »Klötze ja, wenn einem das Wort nicht zu klotzig ist für solche Prachtgestalten. Irgendwohin geworfen aber – ganz im Gegenteil ... nur was um sie war, ist abgetragen, sie selbst hingegen sind stehengeblieben von uraltem Bau, wie er vor Millionen Jahren im Meere der Triaszeit aufgeführt worden ist. – Ruhe und Gleichmaß gehören mit zum Wesen dieses Riesenmals.«

Die Äußerungen ließen sich beliebig fortsetzen, doch alles Geschriebene, alle Abbildungen sind nichts, verglichen mit der Wirklichkeit. Denn wer hinaufsteigt (oder auf einer Mautstraße hinauffährt) und den Drei Zinnen selbst gegenübersteht, vergißt, was er je über sie gehört und gelesen hat, vergißt alle Klischees und ist nur noch erfüllt von Staunen und Bewunderung für diese überwältigende Wirklichkeit.

Special: Berühmte Gipfel und ihre Pioniere

»Welche Berge lassen Sie träumen?« fragte die Bergsteigerzeitschrift Alpin im Dezember 1998 ihre Leser – und von den zwölf gewählten schönsten Bergen der Alpen stehen drei im Gebiet unserer Betrachtung: die Königspitze in der Ortlergruppe, die Civetta und die Drei Zinnen in den Dolomiten. Berge von völlig unterschiedlicher Gestalt, doch jeder für sich ein architektonisches Meisterstück. Eine glänzende, ebenmäßige Pyramide aus Fels und Eis die wahrhaft königliche Königspitze; eine mächtige, dunkel drohende Wand hoch überm Tal das »Käuzchen«, die Civetta; drei ungebändigte Wehrtürme, wie abgeschnitten mit ihren betonglatten Nordwänden die Drei Zinnen.
So unterschiedlich wie die Berge waren auch die Bergsteiger, deren Namen mit der Erschließungsgeschichte dieser Gipfel verbunden sind: Sepp Innerkofler (1865–1915), Paul Grohmann (1838–1908), Francis Fox Tuckett (1834–1913) – ein Bergführer aus Sexten, ein Jurist und Kartograph aus Wien und ein Geschäftsmann aus Bristol.
»Als ich von den Spitzen und Höhen der Tauern, die ich bis dahin durchwandert hatte, eine neue Bergwelt von märchenhaften Formen im Süden erblickte, über die auch das beste Buch nur geringe Aufschlüsse erteilte, eine Bergwelt, über die sich in vielen Beziehungen noch der Schleier des Geheimnisses breitete, beschloß ich, in die Dolomiten zu ziehen und dort zu arbeiten. Begeisterter ist wohl selten ein Jünger an seine Arbeit gegangen!« schwärmte Paul Grohmann, der von 1862 bis 1869 die Große Zinne und rund ein Dutzend der bedeutendsten Dolomitengipfel erstmals bestieg und etliche kleinere dazu. Doch Schwärmerei gestattete sich der von deutschem Fleiß beseelte Wiener selten – nicht zufällig spricht er von seiner »Arbeit«: Erforschen wollte er die unbekannten Berge. Dazu ließ er ein »vorzügliches Heberbarometer von der Wiener Firma Kapeller« – Schrecken der Bergführer – auf die Gipfel tragen, zeichnete Karten und organisierte Expeditionen zur »Photographischen Aufnahme der Alpenwelt«.

Er war Architekt, Schauspieler, Bergführer und Schriftsteller. Der Sohn des Grödner Tals, Luis Trenker (1892–1990), trug mit seinen Filmen wie »Berge in Flammen« und »Schicksal am Matterhorn« die Bilder der Alpen in alle Welt. Auf dem Friedhof von St. Ulrich ist sein Grab.

Weniger bierernst gingen die Engländer ans Spiel – der Buchtitel *The playground of Europe* (Spielwiese Europas), mit dem Leslie Stephen die Alpen bedachte, zeigt die Mentalität der reichen, spleenigen Gentlemen, für die die Begegnung mit den Elementen unter dem Deckmantel wissenschaftlicher Erkundungen vor allem Unterhaltung und Charakterschule war. Francis Fox Tuckett, der Erstbesteiger der Königspitze und erster »Tourist« auf der Civetta, war Mitglied der Royal Geographical Society, doch er führte auch den Kindern der Almbauern Zauberkunststückchen vor, und als er einmal spaßhalber sein Gebiß herausnahm, flüchtete eine alte Bäuerin entsetzt durch das Fenster.
Die großen Männer haben ihre Denkmäler erhalten: Nach Tuckett heißen ein Gipfel in der Ortlergruppe, ein Paß und eine Hütte in der Brenta, Grohmannspitze nennt man einen Nachbargipfel des Langkofel. Ob die Helden freilich ohne ihre Bergführer genauso erfolgreich gewesen wären, ist fraglich. Die bergerfahrenen Einheimischen, die an den steilen Wänden und im blanken Eis mehr verdienen konnten als auf den Almwiesen, waren meist die wahren Wunderwaffen ihrer »Herren«. Tuckett ging sogar in den Dolomiten mit seinen vertrauten Führern aus der Schweiz, Grohmann griff auf einheimische »Führungskräfte« zurück. Auf die Große Zinne leitete ihn der Führer Franz Innerkofler. Dessen Namensvetter Michl bestieg als erster die »Westliche« und die »Kleine« der Drei Zinnen.
Doch richtig berühmt wurde ein dritter Innerkofler, der »Sepp«. Er fand eine Kletterroute durch die steile Nordwand der Kleinen Zinne, für die er als Führerlohn den Gegenwert einer Kuh kassierte, und durchstieg mit seinen Arbeitgebern etliche schwere Wände der großen Dolomitengipfel. Diese Anstiege markieren den Wechsel im Alpinismus: vom Erforschen und Erstbesteigen der Hauptmassive hin zur Suche nach immer größeren Schwierigkeiten, von der Wissenschaft zum Sport. Natur- und Körpererlebnis in einer großartigen Landschaft, das suchen die Bergsteiger von heute. Und in den Bergen Südtirols finden sie dafür ein großartiges Revier.

Südliche Dolomiten – Zwischen Marmolada, Civetta und Lagorai

Atemberaubende Pisten und Ausblicke bei der Abfahrt vom Piz Pordoi ins Val Lasties.

Von Canazei durch die Welt der Ladiner – Zwischen Sella und Marmolada

Wie ein Eckpfeiler erhebt sich der Sass Pordoi mit seinen manchmal rötlich, manchmal auch schwärzlich schimmernden Gesteinsmassen ganz am südlichen Rande des riesigen Sellastocks. Diese Sella ist kein Berg wie andere Alpenberge. Auch in den Dolomiten, diesem Gebirgsland, das nun wahrlich reich ist an schroff und eigenwillig geformten Felsgestalten, findet er nicht seinesgleichen. Wie der Ruinenstumpf eines nie fertig gewordenen gigantischen gotischen Turmes steht er im Herzen der Dolomiten, von Mythen, Sagen und Legenden, von Märchen und Liedern in einer uns unverständlichen Sprache umrankt.

Denn dieser Berg hat nicht nur optische Bedeutung als Mittelpunkt der Dolomiten, seine Bedeutung liegt vor allem in seiner Funktion als Hort und Zuflucht, als Überlebensstätte der ladinischen Sprache und Kultur. Vier Täler schlängeln sich von seinem Fuß in alle vier Himmelsrichtungen; die Täler von Abtei, Buchenstein, Fassa und Gröden. Mit Ausnahme des Buchensteintales (Livinalongo) sind diese Täler ladinisch, so auch das Fassatal, dessen im Talschluß gelegener Hauptort Canazei eine Hochburg der ladinischen Sprache und Kultur ist.

Doch das Ladinische hat in den Talschlüssen an der Sella nicht einfach überlebt, es erfährt augenblicklich eine nie geahnte Renaissance. Das unübersehbare Gemälde der ladinischen Monatsbilder auf einer Fassade im Zentrum von Canazei, erst vor ein paar Jahren entstanden, mag als Indiz dafür stehen, wie sehr die Menschen in diesem Tal sich wieder auf ihre alten kulturellen Wurzeln besinnen. Rund 90 Prozent der Bewohner von Canazei, zu dem auch die Fraktionen Alba und Penia taleinwärts gehören, bekennen sich heute zum Ladinischen als Muttersprache. Dank eines Autonomiestatuts, das der Provinz Trient ähnlich weitreichende Rechte der kulturellen Selbstverwaltung einräumt wie Südtirol, erlebte die ladinische Sprache und Kultur des Fassatales eine starke Förderung. So stehen in den Grundschulen Ladinisch und Italienisch gleichberechtigt als Unterrichtssprachen nebeneinander, ebenso in den Kindergärten. Auch wird seit Jahren bei allen im Tal ansässigen Verwaltungen und Behörden die ladinische Sprache neben dem Italienischen als Amtssprache angewandt.

Als gemeinsames Publikationsorgan der Ladiner, deren Gesamtzahl in den Dolomitentälern auf rund 40000 geschätzt wird, erscheint eine ladinische Wochenzeitung. Problem ist dabei allerdings die Tatsache, daß es eine einheitliche ladinische Sprache nicht gibt, daß sich ihre Dialekte von Tal zu Tal unterscheiden. »Doch verständigen können wir uns untereinander«, versichert man in Canazei.

Bis heute gibt die ladinische Sprache den Wissenschaftlern Rätsel auf. Sicher dürfte sein, daß sie aus der Vermischung der vor rund 2000 Jahren gesprochenen Sprache der rätischen Alpenbewohner mit dem Vulgärlatein der römischen Besatzungsmacht (dem »Rätoromanischen«) entstanden ist. Ungeklärt ist jedoch bis heute, ob diese romanisierten Räter die ursprünglichen Bewohner der Dolomitentäler waren oder ob sie erst später zugewandert sind.

Tatsächlich gibt die weiche, melodische ladinische Sprache den Tälern an der Sella etwas Geheimnisvolles. Denn obschon beides romanische Sprachen sind, können Italiener das Ladinische nicht verstehen. Andererseits besteht in dem als ladinische Sprachinsel innerhalb der italienischen Kultur abgesiedelten Fassatal die Gefahr, daß das Ladinische mehr und mehr vom Italienischen durchsetzt und zunehmend verfälscht wird. Um dieser Gefahr vorzubeugen, wurde 1975 ein ladinisches Kulturinstitut in Vigo di Fassa ins Leben gerufen, das sich die Bewahrung der ladinischen Sprache, der Kultur und Tradition zum Ziel setzte.

Canazei, dessen Name ladinisch ist und soviel bedeutet wie »Ort mit Sumpfpflanzen«, war noch vor rund hundert Jahren das ärmste und rückständigste ladinische Dorf am Fuß der beiden großen Pässe Pordoi und Sella, über die von hier aus Fuhrwege nach Arabba und weiter nach Venedig und Gröden, das heißt in Richtung Deutschland, zogen. Heute ist das Vierzehnhundert-Seelen-Dorf der wichtigste Fremdenverkehrsort des Fassatales und einer der bedeutendsten Wintersportorte der Dolomiten mit ausgezeichneter Infrastruktur. Das Angebot an Pisten, an Abfahrtsmöglichkeiten für Skiläufer und Snowboarder, ist allein im Talschluß, im engeren Gemeindegebiets von Canazei, außergewöhnlich und vielfältig.

Das am dichtesten gesponnene Netz von Seilbahnen, Liften und Pisten liegt gleich unterhalb des Sass Pordoi. Es ist das Skigelände von Belvedere, zu dem die großen Kabinen der Seilbahn unmittelbar aus Canazei heraufschweben. Ein wenig weiter, zwischen Langkofel und Col Rodella befindet sich ein zweites weiträumiges Pistenparadies, über das man abfahren kann nach Canazei oder Campitello. Auf der anderen Seite führen Lift- und Pistenverbindungen am Langkofel vorbei ins Südtiroler Grödnertal.

Immer wieder kam es vor, daß in schneereichen Wintern in Canazei für Tage, manchmal auch für Wochen, die Welt zu Ende war, jedenfalls für Autofahrer, für die die Paßwege über Pordoipaß und Sellajoch wegen Lawinengefahr gesperrt wurden. Dann gab es keinen Durchgangsverkehr unten im Ladinerdorf. Dies hat sich heute geändert, und störender Durchgangsverkehr ist in Canazei den ganzen Winter hindurch an der Tagesordnung. Nicht weil in Zeiten schneearmer Winter die Paßstraßen nur noch selten gesperrt werden müssen, sondern weil vor Jahren eine moderne Straße von Penia, der letzten Fraktion von Canazei, durch das Fedajatal zum Fedajasattel und weiter ins venetische Cordevole gebaut wurde.

Die Straße bringt Canazei und seine Besucher näher an jenen Berg heran, der als Dolomitenkönigin besungen und höchster Gipfel der Dolomiten berühmt, teilweise noch zum Gemeindegebiet von Canazei gehört. Die Punta Rocca, der sogenannte »Wintergipfel« der Marmolada, ist mit ihren 3309 m der höchste Dolomitenberg, der als einziger vergletschert ist und zu einem Traumziel der Wintersportler wurde. Wie sehr, das mag der berühmte Satz belegen: Ganz gleich, welches die drei schönsten Skiberge der Alpen sind, die Marmolada gehört dazu.

Auf dem 2239 m hohen Passo Pordoi (Pordoijoch) nahe der Grenze zwischen dem deutschsprachigen Südtirol und dem italienischsprachigen Trentino.

Marmolada – Skizirkus und Einsamkeit

Kaum anderswo in den Dolomiten kann man so intensiv faulenzen, sich von der Höhensonne bräunen lassen und dabei geradezu einzigartige Aussicht genießen wie auf der Porta Vescovo (2570 m) zwischen Arabba und Fedajasee. Müde vom Pistenfahren liegen wir auf dem Dach der kleinen Gipfelbar, denn Liegestühle sind Mangelware hier oben im Angesicht der Marmolada, der »Königin der Dolomiten«. Alle entbehrlichen Hüllen sind längst abgestreift, dienen als Unterlagen auf dem warmen, aber harten Blechdach. Hinter uns bringt die Seilbahn pausenlos neue Besucher von Arabba herauf, über uns kreisen ewig hungrige Dohlen, die uns mißtrauisch und neugierig beäugen, und vor uns gleißt das imposante Marmoladamassiv unter einem knallblauen Himmel.

Über Nordostgrat und über Gletscher schweben Seilbahnkabinen in die Höhe zur Bergstation hinauf, deren metallener Bau herüberblitzt. Kleine Gestalten verteilen sich dort oben, bevölkern das weite Weiß des Gletschers, der sich unter der Punta Rocca, dem Wintergipfel, herabzieht. Elegante Kurvenlinien durchziehen den Schnee drüben bis ins Tal, in dem, unseren Blicken verborgen, der Stausee liegt.

Seit am 9. März 1910 der k.u.k. Oberleutnant Richard Löschner als erster mit Skiern die Punta Rocca erreichte, ist der höchste Berg der Dolomiten immer wieder zum Traumziel der Wintersportler geworden. Während des Ersten Weltkrieges, der vor allem im Dolomitenkrieg des Winters 1916/17 zu erbitterten Kämpfe an und selbst auf der Marmolada führte, waren es allerdings nur militärische Patrouillen, die auf den damals noch neuartigen Gleithölzern die Schneepisten mit Telemarkschwüngen, Stemmbögen und Spitzkehren durchfurchten.

Erst 1932 begann der Name der Dolomitenkönigin zu strahlen, als hier zum ersten Male das später berühmt gewordene Marmoladarennen ausgetragen wurde. Mit der damals geradezu atemberaubenden Geschwindigkeit von 40 km/h »rasten« die Skirennfahrer zum ersten Male über die Steilhänge. Die Marmolada wurde damit zum »schnellsten Skiberg der Alpen«. In den folgenden Jahren steigerten sich die Geschwindigkeiten bei den Marmoladarennen. Immer schneller jagten die Teilnehmer über 1260 m Höhendifferenz vom Gipfel ins Tal hinab, bis schließlich ein Rekord von 2 Minuten und 1 Sekunde aufgestellt wurde, was einer Stundengeschwindigkeit von 96 Kilometern entspricht. Damit war die Mar-

Zünftige Bauernhochzeit in den Dolomiten.

Zwischen Canazei und Marmolada: Herrliche Pisten locken Skifahrer aus aller Welt.

molada zum schnellsten Skiberg der Welt avanciert, und sie ist es bis heute geblieben, auch wenn die Marmoladarennen längst nicht mehr veranstaltet werden.

Heute beherrschen die Wintersportler das blendende Weiß. Vom Fedajasee führt ein Korblift zum Gletschercafé, vom Fedajapaß eine Seilbahn zur Punta Serauta, ein Lift von dort weiter zur Serautascharte. Im Südosten führt von Malga Ciapela die große Belluneser Seilbahn hinauf zum Serautahaus und weiter zum 3250 m hoch gelegenen Dallagohaus. Mehrere Schlepplifte vervollständigen das Angebot der Marmolada, mit deren Hilfe man bis unmittelbar vor die Punta Rocca gelangen kann. Und eine Vielzahl von Abfahrten unterschiedlichsten Charakters und Schwierigkeitsgrades führt wieder zurück in die Tiefe.

Punta di Penia – Frieren für den Sonnenaufgang

Unerreicht von Seilbahnen und Liften thront nur die Punta di Penia, der mit 3342 m höchste Punkt des Marmoladamassivs über dem hektischen Skitreiben an der Nordflanke des Bergriesen. Um ihren Gipfel wehen Schneefahnen, doch sosehr wir auch mit dem Fernglas suchen, es sind keine Spuren auf dem Gipfelgrat hoch oben über dem Gletscher zu sehen. Der Sommergipfel der Marmolada, wie die Punta di Penia bezeichnenderweise genannt wird, ist im Winter nur selten das Ziel von Skibergsteigern. Doch die berühmte Fernsicht von dort oben lockt uns. Die Wirtin der Castiglionihütte unten am Fedajasee schaut uns ungläubig an, als wir uns für zwei Tage bei ihr abmelden und die Punta di Penia mit der kleinen Schutzhütte als Ziel angeben. Was um Himmels

Am Fastnachtssonntag sind der Phantasie im Fassatal kaum Grenzen gesetzt. Viele der bei den Faschingsumzügen getragenen Masken stammen aus dem bäuerlichen Alltag.

willen wir denn da oben wollten, jetzt im Winter? Nein, eigentlich schwierig sei der Aufstieg nicht. Es sei halt Kletterei, aber kaum etwas zum Skifahren. Und die Nacht in der Hütte da oben, ganz schön kalt würde es werden!

Wir stopfen den Proviant in die Rucksäcke, schnallen Seil, Steigeisen und Eispickel auf und lassen uns vom kleinen Korblift in die Höhe schaukeln. Ein schneidend kalter Wind fährt uns entgegen, als wir am Gletschercafé, dem Rifugio Pian dei Fiaconi, in 2600 m Höhe aus dem Lift klettern. So wissen wir denn den frischen, heißen Glühwein drinnen im kleinen Stübchen gebührend zu schätzen.

Dann stapfen wir los. Gleichmäßig geht es aufwärts. Drüben, nach Osten hinüber, schnurrt der kleine Schlepplift, wedeln die Unermüdlichen durch staubenden Pulverschnee. Vor uns liegt eine unberührte weiße Fläche, vor der sich steil das Gipfelmassiv aufbaut. Wo wir im Sommer weite Umwege gehen mußten, um meterbreiten Spalten auszuweichen, wo wir, einzigartig in den Ostalpen, sogar über hölzerne Brückchen balancieren mußten, um gähnende Spaltenabgründe zu überqueren, deuten jetzt allenfalls Unebenheiten im Schnee darauf hin, was sich unter seiner meterhohen Decke an Spalten verbirgt.

Während des Dolomitenkrieges wurden die Gletscherspalten dort unten in der Tiefe sogar mit ins Kampfgeschehen einbezogen. Italiener und Österreicher, die um die Marmolada kämpften, hatten Stellungen im Eis, hatten Geschütze in der Tiefe des Eises aufgebaut. Und in den Spalten wurde gekämpft, geschossen und gestorben. Auch aus der Felswand, die später vor uns auftaucht, gähnen längst verlassene dunkle Stollenlöcher, hängen noch Stacheldrahtreste vor einem schmalen Felsband.

Wir müssen die Skier am Fuß der Felsen zurücklassen, tasten uns in die Wand vor, suchen unter dem Schnee die besten Griffe zu finden. Doch die Wand sieht von unten unnahbarer aus, als sie wirklich ist. Und schneller als erwartet stehen wir am Beginn des schmalen Gipfelgrates, der sich jäh und steil aufschwingend zum Gipfelkreuz hinzieht. Die kleine Gipfelhütte, nur wenige Schritte südlich unterhalb des Kreuzes, ist kaum auszumachen, so tief ist sie im Schnee versunken. Und wir haben keine Schaufel dabei, um den Eingang freizugraben. Wie also hineinkommen?

Da fällt unser Blick auf ein lose am Dach hängendes Brett, das im Wind knarzend hin und her schaukelt. Wir reißen es ab, graben uns damit wie Maulwürfe einen Tunnel zum Eingang, tasten uns ins Innere der kleinen Holzhütte, die ganz aus den Überresten der Kriegsstellungen des Dolomitenkrieges zusammengebaut ist. Drinnen sieht es erschreckend aus. Durch die breiten Ritzen in den hölzernen Wänden, durch zerborstene Fenster ist Schnee hineingeweht. Liegt auf dem Boden, auf dem Tisch, den Bänken, auf Decken und Matratzen. Hier eine Nacht verbringen? Uns fröstelt bei dem Gedanken. Doch draußen dämmert es schon – heute kommen wir nicht mehr herunter. Und wir wollten doch den Sonnenaufgang hier oben erleben!

So schaben wir den Schnee beiseite, so gut es geht, freuen uns wie die Schneekönige, daß der Gaskocher der winzigen Küche noch funktioniert, und schmelzen einen großen Topf Schnee zu Suppe und Teewasser. Ein Blick nach draußen vor den Tunnel ist allerdings entmutigend. Aus dem Contrintal unten im Westen kochen dunkle Wolken herauf. Der Sonnenuntergang spielt sich weitgehend unsichtbar hinter den wabernden Wolkenmassen ab. Wenn es mit dem Sonnenaufgang genauso geht, wird alles

Frieren der Nacht umsonst gewesen sein. Aber jetzt ist nichts mehr zu ändern.

Wir rollen unsere Schlafsäcke aus, danken unserer Wirtin unten im Castiglionihaus im stillen dafür, daß sie uns ein Fläschchen Rum zum Proviant gesteckt hat, und versuchen zu schlafen. Das ist nicht so einfach. Der Wind singt in den Drahtseilen, mit denen das Hüttchen festgezurrt ist und vor dem Absturz über die berühmte Marmoladasüdwand bewahrt wird, und durch die Ritzen bläst immer wieder feiner, kalter Schneestaub. Langsam kriecht feuchte Kälte über unsere Gesichter. Hin und wieder dösen wir ein, dann schrecken wir wieder auf, geweckt wohl vom eigenen Zähneklappern. Ein Schluck heißer Tee mit Rum, dann läßt sich die nächste halbe Stunde wieder aushalten. Wie lang doch solch eine Nacht sein kann! Irgendwann sind wir dann doch richtig eingeschlafen, denn als wir wach werden, hat das Zischen des Gaskochers aufgehört, ist die blaue Flamme, die unseren Tee heiß hielt, erloschen.

Wir kriechen aus den Schlafsäcken, stolpern ein wenig steif nach draußen. Keinen Augenblick zu früh! Im Osten liegt ein dunkelvioletter Streifen über dem Horizont, er wird heller und heller, durchläuft alle Farben des Regenbogens, dann schießt wie ein rotgoldener Ball die Sonne hinter der markanten Silhouette der Civetta aus dem bunten Wolkenstreifen heraus. Es ist, als müsse sie sich einen Moment ausruhen, sie scheint stillzustehen, ehe sie höher und höher zu steigen beginnt. Der Schnee am Gipfelkreuz leuchtet und funkelt wie mit Edelsteinen übersät oder mit Rosen besteckt, wie in einem alten ladinischen Volkslied der Sonnenaufgang auf der Marmolada besungen wird. Das Sonnenlicht fällt auf die Spitzen und Zacken, auf die Grate und Schneefelder ringsum, steigt lautlos tiefer und tiefer in die Täler hinab.

Über den Tälern liegt Nebel, dichter Frühdunst. Und aus den Nebelfeldern ragen die einzelnen Berggruppen der Dolomiten heraus. Im Süden die hundertfach gezackte Palagruppe, im Norden vor uns der mächtige Sellastock, daneben die unverwechselbare Gestalt der Langkofelgruppe. Über der Seiser Alm liegt Nebel, auch über dem Grödnertal, über dem Fassatal und über dem Karerpaß. Und aus dem Nebel, der sich über dem Talkessel von Bozen in der Ferne ausdehnt, steigt der Rosengarten heraus. Es sind Bilder wie am ersten Schöpfungstag. Und fern am Horizont im Norden reiht sich Gipfel an Gipfel, Zacken an Zacken. Die ganze Kette der Zentralalpen liegt da vor uns ausgebreitet, von den Ötztalern im Westen bis zu den Hohen Tauern im Osten. Das Zähneklappern der Nacht hat sich gelohnt!

Sella, Marmolada, Civetta und Monte Pelmo gehören zu den bekannten und touristisch besser erschlossenen Dolomitenbergen. Die Gipfel im Süden dagegen versprechen echtes Abenteuer und noch mehr Naturerleben. Eine großzügige Rundwanderung verbindet die Berge zum Schauen mit denen zum Staunen. Der Bergsteiger Andreas Dick machte sich auf den abenteuerlichen Rundkurs.

Il Giro Grande – Abenteuerliche Wanderung durch die südöstlichen Dolomiten

Nebel, kaum daß ich meine eigenen Füße erkennen kann. Mit hellwachen Sinnen spüre ich braunen Fußtappern auf Kalkplatten nach, Trittspuren im Geröll, seltenen roten Punkten und Steinmännchen. Es hatte eine Entdeckungsreise in eine neue Welt werden sollen. Nun muß ich aufpassen, mich nicht zu verlaufen. Eine neue Welt – in den Dolomiten? Lachhaft, wird mancher sagen. Man kennt sie doch, die Klassiker: Langkofel, Marmolada, Sella, Pala, Tofana, Zinnen, Civetta, Pelmo, Antelao. Richtig, doch das Abenteuer beginnt südlich dieser Grenzlinie. Dort stehen keine großen Berge mehr, dafür Gruppen mit Namen, die die Phantasie in Gang setzen. Moiazza, Tamer, Pramper, Talvena, Bosconero. Sprechen Sie einmal das Wort »Bosconero« laut aus – Bosconero, mit rollendem R. Es klingt schwungvoll, lebhaft, geheimnisvoll: italienisch.

Von Türmen über waldigen Schluchten habe ich geträumt, von rotgelben Wänden über saftigen Wiesen, von Lilien, Bächen und Schlangen. Einen »Giro Grande«, eine große Runde, habe ich mir zusammengestellt, eine hufeisenförmige Wanderroute rund um das Val Zoldana im Süden der Civetta- und Pelmogruppe. Eine Kombination der Dolomiten-Wanderwege Nr. 1 und 3, die mich durch all diese geheimnisvollen Berge führen würde. Und nun stehe ich am Anfang der Runde – im Nebel, ohne Sicht.

Das ist das Problem mit festen Zeitplänen. Wenn man sich eine Woche fürs Gebirge vorgenommen hat und das Wetter taugt nichts, kann man es ganz bleiben lassen – oder man schaut wenigstens einmal, was sich machen läßt. Immerhin verheißt der Wetterbericht eine Besserung zur Wochenmitte. Und der Anfang war ja gar nicht so übel. Die Anfahrt quer durch die gesamten Dolomiten. Die Waldschlucht vom Minidorf Soffranco hinein ins grüne Gebirge. Der holzverkleidete Gastraum der neuerbauten Pian-de-Fontana-Hütte. Die Blumenwiesen oberhalb, mit

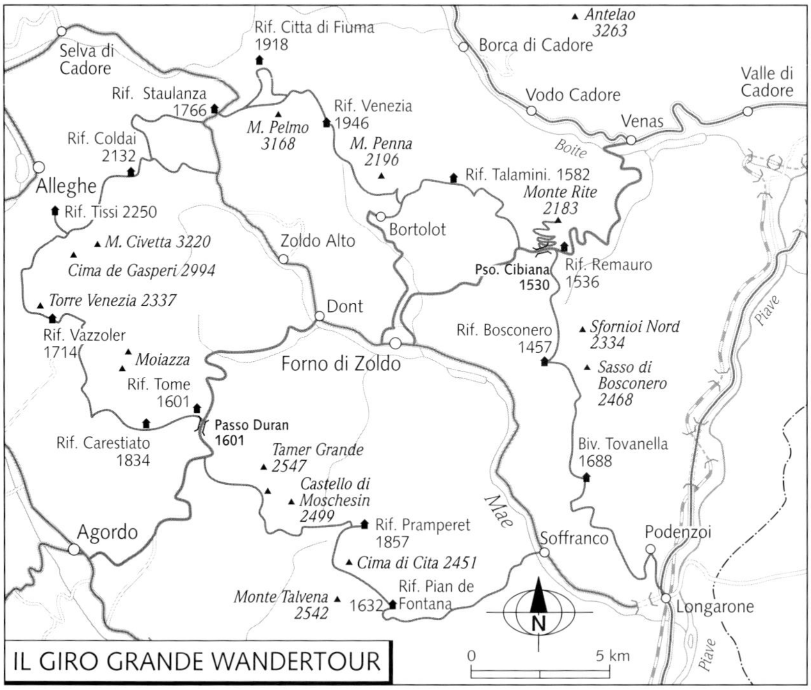

ihrer unerschöpflichen Artenvielfalt ein Dorado für Botaniker. Und nun die begrünte Karstfläche des Talvenamassivs, die mir leider auch nach dieser Tour noch unbekannt sein wird, weil im Nebel kaum ein Stein zu sehen ist.

Erst auf der nächsten Etappe reißen die Wolken gelegentlich auf und geben Blicke frei auf markante Felsknochen, versteinerte Comicfiguren, absurde Zinnen und hinüber übers Agordo in die Palagruppe. Die Pramperethütte erinnert eher an eine Almhütte als an eine Bergsteigerunterkunft, die Wege sind steinig und von Wurzeln überwuchert, die Natur zeigt erfreulich wenig Spuren menschlicher Eingriffe. Wären nicht die Markierungen, man könnte sich für den ersten Menschen in dieser Landschaft halten. Gleichzeitig mit den ersten schweren Tropfen erreiche ich den Passo Duran, wo zwei Hütten Unterkunft bieten. Im Rifugio Tom genieße ich Rotwein und Polenta mit Kotelett, während draußen ein Unwetter tobt, als sollten die gesamten Dolomiten weggespült werden.

Auch am nächsten Morgen hängen graue Wolken über den Tälern, und einige kurze Schauer zwingen den bei einem Bergsteiger so lächerlich wirkenden Regenschirm aus dem Rucksack. Doch die Kaltfront soll jetzt durchgezogen sein, eine Wetterbesserung steht bevor. Die Runde geht weiter. Nach einer Stunde über schmierige Waldwege ist das Rifugio Carestiato erreicht, Ausgangspunkt für den vielgelobten Costantini-Klettersteig. Überlegungen, die Ferrata in die Wanderung einzubauen, werden angesichts weiterer drohender Gewitter fallengelassen. Über grobes Blockwerk stolpere ich hinüber in eine Scharte zwischen abstrusen Felszipfeln, wo mir drei nasse, aber vermutlich glückliche Kühe entgegengrinsen. Weiter nordwärts geht der Weg, über abschüssiges, nasses Terrain. Rechts überhängende Felswände, Ausläufer der Moiazzagruppe, links grüne Hügel, die plötzlich steil abbrechen ins Corpassatal, über dem der Torre Venezia und der gezackte Pelsakamm schon die nahe Civettagruppe ankünden.

Das Gewitter erwischt mich beim Abstieg ins Corpassatal. Unter Schirm und Biwaksack einigermaßen vor Nässe geschützt, nütze ich die Zwangspause zum Mittagessen und höre auf das Wetter. Das halbrunde Hochtal fängt den Donner ein, der krachend auf die Felsen niederfährt, wirft ihn als Echo von einer Seite zur anderen und wälzt ihn um und um, bis auch die letzte Schallwelle sich verlaufen hat. Wie könnten die Berge ihre Größe besser demonstrieren als mit der Macht eines Gewitters? Bescheidener erreiche ich die Vazzolerhütte, ein vieleckiges Natursteingemäuer, und warte bei Kaffee und Kuchen die Wetterentwicklung ab. Das Haus am Westrand der Civettagruppe ist schon stärker besucht als der bisherige Weg, und das nicht zu Unrecht. Der Torre Trieste mit seiner 600 m hohen Südwand, die auch nach tagelangem Regen gelb und trocken bleibt, und der Torre Venezia, von Süden ein bauchiger Stumpen, von Westen ein Plattenschild, erfreuen das Herz des Kletterers. Und Blumenfreunde können im Alpengarten Giardino Alpino Antonio Segni über tausend endemische Arten bewundern.

Civetta – Zur Wand der Wände

Als der Regen aufhört, gehe ich weiter. Heute noch will ich die »Wand der Wände« zu Gesicht bekommen. Die Civetta. Für Kletterer ein sagenumwobener Name, ein Berg von geradezu mystischer Bedeutung.

Ein kristallklarer Tag am Lago di Coldai. Im Hintergrund das Civetta-Massiv.

1200 m hoch die Nordwand des Hauptgipfels, und mehrere Kilometer breit die gesamte Wandflucht, von der Cima Su Alto im Westen bis zum Torre d'Alleghe im Osten. Man muß darunter entlangwandern, um das Unbegreifliche begreifen zu können. Eine Stunde dauert allein der Weg von den Pelsatürmen zum Col Rean. Nebel streicht um die Felspfeiler der Cima de Gasperi, die Nachmittagssonne wirft ihr goldenes Licht darauf, und unten auf der Almwiese grasen die Pferde.

Ich erreiche den Col Rean, und auf einmal steht die ganze Civetta vor mir. Ein vielfarbiger Flickenteppich aus schwarznassen Platten, rotgelbem Bruch, grauen Schuttbändern und weißen Firnfeldern. Alles andere als einladend, und doch kann sich das Auge nicht losreißen davon. Auch in der Tissihütte, die dem Monster direkt gegenübersteht, sehe ich kaum meinen Teller mit Polenta und Kochsalami; immer wieder zieht es den Blick durchs Panoramafenster hinaus in die Wand. Erst als die Nacht den Berg verschluckt und auch die Blitze des Gewitters ihn nicht mehr ausreichend beleuchten, setze ich mich hinüber an die offene Feuerstelle, zu den fünf fröhlichen Italienern. »Vuoi anche un grappa?« – »Un grappa mirtillo per favore, grazie.« Ohne Italienisch geht gar nichts, aber schon geringe Kenntnisse reichen aus, um unter beiderseitigem Bemühen einen netten Abend zu verbringen.

Am nächsten Morgen ist die Civetta nicht wiederzuerkennen. Wirkte sie im Abendlicht noch beinahe zugänglich, so steht sie nun im grauen Schatten tot und feindlich über mir. Das Haupt über Nacht ergraut, mit Neuschnee bedeckt, von Wolken verhüllt. Die Cima di Col Rean, nur fünf Minuten über der Tissihütte, ist selbst für Dolomitenverhältnisse ein ungewöhnlicher Aussichtspunkt. Im Westen die Pala, daneben das versteinerte Korallenriff der Marmolada, Fünffingerspitze und Langkofel, die Zentralalpen und die Tofanen.

Tausend Meter unterhalb der grüne Alleghesee in seinem Tal, und direkt gegenüber die Nordwandflucht der Civetta. Sie beherrscht auch die nächste Wegstunde, erst am Col Negro schiebt sich der Monte Pelmo als nächster Bergriese ins Blickfeld. Ein Gigant auch er, ein Klotz, ein Einzelgänger, auf allen Seiten bricht er schroff ab und ragt weit über die umliegenden Almen hinaus. Groß sieht er aus, und weit entfernt. Seine Dimensionen ändern sich nicht, als ich am Lago Coldai vorbeimarschiere, an der Coldaihütte, beim Abstieg über den vielbegangenen Hüttenweg zur Forcella d'Alleghe. Erst nach einer weiteren Wegstunde über einen Wiesenhügel stehe ich in der Forcella Staulanza, am Fuße des Pelmo.

Wieder einmal regnet es. Wieder bin ich an einer Straße. Die Versuchung wird unwiderstehlich. »Geh einfach raus, halte den Daumen raus, trampe runter zum Auto, und laß das Mistwetter Mistwetter sein.« Cat Stevens singt irgend etwas vom Morgen, der gerade angebrochen sei. Ich stehe auf, gehe raus, überquere die Straße – und steige auf. Über ein gewaltiges Schuttfeld führt ein Pfad, immer unter der 800 m hohen Nordwand des Pelmo entlang.

Moéna (1184 m) im Fassatal: Überwiegend spricht man hier Ladinisch.

Als ich das Hochtal Val d'Arcia erreiche, rumpelt es draußen aus bedenklich grauen Wolken. Ich spanne den Biwaksack über ein paar Steine und warte eine halbe Stunde ab, doch das Gewitter kommt nicht. Also weiter – im Laufschritt in die Forcella Val d'Arcia, drüben in rauschender Geröllabfahrt hinunter, auf und ab über ausgesetzte Felsbänder nach Westen und mit schmerzenden Knien hinunter zum Rifugio Venezia. Ich sitze am Tisch, der Kaffee dampft, und an die angelaufenen Scheiben prasselt erneut der Regen. Erst am späten Nachmittag läßt er nach, gerade früh genug, daß ich noch vor Dunkelheit das Rifugio Talamini erreichen kann.

Die Etappe mit den schönsten Blumen, Türkenbund und Feuerlilien, endet an einem Hexenhäuschen, das nicht im entferntesten an eine Berghütte erinnert. Die Einrichtung bewegt sich irgendwo zwischen Kitsch und Wahnsinn: die Wände geschmückt mit Schwertern, geschnitzten Flinten, ausgestopften Auerhähnen, Skiern, Kuhglocken und einem Kummet. Auf dem handbemalten Bauernschrank in der Ecke sitzen Puppen. Die Tische sind allesamt edel gedeckt, Blumenvasen mit Disteln stehen darauf. Etliche Sammelstücke und ein Haufen Weinkrüge oder Holzschilder mit Sinnsprüchen vervollständigen das Interieur. Der Barraum erinnert an einen Tante-Emma-Laden im Wilden Westen, im Garten draußen stehen ein Brunnen und ein Karussell. In den Schlafräumen schlägt man sich im Stehen den Kopf an und im Liegen den Hintern, weil die Maschendrahtroste bis auf den Boden durchhängen. Aber die Polenta mit »formaggio fuso«, mit geschmolzenem Käse, schmeckt ausgezeichnet, und den Jugenderinnerungen des Wirts an seine Gastarbeiterzeit in Deutschland, mit einigen Schoppen Wein angefeuchtet, entgehe ich nur schwer angeschlagen.

Bergeinsamkeit in der Bosconerogruppe.

Der Eisverkäufer in den Bergen

Am nächsten Morgen leuchtet der Pelmo im Sonnenschein! Mit seinen beiden symmetrisch vorspringenden Südpfeilern sieht er aus wie ein Denkmal seiner selbst. Den ersten Schönwettertag nutze ich zu einem perfekten Verirrer. Dabei wäre ich sogar gerne den leicht auffindbaren Weg gegangen, nicht die Variante über den Monte Rite, vor der Richard Goedeke im Gebietsführer warnt: »wildester südalpiner Sträucher- und Kräuterdschungel mit allerlei Schwierigkeiten und scheußlichem Getier wie Vipern etc.«. Doch schon der »einfache« Weg kann problematisch sein. Nach einer halben Stunde verliere ich den ohnehin nicht überdeutlichen Pfad im Wirrwarr des Waldes. Der Versuch, die letzten Meter rückwärts zu verfolgen, um die Stelle des Irrgangs zu finden, endet nach einigen Minuten im Krautverhau. Und nach mehreren Auf- und Abstiegen im steilen Gesträuch sehe ich ein, daß ein Bergsteiger sich doch besser auf Berge beschränkt, anstatt im Wald herumzutappen. Irgendwie erwische ich zumindest eine Straße hinunter ins Cadoretal und schlage mich, trampend und marschierend, durch in Richtung Forcella Cibiana.

Doch manchmal bringen gerade Mißerfolge Glück. Ein deutschsprechender Italiener mit Aalener Nummernschild nimmt mich mit und lädt mich in seine »Hütte« ein. Nach dreißig Jahren als Eisverkäufer in Deutschland hat sich Frederico in seiner Heimat ein kleines Paradies geschaffen. Auf einer Lichtung im Wald tummeln sich ein paar Dutzend Hühner, Truthähne, Gänse und Enten. Eine alte Scheune will er sich als Alterswohnsitz ausbauen, und hier mit seinen Tieren den Lebensabend verbringen. Bei hervorragendem Wein aus Treviso und selbst eingelegten Steinpilzen sitzen wir im Grünen, und Frederico erzählt vom Pilzesammeln, vom Eismachen, von den Eismachern aus dem Val Zoldana, die das beste Eis Italiens herstellen und in der ganzen Welt Millionen damit verdienen. Er erzählt von seiner Arbeit in Deutschland, von den Schwierigkeiten mit den Behörden beim Umbau seiner Hütte und vom Papst, der kürzlich dort oben auf dem Aussichtsberg Monte Rite gewesen sei und den guten Wein auch nicht verschmäht habe. Dabei schenkt er immer wieder diese tückischen »Ein-Schluck-Gläser« randvoll. Irgendwann reiße ich mich los, denn ich will noch zur Bosconerohütte, bevor die grummelnden Wolken heute doch noch einmal richtig lospoltern.

Bis sich die Nebelschleier des Weins von den Augen heben, bin ich schon in der Forcella de le Ciavazole. Mit einem Schlag springen mir die Klötze der Bosconerogruppe ins Blickfeld: Sasso di Bosconero, Sasso Toanella und die Rocchetta Alta di Bosconero mit ihrer Designer-Nordwand. Wolken umspielen die Gipfel, verschleiern und verschönern die kantigen und massigen Formen. Die Geröllabfahrt von der Forcella de le Ciavazole gehört zu den besten, die man im Gebirge finden kann. Richtige Körnung, richtige Neigung. Sie endet im Bosconero, im »Schwarzen Wald«. Duftende Lärchen, Türkenbundlilien in Mengen, Ausblicke über das Val Zoldana hinweg auf die Tage zuvor durchwanderten Gruppen Tamer und Pramper entschädigen reich für die unangenehmen Erlebnisse des Morgens. Auch das kleine Rifugio Casera di Bosconero, einst eine Alm mit Übernachtungsmöglichkeit für Selbstverpfleger, heute eine liebevoll geführte Hütte mit urigem Standard, hat so gar nichts mit den konsumgerecht aufbereiteten nördlichen Dolomiten zu tun, die man in Canazei oder Cortina antrifft. Die Polenta mit Frikadellen schmeckt bestens, die Bosconeroberge leuchten orangerot im letzten Sonnenlicht, dann steigt die Mondsichel am violetten Abendhimmel über den Passo Duran hinaus.

In aller Frühe verlasse ich die Hütte für die letzte und längste Etappe. Unter der Rocchetta-Nordwand entlang zieht der Weg über schweißtreibendes Geröll hinauf in die Forcella Toanella, aus dem Schatten in die Sonne. Was soll ich schreiben über diesen Weg durch die Bosconerogruppe, eine der wenigen noch ursprünglich gebliebenen Regionen der Dolomiten? Soll ich die Felstürme schildern, die ausgesetzten Felsbänder, die wuchernde Flora, die Ausblicke auf bekannte und unbekannte Gipfel? Eines beschreiben heißt das andere vernachlässigen. Dolomiten im Nebel wecken die Phantasie, Dolomiten bei schönem Wetter überhäufen das Auge mit Eindrücken, die sich jeder Kategorisierung widersetzen.

Lagorai – nie gehört? Der lange Gebirgszug südöstlich von Cavalese im Fleimstal zählt zu den weniger beachteten Regionen der Alpen. An der Landschaft jedoch kann es nicht liegen – die ist außergewöhnlich, wild und eindrucksvoll. Und auch die zahlreichen Bergseen machen die Erkundung zu einem unvergeßlichen Erlebnis.

Lagorai – Keine Cima ohne Lago

Während der Fahrt durch das Fleimstal in Richtung Rollepaß und Pala ist im Süden, hinter eher langweilig wirkenden Waldbuckeln, eine Bergkette aufgetaucht, stattliche Felszacken, die sich in Form und Farbe erheblich von den benachbarten Dolomiten unterscheiden. Auf der Landkarte erhält das Mysterium einen Namen – Catena (»Kette«) dei Lagorai (»von Wiesen umgebene Seen«). Wer davon noch nie gehört hat und die 30 km lange Bildungslücke vor Ort schließen möchte, startet wie wir am Rollepaß.

Weil uns droben, am langen Hauptkamm, keine bewirtschafteten Hütten, sondern lediglich einfache Biwakschachteln erwarten, haben die Rucksäcke Hochgebirgsformat. Großzügig lassen wir die leicht

Petrijünger am Lago Lagorai

bepackten Tagesausflügler am Aufstiegsweg zur Cavallazza vorauseilen, doch auch der langsame Schritt läßt keine Langeweile aufkommen. Von Anfang an begeistert der Blick hinüber zu den Wänden und Türmen der Pala, und die Lagorai glänzt mit der Spezialität, der sie ihren Namen verdankt: Allein 80 der 297 Bergseen des Trentino liegen in dieser Gebirgsgruppe – von fast jeder *cima* (Hütte) der Lagorai ist ein *lago* zu sehen.

Auch die Cavallazza schmückt sich mit einem idyllischen Karsee, dem Lago Cavallazza. Der steile Abstieg von ihrem Gipfel führt zu den beiden Laghi del Colbricon (s. auch S. 63). Dort, am putzig kleinen Rifugio, bleiben die Tagesgäste zurück, während wir uns auf holprigem Pfad eine Etage höher mühen. Unter den bizarr geriffelten Felsabbrüchen des Kleinen Colbricon steigen wir hinauf zum Colbriconsattel, in dem zwei freundliche, namenlose Teiche glitzern. Der breite Sattel ist das Tor zu einer ebenso ungewöhnlichen wie interessanten Landschaft. Riesige, von längst dahingeschmolzenen Gletschern polierte Steinplatten wechseln sich ab mit blumengetupften Rasenpolstern. Die grünen Inseln werden mit jedem Meter aufwärts seltener, und schließlich dominiert Fels in allen erdenklichen Variationen zwischen plattig, kleinkörnig und klotzig.

Spartanisch aber zünftig – Bivacco Aldo Moro im Lagoraigebiet.

Die Lagorai besteht überwiegend aus Porphyr, einem rötlichen Gestein vulkanischen Ursprungs, und ist schon deshalb mit keinem der dolomitischen Nachbarn vergleichbar. Der Hauptkamm zwischen Passo Manghen und Rollepaß bricht nach Süden mit schroffen Wänden ab, im Norden erschweren endlose Täler und steile Waldstufen die Annäherung. Das Gebirge der langen Wege ist nahezu unberührt von touristischen Erschließungen und zählt zu den am wenigsten besiedelten Gebieten des Trentino.

Nachdem auf einen Abstecher zum Colbricon verzichtet wurde, erreichen wir am frühen Nachmittag die Bragaroloscharte, neben der der Bivacco Aldo Moro steht. Das rotbraun angestrichene Metallbehältnis ähnelt nicht nur äußerlich einer Sardinendose. Innen sind auf engstem Raum neun Ablagen für Menschen installiert – für Hüttenromantik bleibt hier kein Platz. Wohl wissend um die Schlichtheit italienischer Biwakschachteln, haben wir Iso-Matten und Schlafsäcke dabei und logieren im Freien.

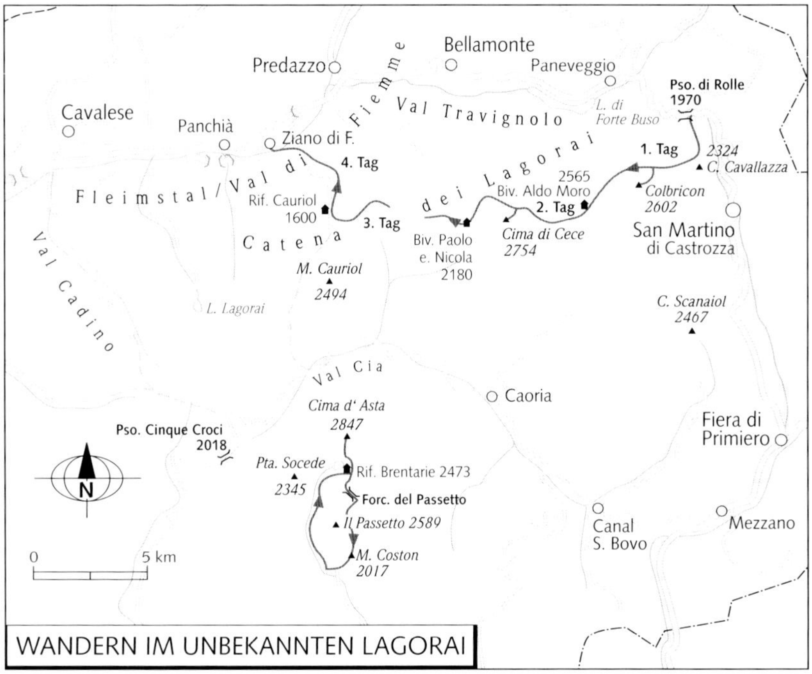

WANDERN IM UNBEKANNTEN LAGORAI

Am anderen Morgen folgen wir ausgeruht den Markierungen des Translagorai, der fast die gesamte Kette nördlich unterhalb der Gipfel durchquert. Der Steig ist nicht immer als solcher erkennbar und erfordert permanente Aufmerksamkeit. Auf wechselnd stabilem Untergrund werden Nebenkämme umrundet und hohe Scharten überschritten. Dazwischen nötigen tiefe Gräben regelmäßig zu umständlichen Auf- und Abstiegen. Trotz all dieser Hindernisse sind wir uneingeschränkt begeistert von der steinigen Wildnis, in der wir uns fühlen wie Wanderer auf dem Mond. Unendlich weit entfernt scheinen die grünen Wiesen des Fleimstales und die Welt der Menschen.

Nach dem endlosen Weg durch kantig karge Landschaft könnte der Bivacco Paolo e Nicola, das heutige Nachtquartier, an keinem schöneren Platz stehen. Die kleine Holzhütte in der Forcella di Valmaggiore ist umgeben von Graspolstern und Blumen, in der Nähe plätschert eine Quelle, und die Aussicht ist nach allen Richtungen interessant. Zufrieden sitzen wir bis zum Sonnenuntergang vor »unserer« Hütte, sinnieren, träumen und schauen andauernd nach Süden, zur dunklen Pyramide der Cima d'Asta. Der mit 2847 m höchste Berg der Lagorai steht abseits vom Hauptkamm und ist eigentlich ein ganzes Massiv. Keine Frage, dieser Berg sollte aus der Nähe besichtigt werden.

Am nächsten Tag präsentiert sich die Bergwelt von ihrer grünen Seite. Der Steig schlängelt sich durch Gras- und Blumenhänge, die Felsen halten sich diskret im Hintergrund. Mit Seen wird heute nicht geknausert, statt kleiner Teiche strahlen großzügig dimensionierte Laghi mit dem blauen Himmel förmlich um die Wette. Die Realität wird ihren Namen nicht immer gerecht. So finden wir den saphirblauen, zauberhaft gelegenen Lago Brutto alles andere als häßlich. Im Lago delle Trote dagegen scheint es tatsächlich Forellen zu geben, was weniger durch das obligatorische Schild »Angeln verboten« als die Ansammlung fröhlicher Hochgebirgsangler an seinem Ufer bestätigt wird.

In der ärgsten Mittagshitze steigen wir schließlich durch eine enorm steile, mit Gras und stacheligen Sträuchern bewachsene Flanke hinab zum Rifugio Cauriol, zu wohlverdienter Pasta. Die Hütte im hinteren Val Sàdole steht am Ende eines theoretisch gesperrten Fahrweges. Viel zu lange hatten wir gestern hinübergeschmachtet zur Cima d'Asta. Weshalb nun der ursprüngliche Plan, zwei weitere Tage über den Kamm der Lagorai zu wandern, mehrheitlich verworfen wird. Am Nachmittag rumpeln wir im Hüttentaxi runter ins Fleimstal und fahren durch das Val Sugana zur Malga Sorgazza auf der Südseite des Gebirges.

Und wieder wird unsere Neugier mit reichlich großartiger Landschaft belohnt. Der Aufstieg zum Rifugio Ottone Brentari beginnt an einem Lago, die große Hütte steht neben dem nächsten und zudem in bester Aussichtsposition gegenüber der mächtigen Südwand der Cima d'Asta. Der Weg zum Gipfel ist wesentlich kürzer und einfacher, als es von der Hütte aussieht. »Alla Cima« ist neben einem steil nach oben zeigenden Pfeil auf einen Stein gepinselt – »Auf geht's!«, frei übersetzt. Nach gut einer Stunde kurzweiliger Wanderung über Blöcke und Platten stehen wir auf dem höchsten Felsbrocken der Lagorai und genießen die exzellente Aussicht. Auge und Phantasie streifen über unbekannte Berge und Seen, Ideen und Wünsche entstehen. Morgen wollen wir den Höhenweg durch die Wiesenhänge unter Passetto und Coston erkunden – und es wird ganz bestimmt nicht unsere letzte Tour in diesem vielseitigen Gebirge sein.

Im Wald der klingenden Hölzer – Naturpark Paneveggio-Pale di San Martino

Alle Jahre einmal pflegte der Maestro Antonio Stradivari (1644–1734), der berühmte Geigenbauer, von Cremona aus nach Norden zu reisen. Sein Ziel war der Wald von Paneveggio. Dorthin hatte ihn bereits sein großer Lehrmeister Nicola Amati mitgenommen, wenn er wieder einmal besonders gutes Holz für eine Geige oder Bratsche brauchte. Die italienischen Instrumentenbauer des 17. Jahrhunderts wußten, daß nur im Wald von Paneveggio das Holz wuchs, aus dem man gute Geigen bauen konnte.

Noch heute, mehr als 300 Jahre später, gilt der Forst von Paneveggio im äußersten Osten des Trentino, des einstigen Reiches der Fürstbischöfe von Trient, nicht nur als einer der schönsten Fichtenwälder der Alpen. Seine mächtigen, makellos wie Säulen gewachsenen Bäume sind immer noch als Klangholz berühmt, werden wie schon von Amati und Stradivari von den heutigen Geigenbauern zur Herstellung bester Resonanzböden geschätzt. Worin das Geheimnis dieser Paneveggio-Fichten als Klangholz liegt, hat bis heute noch niemand mit letzter Sicherheit begründen können.

Die Schönheit des rund 4000 Hektar großen Bergwaldes, der so gar nichts mit den Wald genannten tristen Holzäckern anderer Gebiete zu tun hat, die weitgehend unberührten Täler, der Reichtum an seltenen Pflanzen und Tieren haben dazu geführt, daß er zusammen mit dem westlichen Teil der benachbarten Pala-Dolomiten und dem östlichen Teil des Lagorai-Berglandes 1988 zum Naturpark erklärt wurde. Er liegt im Osten der Autonomen Provinz Trient zwischen den Tälern von Fassa und Fiemme (Fleims) im Norden, der Grenze zur Provinz Belluno im Osten und Süden und dem Valle del Vanoi im Westen.

Knapp 200 km^2 groß ist dieser Naturpark krasser landschaftlicher Gegensätze und entspricht damit etwa der Fläche des Naturschutzparks Lüneburger

Bizarre Felsszenerie im Val Venegia im Naturpark Paneveggio-Pale di San Martino.

Heide. Nördlich des Passo Rolle, der als Abgrenzung eine wichtige Funktion hat, zieht sich beiderseits der Staatsstraße der Paneveggioforst nach Norden. Nach Südwesten trennt die Paßhöhe den großen Forst von der Lagorai mit ihren sanften, von grünen, rasenbedeckten Bergketten, weiten Almböden und kleinen Bergseen (s. S. 60ff.). Nach Südosten jedoch schwingt sich über dem Rollepaß jäh und unerwartet eine der großartigsten und bizarrsten Felsszenerien der gesamten Alpen in den Himmel, die Pale di San Martino, bei Bergsteigern meist als Pala-Dolomiten bekannt.

Die Pale sind aus kalkhaltigem Dolomitspat geformt und weisen daher die typischen Formen der Dolomiten auf. Ausgewachsene Dreitausender sind ihre höchsten Gipfel, Cima Vezzana (3192 m) und Cimon della Pala, das »Matterhorn der Dolomiten« (3184 m), ihre weißgleißenden Felswände und -türme mit ihren Kletterrouten Traumziele zahlreicher Bergsteiger. Rund 50 km^2 umfaßt die Hochebene der Pale, ein kreisförmiges, felsiges Tafelland.

Bei einer Wanderung durch die Wüste wäre man wohl nicht erstaunter als hier, in der Felsöde auf zwei Seen zu stoßen, den Lago Manna und den Lago Pradidali, sogar einen wenn auch nicht sonderlich großen Gletscher, den Fradustagletscher, gibt es hier oben. Von unten, vom Rollepaß her und von San Martino di Castrozza, ahnt man nichts von dieser Felswüste, die sich hinter der wahrhaft blendenden

Fassade der Türme, Nadeln, Zinnen und Mauern in der Höhe auftut und durch die ein Netz von Wanderwegen zu verschiedenen Schutzhütten führt. Jenseits des Val Cismon stehen im Westen der weißen Pale der 2603 m hohe Colbricon und die 2383 m hohe Cima Tognola gegenüber, die beherrschenden Berge des zum Naturpark gehörenden östlichen Teils des Lagorai.

Schon vor Schaffung des Naturparks war das Gebiet zwischen der Alpe Tognola und dem Passo Rolle das Herzstück des bis heute vor allem bei Italienern beliebten Skigebietes von San Martino di Castrozza. Das bedeutet natürlich, daß die Landschaft unübersehbar durch Seilbahnanlagen und Pistenschneisen geprägt ist. Doch wer im Sommer durch den Lagorai wandert, der von San Martino aus bequem mit der Seilbahn zu erreichen ist, sieht sich Blumenteppichen von seltener Schönheit und ungewöhnlichem Artenreichtum gegenüber. Die Blütenpracht der Bergwiesen lockt gerade zu dieser Zeit die Wanderer ins Lagoraigebiet.

Ein landschaftlicher Höhepunkt hier oben sind die Laghi del Colbricon, zwei vielbesuchte Bergseen. Sie waren schon vor langer Zeit Ziel besonderer Ausflüge. An ihren Ufern hat man Funde gemacht, die darauf hindeuten, daß hier zumindest im Sommer vor rund 8000 Jahren Menschen gelebt hatten, steinzeitliche Jäger. Diese Funde befinden sich heute natürlich im Museum in Trient. Andere Zeugnisse der Vergangenheit kann man allerdings noch in Lagorai finden. Nahe der damals hier verlaufenden österreichisch-italienischen Grenze war es im Ersten Weltkrieg zwischen Kaiserjägern und Alpini-Soldaten zu erbitterten Kämpfen gekommen. Verfallene Stellungen, Stacheldrahtverhau, alte Militärwege oder vor sich hinrostendes Kriegsmaterial sprechen eine traurige Sprache.

Bedeutsam, weil für eine Alpenregion nicht selbstverständlich, ist der Reichtum des Parks an Tierarten. Der Rothirsch, lange Zeit ausgerottet, wurde vor 35 Jahren erfolgreich wieder eingebürgert. Rehe gibt es und große Gamswildbestände. Heimisch wurde auch wieder das Murmeltier; Fuchs und Hase sagen sich gute Nacht. Besonders stolz ist man bei der Naturparkverwaltung, daß neben den anderenorts so selten gewordenen Steinhühnern alle vier Rauhfußhühnerarten hier leben, also Auerhuhn, Birkhuhn, Haselhuhn und Schneehuhn. Und immer wieder kann man den majestätisch wirkenden Königsadler über Paneveggio und Pale kreisen sehen.

Um seine Schutzaufgaben besser verwirklichen zu können, wurde der Naturpark nach drei verschiedenen Zonen klassifiziert. So gibt es Vollnaturschutzgebiete, wie die Pale, das Colbricongebiet und Teile des Paneveggiowaldes, gelenkte und kontrollierte Schutzgebiete. In den kontrollierten Bereichen liegen die Skigebiete, wird im Sommer noch auf 36 Almen Almwirtschaft betrieben. Es sind zum Teil verwitterte alte *baitas*, Sennhütten, in denen noch Käse hergestellt wird oder die Senner über offenem Feuer ihre Polenta kochen und vorbeikommende Wanderer ohne viele Worte auffordern, bei der Mahlzeit mitzuhalten.

Gäbe es den Titel »schönstes Tal der Alpen« zu verleihen, auch das Val Canali auf der Südseite der Pale wäre preisverdächtig. Am grünlich schimmernden Laghetto Welsperg vorbei kommt man in einen weiten Almboden, der von der Festungsmauer der Pale überragt und eingegrenzt wird. Hier liegen weit verstreut etliche alte Baitas, teils noch landwirtschaftlich genutzt, teils zu Ferienhäusern umfunktioniert. Den größten Besucherandrang erlebt das Val Canali Ende Juni, wenn hier die Wiesen blühen und eine schier unübersehbare Artenvielfalt an Wildblumen das Tal zu einem einzigartigen Garten werden läßt.

Nahe dem Welspergsee wurde in der Villa Welsperg das vierte und letzte Naturpark-Informationszentrum eingerichtet. Drei weitere liegen in Canal San Bovo im Vanoital, in San Martino di Castrozza und beim Forsthof Paneveggio. In jedem von ihnen wird ein anderes Thema des Naturparks ausführlich dargestellt.

Als Paradestück eines naturbelassenen Gebirgstales präsentiert sich das Val Venegia, das Tal des oberen Rio Travignolo. Dieser Wildbach durchfließt den Paneveggioforst und bildet gegen das Dorf Bellamonte hin den großen Stausee Forte Buson. Seine »Kinderstube«, das Val Venegia, ist das meistbesuchte Tal des Naturparks. Entsprechend gut und umfangreich ist hier die touristische Infrastruktur mit Park- und Picknickplätzen, Toiletten und Wasserstellen, Brücken und Wegweisern und natürlich auch einigen Verbotsschildern. Dabei dürfte den Italienern als leidenschaftlichen Pilzsammlern und -essern vor allem das absolute Verbot des Pilzesammelns Schwierigkeiten bereiten. Beliebtestes Ziel der Wanderer, die durch das Val Venegia gehen, ist die Baita Segantini vor der imposanten Kulisse des Cimon della Pala.

Folgende Doppelseite: Lohnenswertes Ausflugsziel – Misurinasee südlich der Sextener Dolomiten. 1956 fanden hier Teile der Olympischen Spiele (Eisschnellauf) statt.

TRE CIME
TRE CIME

Informationen: *Dolomiten*

SÜDTIROLER DOLOMITEN

i: Tourismusverband Alta Badia, Col Alt Straße 36, I-39033 Corvara, Tel. (0471) 836176, Fax 836540. E-mail: altabadia@dolomitisuperski.com

Regionale Touristenbüros

i: Ferienregion Seiser Alm-Schlerngebiet, Schlernstraße 16, I-39040 Seis am Schlern, Tel. (0471) 707024, Fax 706600.

i: Wengen, Zentrum 215, I-39030 Wengen, Tel. (0471) 843072, Fax 843277.

Gröden, Dursanstraße 78, I-39047 St. Christina, Tel. (0471) 792277, Fax 792235.

i: Wolkenstein in Gröden, I-39048 Wolkenstein in Gröden, Tel. (0471) 795122, Fax 794245.

i: Deutschnofen, I-39050 Deutschnofen, Tel. (0471) 616567, Fax 616727.

Rothirsche wurden vor Jahrzehnten erfolgreich im Parkgebiet ausgewildert.

Sehenswürdigkeiten

- *Schloß Thurn,* Tor 72, Deutschnofen, Tel. (0474) 524020: Museum für einheimische und sakrale Kunst mit eingerichteten Wohnungen, Ämtern und einer Kanzlei. Geöffnet: Mi–Fr.
- *Schloß Prösels*, Völs am Schlern, Tel. (0471) 601062: einer der bedeutendsten Burgenbauten Tirols.
- *St. Vigil-Kirche*, Seis am Schlern, Tel. (0471) 707024: besonders sehenswert ist der Flügelaltar.
- *Ladinisches Kulturinstitut »Micurà de Rü«*, St. Martin in Thurn, Dorfstraße 13, Tel. (0474) 523320: Bibliothek und Ausstellungen.
- *Grödner Heimatmuseum*, St. Ulrich, Straße Rezia 83, Tel. (0471) 797554: 1960 gegründet, beherbergt das Museum u.a. Grödner Holzspielzeug, einheimische Fossilien, Exponate zur Grödner Urgeschichte und persönliche Gegenstände von Luis Trenker. Geöffnet: tgl. außer Mo.

Veranstaltungstip

- *Oswald-von-Wolkenstein-Ritt*, unterhalb des Schlerns, Tel. (0471) 795122: Ritterspiele im Mai; der Ritt beginnt beim Stammschloß des Wolkensteiners, der Trostburg oberhalb von Waidbruck, und endet am Schloß Prösels bei Völs. Ein tolles Spektakel.

SÜDLICHE DOLOMITEN

i: Azienda per la Promozione Turistica del Trentino, Via Romagnosi 11, I-38100 Trento, Tel. (0461) 497353, Fax 260277, E-mail: apt@ provincia.tn.it

Regionale Touristenbüros

i: A.P.T. Valle di Fassa, Via Costa 79, I-38032 Alba di Canazei, Tel. (0462) 602466, 602594, Fax 602278.

i: A.P.T. San Martino di Castrazzo E Primero, Via Passo Rolle 165, I-38058 San Marino di Castrazzo, Tel. (0439) 768867, Fax 768814.

i: Fleimstal/Hauptkamm: A.P.T. Valle di Fiemme, Via Fratelli Bronzetti 60, I-38033 Cavalese, Tel. (0462) 241111, Fax 230649.

i: Val Sugana/Cima d'Asta: A.P.T. Lagorai della Valsugana Orientale e del Tessino, Via Dante 10, I-38053 Castello Tesino, Tel. (0461) 593322, Fax 593306.

Wandertip: Il Giro Grande

Die auf S. 55 beschriebene Rundwanderung (Dauer: ca. 1 Woche) folgt von Soffranco bis zur Forcella Staulanza dem Dolomiten-Höhenweg Nr. 1, von dort nach Longarone der Alta Via Nr. 3. Die Wege sind stets gut markiert, Trekkingschuhe sollten im Sommer ausreichen. Auf der ersten Hälfte der Wanderung gibt es keine besonderen technischen Schwierigkeiten. Die nördliche Umwanderung des Monte Pelmo über die Forcella Val d'Arcia erfordert etwas Klettererfahrung, kann aber südlich des Pelmo umgangen werden. Die letzte Etappe durch die Bosconerogruppe sollte nur von alpin erfahrenen, tritt- und griffsicheren Wanderern begangen werden.

Orientierungsschwierigkeiten sind kaum zu erwarten, höchstens auf der Etappe vom Rifugio Talamini zum Passo Cibiana. Drei Paßstraßen – Passo Duran, Forcella Staulanza, Passo Cibiana – bieten nach je einem Viertel des Weges Abbruchmöglichkeiten. Die Hütten sind im Sommer alle bewirtschaftet, ein kleiner italienischer Wortschatz (für Essen und Bezahlung) ist vor allem außerhalb der Modegebiete nützlich. In niedrigen, bewachsenen Lagen gibt es gelegentlich Vipern. Wer auf dem Weg bleibt und die Tiere nicht reizt oder bedroht, hat normalerweise nichts zu befürchten.

Informationen: *Dolomiten*

Anfahrt
Selbst für überzeugte Umweltschützer ist eine Bahnanfahrt an den Südrand der Dolomiten fast unmöglich. Mit dem Auto fährt man am günstigsten über das Pustertal und Toblach nach Cortina, um von dort durch das Boite- und Piavetal Longarone zu erreichen. Pelmo und Civetta erreicht man von Cortina am schnellsten über den Passo Giau.

Literatur und Karten
R. Goedeke, Gebietsführer Südöstliche Dolomiten, Bergverlag Rother München, 1991.
Tabacco Karte: Maßstab 1:25 000, Blatt 025, Dolomiti di Zoldo Cadorine e Agordine (wird vor Ort in vielen Hütten verkauft).

Wandertip: Lagorai
Die auf S. 60ff. beschriebene Tour führt über weite Strecken durch felsiges Gelände und erfordert Trittsicherheit, für die Aufstiege zu den Gipfeln ist zudem etwas Klettererfahrung und Schwindelfreiheit angebracht. Im Fels und Geröll existieren meist keine ausgeprägten Steige, weshalb man die Markierungen und Steinmänner – vor allem bei schlechter Sicht – nicht aus den Augen verlieren sollte.
Die Unterkünfte sind sehr einfach. Eventuell Iso-Matte und unbedingt Schlafsack mitnehmen!
Beste Zeit: Juli bis Oktober.

Ortseingangsschilder im ladinischen Sprachraum präsentieren sich dreisprachig, wie hier in Wolkenstein.

Anfahrt
Für die Durchquerung des Hauptkammes durch das Etschtal über Bozen nach Süden. Bei Auer/Ora abzweigen nach Cavalese und durch das Fleimstal zum Rollepaß.
Für die Cima d'Asta durch das Etschtal nach Süden. Bei Trient abzweigen ins Val Sugana und nach dessen Durchquerung Richtung Osten. Bei Grigno nach Norden abzweigen Richtung Castello- und Pieve-Tesino. Von dort auf einer Teerstraße durch das Val Malene zur Malga Sorgazza.

Durchquerung des Hauptkammes
- *Passo Rolle,* 1972 m – *Cima Cavallazza,* 2324 m – *Bivacco Aldo Moro,* 2565 m
  HU: Aufstieg 1109 m
  Abstieg 516 m
  Zeit: 4–5 Std.
- *Bivacco Aldo Moro,* 2565 m – *Bivacco Paolo e Nicola,* 2180 m
  HU: Aufstieg ca. 600 m
  Abstieg ca. 985 m
  Zeit: 4–5 Std.
- *Bivacco Paolo e Nicola,* 2180 m – *Rifugio Cauriol,* 1600 m
  HU: Aufstieg 500 m
  Abstieg ca. 1080 m
  Zeit: 4–5 Std.
- *Rifugio Cauriol,* 1600 m – *Ziano di Fiemme,* 950 m
  HU: 650 m
  Zeit: 2 Std.

Hütten
- *Rifugio Colbricon,* 1927 m, privat, bewirtschaftet vom 20.06.–20.09., keine Übernachtungsmöglichkeit.
- *Bivacco Aldo Moro,* 2565 m, CAI, offen, 9 Schlafplätze.
- *Biv. Paolo e Nicola,* offen, 8 Schlafplätze, Herd und Geschirr
- *Rif. Cauriol,* 1600 m, privat, bewirtschaftet vom 15.06.–15.09., Übernachtung möglich, Tel. Tal (0462) 571400
- *Rif. Ottone Brentari,* 2473 m, CAI/SAT, bewirtschaftet vom 20.06.–20.09., Tel. (0461) 594100.

Führer und Karten
Wanderführer Lagorai-Gruppe, Athesia Verlag, Bozen.
Kompass Wanderkarten, Nr. 618, Fleimstal – Catena dei Lagorai, und Nr. 621, Val Sugan – Cima d'Asta, beide 1:25000.

Der Westen – Zwischen Ortler, Reschenpaß und Schnalstal

Bergsteiger und Burgherr Reinhold Messner vor seinem Schloß Juval im Vinschgau.

Am Stilfser Joch wird die Luft dünner. Das merkt nicht nur der Bergwanderer, auch die Verbrennungsmotoren der Kraftfahrzeuge spüren keuchend den Sauerstoffmangel. 2758 m hoch liegt der Paßübergang zwischen dem Vinschgau und Bormio, dessen alter deutscher Name Worms war. Die Straße wurde im Jahre 1825 fertiggestellt. Mit ihren 82 Kehren quält sie sich über die Paßhöhe und durch den Stilfser-Joch-Nationalpark.

Land der Pässe – Entdeckungen im Vinschgau

Das Stilfser Joch hielt einen Hochgebirgsrekord: Von 1825 bis 1936 besaß es den höchsten Straßenpaß der Alpen, der bis 1919 die Staatsgrenze zwischen Österreich und Italien bildete. Aus dem dadurch gewonnenen Selbstbewußtsein ist wohl auch der Name des alten Hotels »Tibet« zu erklären – Assoziationen an den Himalaya durchaus beabsichtigt. Beim Hinunterfahren von der Paßhöhe in den Vinschgau (Val Venosta), dieses ganz besonderen Stückes Südtirol, herber als andere Teile des Landes und doch voller Schönheiten und grandioser Bergkulissen zu Füßen von König Ortler, treten derartige Assoziationen noch viel klarer ins Bewußtsein, oder wenn man an den Hängen über Burgeis (Burgusio) das strahlende Weiß der Benediktinerabtei Marienberg erblickt. Unwillkürlich werden Erinnerungen an tibetische Gompas ihre Mönche, ihre Regeln und Rituale wach.

Paßhöhen verbinden – Schluchten trennen

Die Besiedlung des Landes im Oberen Vinschgau hat bereits sehr früh eingesetzt und verliert sich in prähistorischer Zeit. Was mag etwa den Mann vom Laubmoosjoch, auch »Mann vom Similaun« oder »vom Hauslabjoch« genannt, heute allgemein als als »Ötzi« bekannt (s. S. 14), vor 5000 Jahren bewogen haben, so hoch auf die Berge zwischen Ötztal und Vinschgau zu steigen? Wo war er hergekommen, was mag er da getan haben, in über 3000 m Höhe und auf einem Joch, das jahrtausendelang vergletschert blieb? Man kann lange mutmaßen und grübeln, was die Menschen seit Jahrtausenden über unwegsame Pässe und hohe Berge getrieben hat. Immer wieder kommt man zu der Erkenntnis: Die Paßhöhen verbinden und Schluchten trennen.

Die sogenannte neolithische Revolution war ein einschneidender Prozeß in der Entwicklung der Menschheit. Der Homo sapiens hatte sich vom Jäger und Sammler zum Züchter und Pflücker entwickelt. Der Mensch wird zum Homo faber, zum Kreativen, und er macht erste Schritte in Richtung Kultur. Erste Urwege entstehen, Handelskontakte kommen zustande. Vieh wird in Herden über die Anhöhen hin und her getrieben. Kurzum, eine Entwicklung, wie sie in den meisten Hochgebirgsregionen stattgefunden hat.

Der Vinschgau ist ein gebirgiges Tal mit eigenwilligem Ost-West-Verlauf entlang des Alpenhauptkamms. Eine der klimatischen Folgen davon ist der »Oberwind«, der fast täglich als Fallwind erscheint, die Regenwolken zerstreut und die Felder austrocknet. Die Etsch (Adige), Italiens zweitgrößter Fluß, entspringt am Reschenpaß (Passo di Resia) und fließt durch den Vinschgau adriawärts. Wegen seiner wasserscheidenden Funktion wird der Reschen bezeichnenderweise »Reschen Scheideck« genannt. Das »Scheideck« ist heute Grenzübergang zwischen Österreich und Italien.

Den geographisch-historischen Gegebenheiten entsprechend hat sich im Vinschgau eine eigene verkehrsgeographische Dynamik entwickelt. Die Hauptstraße führte schon zur Römerzeit, von der Poebene kommend, über Bozen, Meran und den Vinschgau nach Landeck und weiter. Es war die Via Claudia Augusta Padana, die über den Reschen ging und auf der später der sogenannte »Obere Weg« – als Alternative zum Brennerpaß – verlaufen sollte.

Überregional ist der Vinschgau, der seit dem Ersten Weltkrieg auf italienischem Hoheitsgebiet liegt, über den Ofenpaß mit der Schweiz und über den Reschenpaß mit Österreich verbunden. Schon Karl der Große, der in der Weihnachtsnacht des Jahres 800 in Rom zum Kaiser gekrönt wurde, passierte die Region bei seiner Alpenüberschreitung über den Wormserweg, via Worms (das heutige Bormio). Deshalb sind dort in der Bau- und Bildhauerkunst der Romanik immer wieder lombardische Einflüsse nachzuweisen. Denn über den Reschenpaß führte der »Obere Weg«, der im 13. Jahrhundert immer mehr an Bedeutung gewann wegen des regen Warenaustauschs zwischen dem norditalienischen Raum und Augsburg, dem römischen Augusta Vindelicorum.

Die Verkehrsadern waren wichtig für die einheimische Bevölkerung, denn es gab gute Absatzbeziehungen besonders zu den Städten Venetiens und der Lombardei. Der Warenaustausch erfolgte meist auf Märkten. »In foro Sancti Bartolomei«, am 24. August, kamen Kaufleute aus Como, Mailand, Brescia und

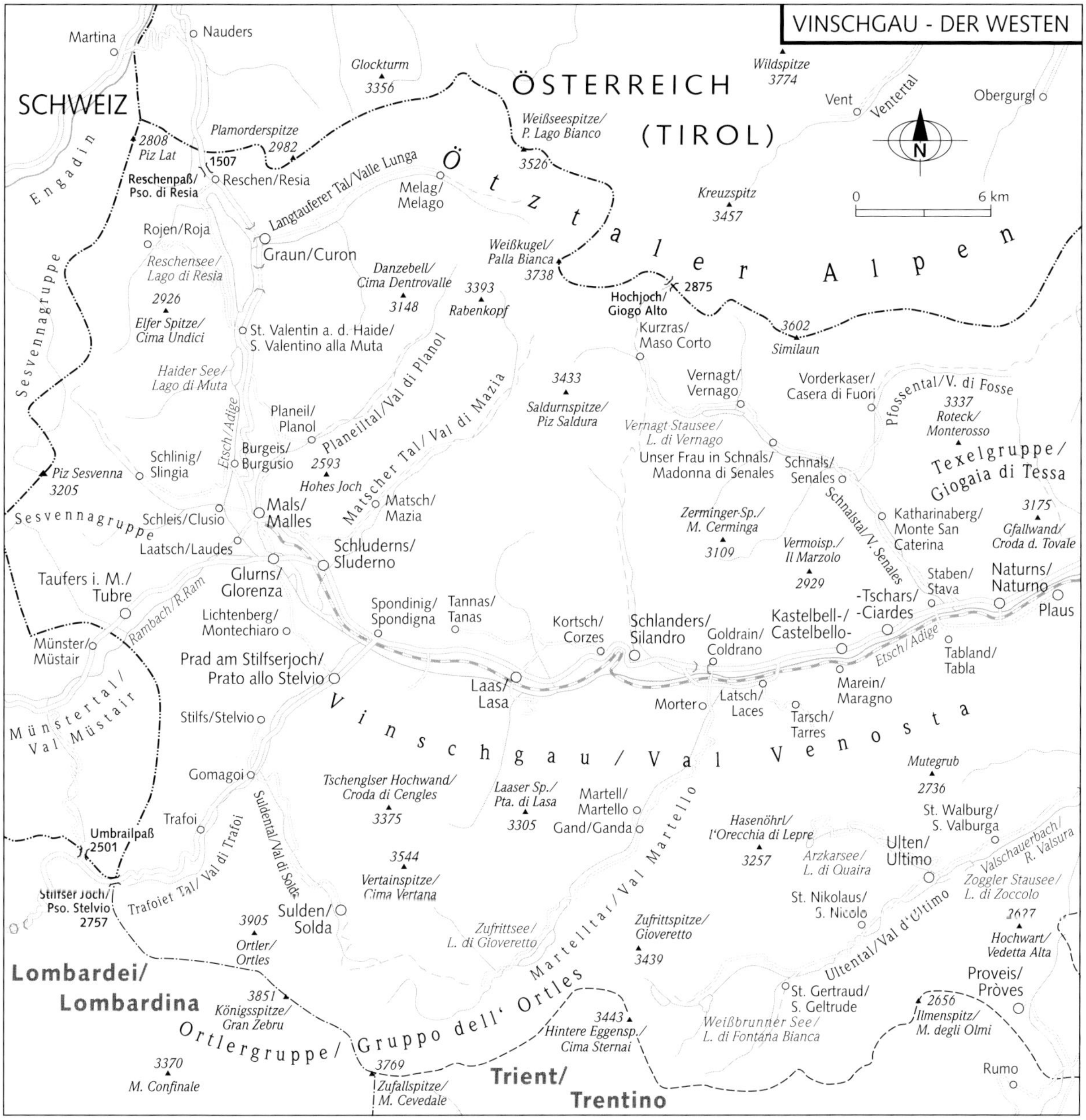

Bergamo nach Glurns. Sie hatten Gewürze, Eisen, bunt bedruckte Stoffe anzubieten und Wein aus dem Veltlin. Dafür interessierten sie sich für die einheimischen Produkte, die das bäuerliche Umland erzeugte: Wolle, Butterschmalz, Käse, Getreide sowie das begehrte graue Lodentuch. Verbindungen mit den »Fremden« sind im Vinschgau immer aufrechterhalten geblieben, sind doch schon die eigentlichen Grenzen des Gebiets fließend und durch künstliche und wie durch Krieg diktierte Demarkationslinien gekennzeichnet.

Die hohen Pässe verbinden, die hohen Berge beschützen. Diese können aber auch zu Kriegsschauplätzen werden. König Ortler und die ganze Front in Schnee und Eis gingen im Ersten Weltkrieg auf tragische Weise in die Annalen der Bergwelt ein (s. auch S. 13 ff.). Und seit den fünfziger Jahren dieses Jahrhunderts hat der Bau von Stauseen und die Ankurbelung des Tourismus auch die Landschaft einschneidend verändert.

Der Vinschgau war immer schon Schnittpunkt verschiedener Sprach- und Kultursphären: der rätoromanisch-ladinischen (s. S. 34 ff.), der deutschen und der italienischen, politisch gesehen auch im Spannungsfeld verschiedener Machtinteressen: der tirolerischen einerseits, der churisch-engadinischen andererseits. Eine Art Puffer mitten im Gebirge ...

Gletscher, Äpfel, Ritterburgen

Erreicht man den Vinschgau vom äußersten Nordwesten, wird man hinter dem Reschenpaß verdutzt auf die Bremse treten. Denn aus dem Reschensee (Lago di Resia) schaut wie ein stummer Vorwurf ein alter Kirchturm. Er gehört zur im 14. Jahrhundert erbauten Kirche des Dorfes Graun, das im Jahr 1950 in den Fluten des Stausees versank. Die Bewohner wurden damals mit rüden Methoden vertrieben. Heute ist der Kirchturm eine Art Wahrzeichen des Vinschgaus.

Karg ist der Auftakt im Obervinschgau mit der Wiesenlandschaft der Malser Heide oberhalb von Mals (Mallès Venosta), der Stadt der Türme. Doch weiter unten gelangt man bald in einen riesigen Obstgarten. Bis Schluderns (Sluderno) ziehen sich die Apfelplantagen heute den Vinschgau hinauf. Vor allem Golden Delicious wird angebaut. Das Geschäft scheint zu florieren: »Apfelbarone« werden die Plantagenbesitzer genannt. Weiter oben auf den auf Touristen so idyllisch wirkenden alten Bergbauernhöfen lohnt sich die Plackerei dagegen kaum noch. Die Bergbauern übernehmen mehr und mehr die Rolle von subventionierten Landschaftspflegern.

Auch im Tal gab es vor dem großen Apfel-Boom nur vereinzelt Obstbäume. Viehwirtschaft war fast die einzige Erwerbsmöglichkeit. Denn der Vinschgau ist eine extrem niederschlagsarme Region. Nur Sizilien sei in Italien noch trockener, sagen die

Die Schaubachhütte bei Sulden am Ortler.

1950 versank die Kirche von Graun im Reschensee.

Einheimischen. So ist es kein Wunder, daß entlang des ausgetrockneten Sonnenbergs Steppengräser wachsen. Diese Not machte die »Vinschger« schon früh erfinderisch. Sie legten die Waale an, Bewässerungskanäle, die das Wasser von den Gletschern an den Berghängen entlangleiten, von wo es nach einem ausgeklügelten System auf die Felder verteilt wird (s. S. 76).

Lohnend ist besonders eine Burgentour durch den Vinschgau. Überall an den Berghängen stehen diese Trutzbauten entlang der strategisch einst wichtigen Verkehrsroute, Kastellbell zum Beispiel, die Fürstenburg bei Burgeis oder Burg Annenberg bei Goldrain. Am markantesten ist die Churburg der Grafen von Trapp bei Schluderns mit schönem Loggienhof und sehenswerter Rüstkammer (s. S. 17). Kunst aus dem Himalaya gibt es im Schloß Juval (s. S. 82 f.) am Eingang zum Schnalstal. Der Wahl-Vinschger Reinhold Messner, Abenteurer und Extrembergsteiger, hat das Schloß restauriert und darin u. a. seine Kunstsammlung aus Tibet untergebracht.

Unter den Städten des Vinschgaus ist zweifellos Glurns (Glorenza) mit seinen Laubengängen die herausragende Schönheit. Es ist die einzige komplett ummauerte Stadtfestung ganz Tirols, liebevoll – zunächst gegen den Willen vieler Einwohner – restauriert und heute eine Art »Rothenburg der Alpen«, doch erfreulicherweise nicht annähernd so überlaufen. Seine Ruhe hat man im Vinschgau noch überall, und wo immer man auch einkehrt, erwartet einen eine wohltuend ungekünstelte Gastlichkeit mit einer deftigen Küche. Dazu gibt es sogar wieder richtig gute Vinschger Weine. Der Wein, der schon im alten Rom einen guten Ruf hatte, war vom Obstbau fast ganz verdrängt worden. Inzwischen liefern wieder ehrgeizige Winzer, wie etwa auf dem Köfelgut, angenehm frische Tropfen. Manch einer der Weine freilich muß sich erst rehabilitieren. Böse Zungen behaupten zum Beispiel noch immer, die Frauen aus Vetzan müßten ihre Männer nachts umdrehen, damit ihnen die Säure des Weines kein Loch in die Magenwand brennt.

Immer dem Plätschern nach – Waalwege als Wanderparadiese

Der Blick auf grandiose Alpenkulissen ist Urlaubern so manche Plackerei wert. Aber nicht jeder kann oder mag wie eine Bergziege klettern. Wer von längeren Auf- und Abstiegen Zitterknie bekommt, muß dennoch nicht ausschließlich mit der Seilbahn fahren. Gemächlich wandern und trotzdem prächtige Panoramen genießen – das ist in Südtirol kein Widerspruch. Denn dort gibt es eine Spezialität für bequeme Wanderungen, die Waalwege (s. S. 77). Sie führen nahezu eben an den Berghängen entlang, durchkurven schattige Wälder, Obstgärten oder Rebhänge. Und sie bieten bei Sommerhitze sogar eine »Klimaanlage«. Denn den Wanderer begleitet stets ein plätschernder Bach mit kühlem Wasser, das von den Gletschern kommt.

Waale sind Bewässerungsgräben, kunstvoll angelegte Rinnen mit geringem Gefälle, die wie Lebensadern die trockenen Berghänge durchziehen. »Nach dem lieben Gott kommt der Waal«, lautete ein Sprichwort im Vinschgau. Bäuerliche Ingenieurkunst mußte vor Jahrhunderten knifflige Probleme lösen. In größeren Höhen leitete man das Wasser oft zunächst in hölzernen Rinnen an der Felswand entlang. Die ältesten Waale wurden bereits im 13. Jahrhundert angelegt. Im Vinschgau, einer der niederschlagsärmsten Regionen der Alpen, gibt es besonders viele davon, denn hier war die künstliche Bewässerung von Feldern, Wiesen, Obst- und Weingärten besonders wichtig. Aber auch weiter unten im Tal der Etsch, im Meraner Land, hat man schon früh dieses ausgetüftelte Bewässerungssystem übernommen.

Eine Waalordnung regelte präzise, in welche Felder oder Obstgärten wann wieviel Wasser geleitet werden durfte. Wasserdiebstahl galt als besonders schnöde Tat. Es gab sogar einen speziellen Beruf, den des »Waalers«. Dieser hatte darauf zu achten, daß das Wasser richtig lief, mußte Schäden schnellstens reparieren. Waalschellen, von denen es heute noch einige gibt, sorgten für akustische Kontrolle aus der Ferne: Ein kleines Wasserrad schlägt rhythmisch an eine Glocke. Fließt das Wasser wegen einer Störung nicht mehr, hört das Gebimmel auf (höchster Alarm für den Waaler! Für seine Kontrollgänge waren die schmalen Pfade entlang der Wasserkanäle ursprünglich ausschließlich gedacht.

Daß die Waalwege später als ideale Wanderpfade und besondere Biotope entdeckt wurden, hat die wichtigsten bis heute bewahrt. Denn von den 1935 noch vorhandenen 1000 km Waalen gibt es heute nur noch rund 200. Durch unterirdische Druckleitungen gespeiste moderne Berieselungsanlagen haben die meisten überflüssig gemacht. Die noch vorhandenen Wege jedoch sollen als Kulturdenkmäler und touristische Markenzeichen erhalten bleiben.

Für den Urlauber wird eigentlich nur die Wahl des Waal leicht zur Qual. Es gibt eine ganze Reihe schönster, nur vom Murmeln des Gletscherwassers begleiteter Touren. Besonders berühmt im Meraner Land zum Beispiel sind der Algunder Waalweg mit Blick auf die Burgen um Schloß Tirol, der Marlinger Waalweg, der 13 km von der Töll nach Lana führt, oder der Verdinser Waalweg bei Schenna. Im Vinschgau sind z.B. der Schnalswaal oder Tscharser Waal zu empfehlen, vor allem das Stück vom Schloß Juval (s. S. 82f.) nach Tschars, am Naturnser Sonnenberg entlang.

Die Tscharser wandten sich übrigens wegen der Finanzierung ihres Waales 1492 sogar an Kaiser Maximilian I. 13 Jahre wurde in 600 bis 800 m Höhe daran gebaut. Höher verlaufen z.B. der Schludernser Leitenwaal und der Schlanderser Ilswaal. Ganz ohne Anstieg geht's also am Anfang einer Waalwanderung auch nicht immer. Ist man jedoch erst einmal oben, läuft sich's wie von selbst zur nächsten Jausenstation, wo auch auf den bequemen Wanderer eine deftige Marende und ein Glas Rotwein wartet.

Ein Waaler beim Kontrollieren der Waalschelle. Reizvolle Wanderwege führen entlang dieser Bewässerungssysteme.

Wandertips: *Rautwaal und Marteller Hütte*

Der Rautwaal – Entlang einem Vinschgauer Wasserkanal
Der Rautwaal ist ein rund 3 km langer Bewässerungskanal, der oberhalb des Vinschgauer Dörfchens Morter und damit in der weiteren Umgebung des Dorfes Latsch die teils mit Laubgehölzen, teils mit Nadelwald bewachsenen Hänge nahezu eben durchquert. Er war längere Zeit aufgelassen und trockengelegt, doch seit etlichen Jahren führt er wieder das leise dahinmurmelnde, im Vinschgau so kostbare Wasser. Sogar der alte Waalhammer war wieder instand gesetzt und in Betrieb genommen worden. Der Rautwaal zählt zu den faszinierenden Vinschgauer Wandermöglichkeiten. Wer ihn allerdings wasserführend erleben will, muß dies im Sommer tun, denn im Spätherbst beginnt sein »Winterschlaf«.
Wegverlauf: In Morter (727 m) beim Kulturhaus zuerst auf dem Schwaiger Weg (Straße) zwischen den Häusern westseitig hinauf gegen das »Haus Bergfriede«, ab dort der Beschilderung »Scheibenkofel« bzw. »Wetterkreuz« folgend und bald von der Straße rechts abzweigend auf einem schönen alten Weg durch die Hänge hinauf zu einem Bödele mit Tisch und Brunnen (ca. 860 m; etwas höher das bekannte Wetterkreuz; ab Morter knapp 1/2 Std.). – Auf dem nahen Forstweg scharf links zum Waalweg (Wegweiser »Montani«), diesem folgend in ebener Wanderung zuerst durch Nadelwald zum Waalhammer, dann weiter auf dem Waalweg südwärts und zuletzt kurz hinab zur breiten Brücke über die Plima (ca. 860 m, ab Waalwegbeginn knapp 1 1/2 Std.) – Von der Brücke schließlich, dem Wegweiser »Morter« und Markierungspflöcken folgend, auf einem Steig talaus und zuletzt ein Stück auf der Straße zurück nach Morter.

Höhenunterschied: ca. 140 m.

Gesamtgehzeit: ca. 2 1/2 bis 3 Std.

Orientierung und Schwierigkeit: In jeder Hinsicht leichte und problemlose Wanderung.

Wanderkarten 1: 50000: Freytag-Berndt, Blatt S 2 (Vinschgau (südliche Ötztaler Alpen); Kompaß, Blatt 52 (Vinschgau).

Typische Südtiroler Brettljause mit Schinken und Käse

Bergwanderung zur Marteller Hütte
Dies ist eine echte Bergwanderung, aber eine, die sich jeder zutrauen darf, weil sie mit etwa drei Stunden Gesamtgehzeit verhältnismäßig kurz und außerdem wirklich nicht schwierig ist. Die Marteller Hütte liegt 2610 m hoch im hintersten Martelltal. 1981 wurde das Schutzhaus eröffnet. Falls es analog zu den »Gipfelsammlern« auch »Hüttensammler« gibt, können diese auf dieser Wanderung gleich zwei Sammelobjekte einheimsen: die Zufallhütte, 1882 von der Sektion Dresden des Deutschen und Österreichischen Alpenvereins errichtet, zu einer Zeit, als man noch nicht bis in 2000 m Höhe hinauffahren konnte, sondern einen fünfstündigen Fußmarsch auf sich nehmen mußte.
So steht die Zufallhütte denn auch noch im Almbereich, während die Lage der 100 Jahre später erbauten Marteller Hütte schon echtes Hochgebirge ist. Und diese Lage macht sie zu einem lohnenden Wanderziel, mag sie auch ein wichtiger Stützpunkt für tüchtige Hochalpinisten sein.
Wegverlauf: Vom Gasthaus »Enzianhütte« im Marteller Talschluß (2051 m; hierher gute Asphaltstraße) auf dem gut beschilderten mit Nr. 150 markierten Fußweg in schöner, nur mäßig steiler Wanderung zur Waldgrenze und Zufallhütte (2265 m; ca. 1 Std.). Von da auf dem weiterhin mit 150 markierten Weg westwärts hinauf zu einer alten Staumauer, von dem taleinwärts führenden Weg links ab, den Wegweisern »Marteller Hütte« folgend über den Damm hinüber auf die andere Talseite, noch kurz talein und auf dem mit 103 markierten Steig etwas steil, aber problemlos in Serpentinen hinauf zur Marteller Hütte (2610 m). Ab Ausgangspunkt 1 1/2 bis 2 Std.

Höhenunterschied: 559 m.

Gesamtgehzeit: ca. 3 Std.

Orientierung und Schwierigkeit: Für etwas berggewohnte Wanderer leicht und problemlos.

Wanderkarten 1:50000, Freytag-Berndt, Blatt S 6 (Ortlergruppe Martell – Val di Sole); Kompaß, Blatt 72 (Ortler – Cevedale).

Vom Reschenpaß nach Meran – Eine Kunstreise durch den Frühling

Ob es denn unbedingt heute schon sein müßte? Ob wir nicht morgen oder am Nachmittag wiederkommen könnten? Die Kuh hätte gerade gekalbt, und nun sei noch so viel Arbeit im Stall. Ein wenig hilflos schaut uns die Bäuerin im Falknerhof an, als wir sie, die Schlüsselverwalterin, um Einlaß in die Kirche von Obermontani bitten. Aber alleine in die Kirche gehen? Um Gottes willen, nein, wenn das die Herren vom Denkmalamt in Trient erführen! Nein, nein, da müsse sie schon selber mit.

Also streift die Frau ihre Stallschürze ab, nimmt den Schlüssel, der uns mit seinen Dimensionen an den biblischen Himmelsschlüssel erinnert, geht mit uns an den wuchtig-trutzigen Ruinen der Burg Obermontani vorbei zur kleinen Kapelle, die unmittelbar über dem Steilhang liegt, und schließt auf. Die aus dem 14. Jahrhundert stammenden Fresken der einstigen Burgkirche sind nur eines der vielen versteckten Kleinodien des Vinschgaues.

Wenn der vielzitierte Satz richtig ist, Südtirol sei die Schatzkammer der Alpen, dann ist der Vinschgau sicherlich diejenige Südtirols. Von den Fresken in Obermontani bis zu den Wandmalerein in St. Prokulus bei Naturns (Naturno), vom großartigen Bau der Churburg in Schluderns bis zur alten Benediktinerabtei Marienberg reicht die Skala der kunsthistorischen Sehenswürdigkeiten. Und sie machen nur eine, wenn auch die bedeutendste Seite im Vinschgauer Bilderbuch aus. Die andere sind die oft malerischen alten Städtchen und Dörfer, die mitunter hoch in die Berghänge geklebt erscheinenden Bergbauernhöfe mit ihren Kapellen und gotischen Stuben.

Die Fahrt vom Reschenpaß (Passo di Resia) nach Meran, vom Wintersport in Rojen oder St. Valentin hinunter in den Blütenschnee des Etschtales, kann man gut und gerne in zwei Stunden schaffen, obschon die Straße zum Teil schmal und kurvenreich ist. Aber man kann auch Tage brauchen, um etschabwärts zu bummeln, will man nur einiges von dem

Hoch über dem Dörfchen Burgeis liegt das weithin sichtbare weiße Kloster Marienberg mit seiner barocken Klosterkirche.

Fresken aus dem 14. Jahrhundert in der Stephanskapelle bei der Burgruine Obermontani.

sehen, was da unten im Vinschgau aneinandergereiht ist. Doch wie eine spröde Frau bietet es seine Reize nicht offen dar, man muß sich schon darum bemühen, muß Zeit und Geduld aufwenden: in dieses Dorf hineinfahren, sich in jenes kleine Tal wenden, hier den Schlüssel zu einer Kirche beim Falkner suchen, dort den Mesner aufstöbern, der vielleicht gerade bei seinen Apfelbäumen ist.

Reschensee und Haidersee sind noch eisbedeckt, Langläufer und Spaziergänger sind auf dem Eis unterwegs, obschon sich hier und da am Rand dunkle Flecken zeigen. Ein Wegweiser zeigt nach Rojen. Die kleine Höfegruppe mit einer sehenswerten Kapelle, freskengeschmückt seit dem 14. Jahrhundert, ist mit ihrer Höhenlage von 1968 m die höchstgelegene ganzjährig bewohnte Siedlung der Ostalpen. Ein im Sommer wie im Winter einzigartiger Stützpunkt für geruhsame Wanderungen und ausgewachsene Hochtouren.

Gemächlich fällt das Gelände der Malser Haide vom Reschenpaß ab. Irgendwo seitlich der Straße sprudelt die Etsch als blutjunger Gebirgsfluß in die Tiefe, stürzt sich auf den Vinschgau zu. Kehre um Kehre sind die Serpentinen der schmalen Straße in das Gelände gelegt, vom ständig wehenden Wind die Bäume am Straßenrand alle nach einer Seite gebeugt, so als würden sie den Vorbeifahrenden ihre Reverenz erweisen.

Hoch über dem reizenden Flecken Burgeis (Burgusio), wie hingeklebt an den Berghang, das alte Kloster Marienberg mit seiner barocken Klosterkirche und den romanischen Fresken aus dem 12. Jahrhundert in der Krypta. Malls (Mâlles) taucht am Fuße der Haide auf, mit seinen spitzen Kirchtürmen und alten Wehranlagen eines der schönsten Ortsbilder des Vinschgaues. Seitab öffnet sich das Münstertal (Val Müstair). Glurns (Glorenza) liegt an seinem Eingang, bewacht seit alters her den Zugang zu diesem Tal, das in die Schweiz, ins Engadin, führt.

Das Stadttor, durch das wir uns ins mauerbewehrte Glurns hineinzwängen, trägt noch das Wappen, das Ferdinand I. im Jahre 1528 dem Städtchen verlieh, nachdem es im Engadiner Krieg völlig zerstört und wieder aufgebaut worden war, sein heutiges Gesicht bekommen hat. Es ist eine merkwürdige Mischung von mittelalterlichem Städtchen und Dorf, die uns umfängt. Die Bauweise der Häuser, die Anlage der Sträßchen, die malerischen Lauben, die Brunnen, all das ist städtisch. Doch dann trippeln Hühner auf der Straße, Kühe haben unübersehbar ihre Spuren hinterlassen. Hier dampft ein mächtiger Misthaufen, Holzstapel liegen vor den Häusern, und auf einem Brunnen wäscht eine Bäuerin das Butterfaß aus.

Auch wenn das bei Glurns in den Vinschgau einmündende Münstertal nur mit den letzten Kilometern zu Südtirol gehört, die beiden Dörfer Laatsch und Taufers bescheren Höhepunkte der Südtiroler Kunstgeschichte. Am Ende des Dorfes Laatsch (Landes) liegt talaufwärts die romanische Kirche St. Leonhard. Um 1408 wurde sie gotisch umgebaut. Da jedoch dazu der geringe Platz auf dem Felsen nicht ausreichte, baute man die Erweiterung vor der alten Kirche gleichsam in die Luft und stützte den Neubau mit einem Tonnengewölbe und Pfeilern. Durch dieses Gewölbe unter der alten Kirche geht heute noch der Verkehr nach Taufers. Es lohnt die Mühe, sich in Laatsch im Hause Nr. 3 neben der Kirche den Schlüssel geben zu lassen und in die Kirche zu gehen. Denn dort steht einer der schönsten gotischen Schnitzaltäre, die heute in Südtirol zu sehen sind. Wahrscheinlich ein Werk, das ursprünglich in Schwaben entstand.

Was uns dann im letzten Südtiroler Dorf vor der Schweizer Grenze erwartet, in Taufers (Tubre), ist einmalig, selbst in diesem an Kunstschätzen so reichen Land. Gleich am Dorfeingang steht die kleine romanische St.-Johannes-Kirche, eine der ältesten im ganzen Land. Es ist eine Kombination von Kirche und Pilgerherberge des Mittelalters, um 1130 anstelle einer damals zerstörten karolingischen Anlage erbaut. Hier pflegten die Pilger zu rasten, die talaufwärts zogen zu dem großen, von Karl dem Großen gegründeten Benediktinerkloster Müstair im Münstertal. Zwar sind die Fresken in der auf dem Grundriß eines griechischen Kreuzes gebauten Kirche nur bruchstückhaft erhalten, doch schon diese Fragmente lassen erahnen, wie kostbar Kirche und Pilgerraum, aus dem man in sie hinunterschauen kann, einst ausgeschmückt gewesen sein müssen.

Ein Blickfang ohnegleichen ist die hoch über dem Vinschgau, hoch über Schluderns (Sluderno) aufragende Churburg, eine der schönsten Anlagen in ganz Südtirol. Die Stunden, die eine Besichtigung der Burg erfordert sind eine lohnende Zeitinvestition (s. S. 17). Zwischen den Zinnen der Burg geht unser Blick zum Trafoier Tal hinüber, das drüben bei Spondinig abzweigt, zum Stilfser Joch hinaufführt und zur unvergleichlichen Sonnenterrasse am Fuße des Ortlers, auf der rund 1900 m hoch Sulden thront. Talwärts geht es dann nach Laas (Lasa), wo auch heute noch die am kleinen Bahnhof zum Abtransport aufgestapelten Marmorblöcke auf die alte Industrie der Marmorbrüche hinweisen. Und als wir später durch den Ort bummeln, um uns die berühmte romanische Apsis der Kirche mit ihren rätselhaften Fabeltieren anzusehen, entdecken wir, daß so manche im Laufe der Jahrhunderte ausgetretene Treppenstufe in Laas aus Marmor ist.

Breit, aber seicht gluckert die Etsch vor Laas über unzählige Steine, unter weit überhängenden Ästen dahin, an denen erstes Frühlingsgrün zu ahnen ist. Von weitem schon sichtbar erhebt sich darüber am Eingang zum Martelltal die Ruine von Obermontani. Bis ins 19. Jahrhundert war die Burg noch bewohnt. Hier fand damals der Benediktinermönch Beda Weber aus dem Kloster Marienberg eine Handschrift des Nibelungenliedes in der Burgbibliothek und kaufte sie für 10 Gulden. Für 200 Gulden verkaufte er sie einem Berliner Händler, der wiederum 2000 Gulden von der Berliner Staatsbibliothek dafür bekam. Heute ist die als Berliner Handschrift des Nibelungenliedes bekannt gewordene Kostbarkeit im Besitz der Stiftung Preußischer Kulturbesitz.

Daß Narrenhände nicht nur heute allenthalben die Wände beschmieren, sondern schon vor Jahrhunderten, zeigt uns die notgedrungen von der soeben niedergekommenen Kuh zur Burgkapelle mitgekommene Falknerbäuerin. Sie hatte uns den Schlüssel verweigert, weil so viele Besucher die Fresken mit ihren Namenskritzeleien beschädigt hätten. Das stimmt auch. Am Eingang sind in der Tat viele Bilder arg beeinträchtigt. Aber dann führt sie uns in die Chorapsis und zeigt uns dort, daß auch im 15. und 16. Jahrhundert bereits die Besucher ihre Namen in die Bilder einzuritzen pflegten. So 1544 ein Melchior von Montani, 1550 der Comtur von Schlanders. Auch derbe Sprüche, ganz so wie heute, finden sich aus dieser Zeit: »1558 Paulus Kehler (Esel) gewesener Lehrer in Laatsch ist dumm« ist in lateinisch quer über ein Bild geschrieben. Selbst Albrecht Dürer ritzte anläßlich eines Besuchs der Kirche im Jahre 1532 seine Initialen in ein Wandgemälde. Unsere Führerin ist richtig stolz, als sie uns erzählt, daß »ihre« Fresken mit ihrer phantastischen Leuchtkraft der Farben niemals restauriert

St. Prokulus bei Naturns mit den ältesten Wandmalereien im deutschen Sprachraum.

worden, daß sie seit dem 14. Jahrhundert unverändert blieben.

Die alte Spitalkirche in Laatsch ist verschlossen. Im Hof des nebenan gelegenen Altersheimes sitzt ein alter Mann auf einer Bank in der Sonne. Wo wir den Schlüssel bekommen können, fragen wir ihn. Den Schlüssel zum Lederer-Altar? Ja, den hätte er wohl. Wir sollten nur warten, er werde ihn holen. Dann schlurft er weg, kommt nach einiger Zeit, schließt auf und läßt uns Jörg Lederers grandiosen gotischen Schnitzaltar bewundern, einen der schönsten im ganzen Alpenraum. Doch keinen Augenblick läßt er uns dabei aus den Augen, jede unserer Bewegungen beobachtet er. Es sei halt schon zuviel weggekommen, gestohlen in den Südtiroler Kirchen, sagt er.

Hier und da stehen, fast ein wenig verängstigt wirkend, ein paar krumme Rebstöcke an den Hängen, je weiter wir talabwärts kommen, desto mehr. Hin und wieder prunkt schon ein Obstbaum mit seiner Blüte, in den Hausgärten drängen sich bunte Blumentrupps aus dem Boden. Auf Balkonen flattert bunte Wäsche, wirkt von weitem wie überdimensionale Krokusse.

Wie ein mächtiger Baumstamm ragt der Turm der kleinen Prokuluskirche bei Naturns (Naturno) aus den ringsum stehenden Apfelbäumen. Die Sonne spielt auf den verblaßten Fresken auf dem romanischen Mauerwerk, Lorbeerbäume wachsen über eine halbverfallene Mauer, rundherum steht eine Duftmischung in der Luft von feuchtem, sonnenbeschienenem Erdreich und altem Gras, von erster Blüte und ausgebrachtem Stalldung. Es riecht schlicht und einfach nach Frühling. Und inmitten prächtiger Bäume, deren Knospen jeden Tag aufbrechen können, steht dieses Kirchlein, ganz unscheinbar von außen, und doch von ganz besonderem Rang. Möglicherweise schon im 8. Jahrhundert gebaut, birgt es in seinem Inneren die ältesten Wandmalerein des deutschsprachigen Kulturraums. Leider sind im 17. Jahrundert, als man nach einer Pestepidemie die Fresken in abergläubischer Angst mit Putz überdeckte, die Bilder teilweise arg beschädigt worden. Aber immer noch steht man staunend vor diesen mehr als tausend Jahre alten Malereien, deren Darstellungen bis heute erst teilweise gedeutet worden sind.

Partschins, Algund, Marling, die letzten Dörfer vor Meran. Große Lagerhallen der Obstbauerngenossenschaften an der Straße künden vom Früchtereichtum dieses Tales. Breit und behäbig, der Sonne zugewandt liegen in den noch weitgehend braunen Hängen Einzelgehöfte wie kleine Festungen. Es ist warm, die Sonne brennt ins Tal herunter, erinnert uns daran, daß der Vinschgau das sonnenreichste und niederschlagsärmste Tal Südtirols ist.

Dann weitet sich das Etschtal. Wo von links das Passeiertal aus den Ötztaler Alpen kommt, überragt von Dorf und Schloß Tirol (s. S. 17f.) auf der einen, Schenna auf der anderen Seite, taucht die alte Tiroler Landeshauptstadt Meran auf. Ein idyllisches kleines Landstädtchen, dessen Lauben die stimmungsvollste Einkaufsstraße Südtirols darstellen, und ein weltberühmter Kurort dazu. Im Kurpark flanieren die Spaziergänger. Das Kurhaus liegt in einem Meer von Blüten, die allenthalben aus dem Boden, von den Ästen und Zweigen der Büsche und Bäume ringsum leuchten rot und blau, gelb, weiß und orange. Die Passer, die unten in ihrem gemauerten Bett vorbeirauscht, der Etsch entgegen, ist grünlich-grau, und ihr Wasser sieht kalt aus. So kalt wie der Schnee, der von ferne von den Gipfeln herunterleuchtet, der uns aber nicht stört. Denn wir sind unter Palmen im Kurpark von Meran und damit im Frühling angekommen.

Einen Abstecher in die Welt des Himalaya kann man nun auch in Südtirol unternehmen. Reinhold Messner, Extrem-Bergsteiger und Antarktis-Durchquerer, hat sein Schloß Juval für Besucher geöffnet. Worüber früher nur getuschelt und gerätselt wurde, davon kann sich jeder selbst auf einer Burgführung ein Bild machen: Was trieb der Abenteurer auf seiner über viele Jahre unzugänglichen »Festung« Geheimnisvolles? Autor Klaus Thiele besuchte ihn und sein Schloß. Sein Fazit: »... eine bizarre Mischung aus Südtiroler Burgenromantik und der Welt des Himalaya, der Kultur Tibets vor allem.«

Ein Hauch von Himalaya – Bei Reinhold Messner auf Schloß Juval

»Eine der schönsten Renaissance-Burgen der Alpenwelt« nennt Reinhold Messner seinen Besitz. Einmalig zumindest ist die Lage. Direkt auf einer Felskante bewacht Juval den Eingang zum Schnalstal. Die Anlage, 1278 von Hugo von Montalban an einer schon in prähistorischer Zeit besiedelten Stelle erbaut, wechselte mehrmals den Besitzer und erlebte nach 1540 unter der Familie der Sinkmoser ihre Blütezeit. Später verfiel sie, bis 1913 der holländische Kolonialherr William Rowland als Retter kam und ein Vermögen investierte. Als Messner Juval 1983 »unendlich billig« für umgerechnet 60000 Mark kaufte, sah wieder alles trostlos aus. Doch einiges war noch zu retten, zum Beispiel die Fresken im Gotischen Raum, die einem Sohn Tilman Riemenschneiders zugeschrieben werden.

In zehn Jahren habe er Hunderttausende von Mark und soviel Energie wie auf seinen Expeditionen in die Restaurierung gesteckt, sagt Messner. Viel habe er selbst gemacht, zum Beispiel die Dächer gedeckt. 200000 Mark kostet der Erhalt pro Jahr. Auch deshalb wohl die Öffnung für Besucher. »Ein zweischneidiges Schwert, aber eine Notwendigkeit«, räumt Messner ein. Im Juli und August schreibt er an seinen Büchern, läßt im Gästeturm befreundete Künstler in Ruhe arbeiten. Im Winter zieht er dann zu seiner Familie nach Meran. Es sei ökologisch unsinnig, die Burg zu beheizen, meint der Hausherr, der sich über Jahre den Ruf eines schwierigen Menschen erwarb, inzwischen aber als guter Mittfünfziger abgeklärt und durchaus umgänglich wirkt, wenn er nicht gerade vehement auf das Thema Bürokratie zu sprechen kommt – oder auf Leute, die Kühe hin und her fahren, um EU-Subventionen abzusahnen.

Gegen den Tourismus hat Messner im Prinzip nichts zu granteln. »Tourismus in bestimmten Grenzen ist die einzige Chance, die wir Südtiroler haben.« Man müsse aber mehr Qualität entwickeln, um den Tourismus »intelligent« zu machen. Dazu gehöre auch, daß man Seilbahnen, die sich finanziell nicht selbst tragen, verschrotte, statt sie zu bezuschussen. Das Geld sollte man besser den armen Bergbauern geben. »Viele können nicht überleben in 1500 m Höhe – und kleine Bauern haben keine Lobby.«

Extrem-Bergsteiger Reinhold Messner mit Milarepa-Statue im Schloß Juval.

Warum rackert sich einer wie Messner ab, um eine Burg zu restaurieren? »Ein Weltenbummler braucht eine feste Burg, einen sicheren Platz, ein warmes Nest«, ist seine Erklärung. Die Burg will er seinen Kindern bewahren, aber so, daß sie sich nicht um den Erhalt kümmern müssen. Die Burg müsse sich selbst tragen, weil er eben »sehr gefährlich« lebe. Von seinen Abenteuern will er nicht lassen, aber auch die Burg nicht aufs Spiel setzen wegen einer verrückten Idee. Deshalb werde er finanziell nicht mehr alles riskieren. Ansonsten aber sieht er sich weiter als »Grenzgänger«. Rekorde interessieren ihn angeblich nicht. Was er in Angriff nehme, müsse »schwierig, lebensgefährlich, anstrengend und ausgesetzt« sein. Warum lebensgefährlich? »Weil es sonst kein Grenzgang ist. Die Kunst des Grenzgangs ist das Überleben.«

Ebenso groß wie sein Hang zum Abenteuer muß Messners Sammelleidenschaft sein. Und das, was er in 25 Jahren zusammengetragen hat, macht Juval für den Besucher zum »exotischen« Juwel: in den Schloßhöfen Skulpturen aus Indien und Tibet, an allen Außentüren tibetische Türklopfer, in der Hauskapelle religiöse Symbole aus drei Jahrtausenden Hinduismus, Buddhismus und Christentum, im »Saal der Freude« eine weltweit einmalige Sammlung zu Cesar Ling, einer tibetischen Sagenfigur, im ehemaligen Festtrakt eine Maskensammlung aus vier Kontinenten, Buddha-Figuren im Gotischen Raum, außerdem eine einzigartige Kollektion von Tantra-Kunst aus Tibet, Nepal und Bhutan (Messner: »Tantra ist eine vorlamaistische Lebenshaltung«).

Messners Lieblingsphilosoph Milarepa erhielt einen Ehrenplatz in der »Höhle der Erleuchtung«. An einem besonderen Platz hängt auch ein Bild, das Luis Trenker von Schloß Juval malte. Trenker besuchte Messner auf dessen Burg häufiger in seinen letzten Lebensjahren, obwohl dieser zu ihm, wie er heute sagt, »ein zwiespältiges Verhältnis« hatte. Besichtigen kann man im Expeditionskeller Messners Ausrüstungen, und im Bergfried hat der Hausherr in vier Etagen eine Galerie mit Bergbildern aus aller Welt eingerichtet.

Vier Familien leben »auf dem Hügel«, zu dem ein Bio-Bauernhof mit Buschenschank gehört, eine »Schloßwirtschaft«. Man hat eigenes Getreide, bäckt eigenes Brot. Das Weingut soll hochwertige Produkte liefern. Um die Burg siedelte Messner Tiere aus aller Welt an – schottische Hochlandrinder, Alpacas, Lamas, Kashmir-Ziegen. Nur seine Yaks muß er oben in Sulden weiden lassen. Juval liegt nicht hoch genug für die Zotteltiere.

Folgende Doppelseite: Beim traditionellen Scheibenschlagen im Vinschgau, einem der ältesten Bräuche in Südtirol, mit dem der Winter vertrieben und die Sonne herbeigeholt werden soll. Holzscheite werden angebrannt und mit Stöcken um die eigene Achse geschwungen.

Mit dreitausend Schafen im Gletschereis – Viehtrieb über die Ötztaler Alpen

Im fahlen Licht der Morgendämmerung wallen Nebelschwaden um den Tiesenhof, einen der ältesten Bergbauernhöfe Südtirols, der hoch über Obervernagt über dem Schnalstal liegt. Die Wolken hängen bis tief herunter, lassen kein gutes Wetter erwarten für diesen Tag, den aufregendsten Tag, den es alljährlich im Schnalstal gibt. Wäre nicht rings um mich herum das unentwegte Blöken, ich würde im diffusen Nebel das weiß-graue und braune Gewoge kaum vom Nebel unterscheiden können. So aber weiß ich, es sind Schafe, Tausende von Schafen, die jetzt, lange vor Sonnenaufgang, an diesem Junimorgen aus ihren Pferchen gelassen werden und anscheinend ziellos dem Tiesental zustreben.

Bilde ich es mir nur ein, oder sind die Tiere wirklich unruhiger als an den Tagen vorher, an denen sie von allen Seiten von kleinen und großen Trupps, zu Fuß oder auch mit dem Viehtransporter ins Schnalstal gebracht wurden? Ahnen sie etwas von den Strapazen, die ihnen heute bevorstehen, wenn sie nach uraltem Brauch über die Joche, Scharten und Gletscher der Ötztaler Alpen über die Grenze hinüber nach Österreich, nach Nordtirol ins Ötztal, auf ihre Sommerweiden getrieben werden? Die Hirten jedenfalls wissen, was ihnen bevorsteht. Und gestern abend haben sie in ihren Quartieren im Tiesenhof ausgewürfelt, wer an diesem Morgen als erster seine Herde über den fußbreiten Steig durch metertiefen Schnee auf das mehr als 3000 m hohe Niederjoch bringen soll. Denn der Treck über die Pässe der Ötztaler Alpen ist für die Hirten das schwerste Stück Arbeit des Jahres.

Jahr für Jahr wiederholt sich das Schauspiel, wenn zwischen dem 15. und 20. Juni mehrere tausend Schafe aus dem Schnalstal über die Gletscher an Hochjoch und Niederjoch nach Nordtirol getrieben werden. Es sind aufregende Tage in dem um diese Jahreszeit noch so stillen Südtiroler Tal, wenn tagelang große und kleine Schafherden in Obervernagt und Kurzras zusammengetrieben werden, oft auf tagelangen Märschen von entlegenen Bergdörfern oder einsamen Talsiedlungen des Vinschgaues. Während der Übergang über das Hochjoch von Kursras bis ins Rofen- und mittlere Ötztal heute an Bedeutung verloren hat, müssen von Obervernagt aus noch Tausende blökender Tiere den langen und mühevollen Weg zum Paß hinauf und über die Gletscher zur Sommerweide.

Seit Jahrhunderten besitzen die Südtiroler Bauern Weiderechte auf Nordtiroler Hochalmen des mittleren und inneren Ötztals. Und allen Kriegen, neuen Grenzen und sonstigen Veränderungen zum Trotz nutzen sie diese Rechte noch immer, ja in den letzten Jahren wurden es sogar immer mehr Schafe,

Special: Bergbauernhöfe im Schnalstal

Immer noch gibt es in diesem Tal Bergbauernhöfe, die durch keinen Weg, nicht einmal einen schmalen Güterweg, mit der Außenwelt verbunden sind. Dazu gehören der Saxalberhof, der Tiesenhof, der Raffeinhof. Den Finailhof indessen, bis vor wenigen Jahren noch unzugänglich und höchstgelegener Kornhof Europas, verbindet heute ein privates Fahrsträßchen mit der Außenwelt. Was bis vor ein paar Jahren nur wagemutige Kletterer unternahmen, nämlich im Winter über vereiste Pfade hinaufzusteigen zum »Finailer«, wie man im Tal sagt, um zu einer Speckjause einzukehren, ist heute bequem zu schaffen. Der Finailhof gilt als ältester Bauernhof ganz Tirols. Wie alt genau er ist, vermag niemand zu sagen. In der Tiroler Geschichte hat er jedenfalls eine bedeutende Rolle gespielt.

Als im Jahre 1416 das Konzil zu Konstanz den Tiroler Herzog Friedrich, genannt Friedl mit der leeren Tasche, ächtete, mußte dieser fliehen und verbarg sich ein halbes Jahr auf dem unzugänglichen Hof, wo er als Hirte lebte. Bei seinem Weggang soll er den Bauersleuten seinen silbernen Trinkbecher und ein silbernes Eßbesteck geschenkt haben.

Winterurlaub im Schnalstal heißt Begegnung mit der Kultur der Bergbauern, deren braunverwitterte Höfe oft wie Adlerhorste über dem Tal hängen. Wanderungen von einem zum anderen sind ein lohnendes Vergnügen, wenn man nicht gerade eines der nur zu Fuß erreichbaren Anwesen ansteuert. Aber wer einen der oft Jahrhunderte alten Höfe besucht und die Bäuerin mit einem freundlichen »Grüß Gott« fragt, ob man auch einen Blick ins Innere werfen darf, wird nicht abgewiesen werden, denn fast jede Schnalstaler Bäuerin ist stolz auf ihre kunstvoll getäfelte Stube mit ihren schönen alten Möbeln.

die gleichsam als »Sommerfrischler« von Italien nach Österreich gehen. Mancherlei bürokratische Hindernisse müssen immer noch genommen werden, doch sind die Zeiten vorbei, da auf der Paßhöhe, mehr als 3000 m hoch an der Grenze, ein Großaufgebot von Zöllnern und Finanzern, Veterinären und Schäfermeistern beider Länder die Tiere kontrollierten.

Langsam steigt das Tiesental an, durch das im Morgengrauen die ersten Tiere unterwegs sind. Fast 2000 Höhenmeter müssen in den nächsten Stunden überwunden werden. Mit Skepsis beobachte ich, wie sich schon bald in die ziehenden Nebelschwaden die ersten Schneeflocken mischen. Den Tieren macht das noch nichts aus, sie ziehen in breiter Front durch das Tal, rupfen hier und da ein paar Halme. Doch schließlich sind die letzten Grasflächen verschwunden, sind die ersten Schneefelder erreicht. Die Tiere wollen den Schnee umgehen, bleiben blökend stehen. Weder mit guten Worten noch mit derben Flüchen, weder mit Stockhieben noch mit Fußtritten und Steinwürfen sind sie dazu zu bewegen, das Schneefeld zu betreten.

Inzwischen sind aus den formlosen Wolkenfetzen handfeste Wolken stiebenden Schnees geworden. Die Flocken wirbeln und tanzen um uns, verkleben die Augen der Menschen, setzen sich im Pelz der Schafe fest. Wohin der Weg, den wir schon lange nicht mehr erkennen können, führen soll, was hinter oder über den wirbelnden Flockenwänden ist, läßt sich jetzt nicht mehr feststellen.

Schließlich packt einer der Hirten einen starken Bock, schleppt ihn in den Schnee. Bis an den Bauch sinkt das Tier ein. Mühsam, Meter für Meter zieht der Mann das Schaf aufwärts und vorwärts, dem Niederjoch entgegen, das in diesem Augenblick unerreich-

Die Belohnung für die Plackerei durch tiefen Schnee sind saftige Sommerweiden.

bar hoch und fern erscheint. Nach fünfzig Metern sind Mensch und Tier erschöpft, bleiben stehen. Da, der zwangsweise als Leithammel Rekrutierte rafft die letzten Kräfte zusammen und hoppelt durch den tiefen Schnee zur Herde zurück. Flüche, Schreie, Stockschläge nützen nichts.

Die Männer stärken sich, lassen eine Flasche herumgehen, dann wird ein neuer Versuch gemacht, ein anderes Schaf aufwärtsgeschleppt, muß seine Spur und seine Witterung in den Schnee schleifen. Endlich, langsam, zögernd noch folgen unter massivem Druck der Hirten die ersten Tiere, stapfen langsam vorwärts. Schließlich drängt die Herde vorwärts, einer dunklen Masse entgegen, die sich durch Nebel und Schneetreiben schließlich als Felsmassiv herausschält, durch das irgendwie und irgendwo ein schmaler Steig nach oben führen muß. Die letzten Tiere der Herde haben nun einen fest ausgetretenen Pfad, dem sie schneller folgen.

Ich bin ein Stück vorwärtsgestiegen, folge dem Pfad, der unter dem Schnee nur mit Mühe auszumachen ist, halte mich an die rot-weißen Markierungen, die ich hier und da zwischen tanzenden Flocken an den Felsen wahrnehmen kann. Dann, an einer Biegung setze ich mich in den Schnee, warte auf die Schafe, die sich irgendwo da unten als langsamer Wurm vorwärtsbewegen. Merkwürdig, je höher wir geraten sind, desto mehr läßt das Schneetreiben nach, jetzt ziehen nur noch die Nebelfetzen um mich herum.

Unendlich langsam kommt die Herde näher. Schon von weitem ist das Keuchen der Hirten, das Blöken und Glöckchenbimmeln der Tiere zu hören. Dann tauchen sie aus dem Nebel auf, zögernd, widerwillig die ersten Tiere, schneller drängend und von den anderen vorwärtsgetrieben die nächsten. Weiße, schwarze und braune Schafe, mit roten, blauen oder grünen Farbflecken auf dem Rücken, an denen sie auseinandergehalten werden können. Der Schnee reicht ihnen bis an den Bauch, manchmal bis an den Rücken. Das Fell ist schneeverkrustet, um die Nüstern hängt ihnen weißer Reif. Sie tauchen aus dem Nebel auf, nehmen Gestalt an und verlieren sich wieder im Nebel weiter nach oben. Sechs Stunden nach dem Aufbruch beim Tiesenhof kommen die ersten Tiere auf dem Niederjoch bei der Similaunhütte an. In diesen Tagen des Schafübertriebes ist die Hütte bewirtschaftet, der Hirten und etwaiger schaulustiger Touristen wegen, die bei gutem Wetter vor allem aus dem österreichischen Ötztal heraufgestiegen kommen, um das in den Alpen einzigartige Schauspiel zu erleben.

Der Hüttenwirt hat die letzten paar hundert Meter des Pfades freigeschaufelt, sonst würden die erschöpften Tiere wohl nicht mehr vorwärtskommen. Gezogen, getrieben, so kommen die ersten paar Dutzend Schafe auf der Paßhöhe an, werden gleich hinter der Hütte bei dem Steinmann, der die Grenze markiert, »geparkt«. Von selber gehen sie keinen Schritt mehr weiter im Schnee. Ein paar Meter hinter dem Steinmann flattert die rot-weiße Fahne Österreichs vor einer kleinen Grenzwachhütte in den Felsen. Doch die Hütte ist nicht beheizbar, die österreichischen Grenzer sitzen in der warmen Similaunhütte bei Rotwein und Kartenspiel und warten auf die Schafe, deren Grenzübertritt sie eigentlich kontrollieren sollen.

Doch das hat Zeit. Die Hirten dieser ersten Herde sinken total erschöpft in der Hütte an den Tisch, wecken die Lebensgeister wieder mit Obstler und Gulasch. Und versichern, dieser Tag bedeute das härteste Stück Arbeit des ganzen Jahres. Die anderen, die nach ihnen kommen am Nachmittag und am nächsten Tag, haben nur noch die halbe Arbeit, zumindest solange nicht allzuviel Neuschnee Pfad und Spur zudeckt. Und der Abstieg über den sanft geneigten Gletscher und die Moräne hinunter ins Niedertal zur Martin-Busch-Hütte ist dann nur ein erholsamer Gang, auch wenn der Leithammel weiter spuren muß und gezogen wird.

Später bringt ein Kasten des Materialliftes, der die Similaunhütte mit Obervernagt verbindet, die neugeborenen Lämmer der letzten Nacht herauf, die dann von den Hirten über das Eis ins Niedertal getragen werden. Von der Similaunhütte aus schauen wir auf den schier endlosen Zug großer und kleiner, weißer, brauner und schwarzer Schafe, in allen Farben markiert, die keuchend zwischen den Felsen auftauchen, an der Hütte vorbeiziehen und dann später jenseits der Grenze über den weißen Firn des Gletschers ins Niedertal hinabtrotten. Zwei Tage lang kommt so Herde um Herde herauf, bis die letzten Tiere an dem Grenzschild vorbei sind, auf dem zu lesen ist, daß nur Fußgänger hier oben die Grenze überqueren dürfen. Gar nicht lächerlich, wie man eigentlich glauben könnte, denn vor ein paar Jahren haben besonders eifrige Moto-Cross-Fahrer versucht, auf den Spuren der Schafe über die Grenze zu kommen.

Bilder wie in alten Zeiten: Vinschgauer Schafe werden vom Schnalstal über einen 3000 m hohen Paß zu den Ötztaler Almen getrieben.

Informationen: *Vinschgau und der Westen*

i: Vinschgau Tourismusverband, Kapuzinerstraße 10, I-39028 Schlanders, Tel. (0473) 620480, Fax 620481, E-mail: vinschgau@suedtirol.com.

Regionale Touristenbüros

i: Tourismusverband Schnals, I-39020 Schnalstal, Tel.(0473) 679148, Fax 679177.

i: Kastelbell-Tschars, Tel. (0473) 624193, Fax 624559.

i: Schlanders, Göflanerstraße 27, I-39028 Schlanders, Tel. (0473) 730155, Fax 621615.

i: Ortlergebiet, I-39029 Sulden, Tel. (0473) 613015, Fax 613182.

i: Schluderns, I-39020 Schluderns, Tel. (0473) 615258, Fax 615444.

Sehenswürdigkeiten

❍ *Schloß Juval*, Kastelbell/Tschars. In der um 1278 von Hugo von Montalban erbauten Burganlage sind verschiedene von Reinhold Messner zusammengetragene Kunstsammlungen zu besichtigen: Tibetika-Sammlung, Bergbildgalerie und Masken aus fünf Kontinenten. Führungen: Palmsonntag bis Juni und Sept.–Nov. Do–Di 10–16 Uhr. Sonderführungen nach Anmeldung unter Tel. (0473) 221852, Mo–Fr 9–12 Uhr. Es gibt keine Parkmöglichkeit am Schloß; bitte zu Fuß gehen oder den Shuttle-Bus ab Schnalserhof (tgl. außer Mi) benutzen. Per pedes ist das Schloß von Tschars und Altrateis, Staben und Schnalserhof in jeweils einer Stunde zu erreichen.

❍ *Kloster Marienberg*, Mals/Burgeis. Die barocke Stiftskirche in dem um 1200 entstandenen Kloster ist die einzige dreischiffige im Vinschgau. Führungen Juli–Okt. Mo–Fr, Tel. (0473) 831306.

❍ *Churburg*, Schluderns. Renaissance-Schloß mit weltberühmter Rüstkammer. Führungen Ende März bis Ende Okt. tgl. außer Mo 10–12 Uhr und 14–16 Uhr.

❍ *St.-Sisinius-Kirche*, Laas. Einer der ältesten vorromanischen Sakralbauten des Tales. Der Schlüssel ist im Pfarrhaus erhältlich.

❍ *Spitalkirche zum Heiligen Geist*, Laatsch. Das bedeutendste gotische Kunstdenkmal des Vinschgaus mit Flügelaltar von Jörg Lederer (1524). Der Schlüssel ist im Altersheim Annabergheim erhältlich. Führungen: Mo um 16 Uhr, Treffpunkt: Tourismusbüro Latsch.

❍ *St. Benedikt*, Mals. Bau aus dem 8. Jahrhundert mit den ältesten Fresken des deutschsprachigen Raums. Der Schlüssel ist im Haus Nr. 31 erhältlich. Geöffnet Mo–Sa 9–11.30 und 13.30–17 Uhr.

❍ *Rojen-St. Nikolaus*, Reschen. 1358 geweihte Kirche mit ausdrucksstarker Kreuzigungsdarstellung. Der Schlüssel ist im Gasthaus Rojen erhältlich.

❍ *Kuratialkirche Göflan*, Schlanders. Diese 1465 umgebaute ursprünglich romanische Kirche beherbergt drei Flügelaltäre aus dem 15. Jahrhundert von Jörg Lederer. Geöffnet nur zu Meßzeiten, Tel. (0473) 730260.

Verschnaufpause in Glurns, der einzigen komplett ummauerten Stadtfestung ganz Tirols.

❍ *Pfarrkirche Maria Himmelfahrt*, Schlanders. Nach dem Brand von 1499 wurden beide Gebäude wiederaufgebaut und im neubarocken Stil restauriert. Der Kirchturm ist das Wahrzeichen von Schlanders. Beide sind tgl. geöffnet.

❍ *St. Johann*, Taufers/Münstertal. Romanische Gemälde. Der Schlüssel ist im Nachbarhaus erhältlich.

❍ Vinschger Museum, Schluderns. Typische Vinschger Themen im Kontrast zur feudalen Welt der benachbarten Churburg. Überblick über die 4000 Jahre alte Geschichte des Vinschgaus. Geöffnet: Apr.–Okt. tgl. außer Mo.

Veranstaltungstips

❍ *Scheibenschlagen*, Reschen. Am Abend des ersten Fastensonntags (März) wird dieser Fruchtbarkeitsbrauch aus rätischer Zeit begangen, indem glühende Holzscheite über die abschüssigen Felder geschlagen werden. Dabei werden überlieferte Verse gesprochen, um dem Schläger Glück zu bringen, aber auch um den Winter zu vertreiben.

❍ *Schafübertrieb*, Schnals im hintersten Schnalstal. Der wohl einzige noch traditionell durchgeführte Almauftrieb in Südtirol. Auf beschwerlichen Pfaden werden die Schafe Mitte Juni über Gletscher zu den im Ötztal liegenden Sommerweiden geführt. Anschließend wird kräftig gefeiert. Der Almabtrieb findet im September statt.

Wandertip: *Sulden – mit dem Bergführer auf den Ortler*

Von der Madritschhütte reißt man sich so schnell nicht los. Nicht nur weil man sich nach dem Aufstieg von der Schaubachhütte hier ausruhen möchte, sondern weil die Aussicht so faszinierend ist. So einzigartig wie die Hütte selber, die seit fast zehn Jahren auf dem sogenannten Schöntaufböden hoch oberhalb des kleinen Bergdorfes Sulden als architektonisches Schmuckstück unter den Schutzhütten der ganzen Alpen steht. Einige der berühmtesten Berggestalten der Ostalpen sind von der Terrasse aus fast zum Greifen nahe: die Königsspitze, der alles beherrschenden Ortler, mit 3902 m höchster Gipfel der Ostalpen außerhalb der Schweiz.

Schon Anfang des Jahrhunderts zog es motorisierte Bergfreunde nach Südtirol – Einsamkeit gab es damals auch noch auf der Straße.

Irgendwo zu Füßen dieses Riesen, von der Hütte aus nicht sichtbar liegt Sulden. Beim Hinabgleiten mit der großen Kabine der Seilbahn oder beim Hinabgleiten von der Schaubachhütte talwärts sieht man es dann in der Tiefe liegen, das kleine, knapp 350 Einwohner zählende Dorf, eine Fraktion der Gemeinde Stilfs. Von oben sieht es aus, als hätte ein Kind beim Spielen seine Häuschen in die Wiesen gestellt.
Trotz der extremen Hochgebirgsumrahmung von Berg- und Eisriesen bietet es überraschend viele Möglichkeiten für bequeme Bergwanderungen, durchaus nicht nur für mühsame Hochtouren. Das verdankt der Ort seinen Seilbahnen, die nach drei Seiten die Höhen erschließen, nach Osten zur Kanzel, nach Westen zum Langenstein, vor allem aber nach Süden mit der großen Kabinenbahn zur Schaubachhütte.
Von hier aus eröffnen sich allerdings vor allem hochalpine Wandertouren. Zur Madritschhütte zunächst, wo der Wanderer auf dem Weg zottige, schwarze Rinder trifft. Es sind echte Yaks, die der Südtiroler Bergsteiger Reinhold Messner vor einigen Jahren aus Tibet hierher nach Sulden gebracht hat. Wer gute Kondition, Ausrüstung und Erfahrung hat, kann von der Madritschhütte (keine Übernachtungsmöglichkeiten) weiter hinaufsteigen zum Madritschjoch und jenseits hinab ins wildromantische, nur wenig vom Fremdenverkehr berührte Martelltal.
Ein hervorragendes Ziel von der Schaubachhütte aus ist auch die in gut zwei Stunden Gletschertour erreichbare 3254 m hoch gelegene Cassatihütte, Ausgangspunkt für Gipfeltouren auf den 3769 m hohen Cevedale, einen der schönsten Berge im Ortlergebiet. Allerdings kann man solche Touren nur mit einem erfahrenen Bergführer machen. Im Zusammenhang mit hochalpinen Touren darf der Begriff »leicht« allerdings nicht mißverstanden werden ...
Auch »König Ortler« kann man von der Schaubachhütte aus zu Leibe rücken. Der schwierige Aufstieg führt über die Hintergrathütte, die 1893 von einem russischen Fürsten den Suldner Bergführern gestiftet wurde. Leichter geht es über Payer- und Tabaretthütte, zu denen der Langensteinlift den Aufstieg wesentlich verkürzt. Auch über diese Route ist der Ortler nicht leicht zu erreichen. Alpinisten stufen die Tour als mittelschwer ein. Grund genug, nur mit einem Bergführer aufzusteigen. Die leichteste Hüttentour von Sulden aus dürfte die Tour zur heute Zaytalhütte genannten Düsseldorfer Hütte sein, die 1865 von der Sektion Düsseldorf des Deutschen Alpenvereins gebaut wurde.
Fährt man von Sulden aus mit dem Sessellift zur Kanzel hinauf, wo man dem Ortler Aug' in Aug' gegenübersteht, hat man den größten Teil des Aufstieges schon geschafft und den Rest der Tour zur Düsseldorfer Hütte als leichte, bequeme Wanderung vor sich.
In den Bergen rund um Sulden, das sich an klaren Frühherbsttagen mit der berühmten, klaren Luft und Fernsicht von den Bergen als idealer Urlaubsort für Bergwanderungen erweist, ahnt man immer noch etwas von der Wildheit dieses Tales zu früheren Zeiten. Noch Anfang des 19. Jahrhunderts berichtete das Innsbrucker Wochenblatt vom Suldental als dem »Sibirien Tirols«. In diesem abgelegenen und unzugänglichen Bergtal äßen, laut diesem Bericht, die Bauern und die Bären aus einer Schüssel, und die Kinder ritten zum Zeitvertreib auf wilden Wölfen einher. Bunte Malereien an den Außenwänden des Posthotels in Sulden zeigen diese Szenen.
Erst 1882 wurde der Saumweg von Gomagoi nach Sulden so weit eingeebnet, daß er im Sommer mit zweirädrigen Karren befahren werden konnte. Heute führen von Gomagoi an der Stilfserjochstraße zwei Straßen nach Sulden hinein, weil im Winter immer wieder die eine Straße von Lawinen verschüttet wurde. Davor braucht sich der Besucher im Sommer nicht zu fürchten.

Im Herzen Südtirols – Zwischen Bozen und Meraner Land

Ein Festival fürs Auge: der Bindertanz. Beim österlichen »Bauerngalopprennen« in Meran kann man ihn sehen.

Das Sarntal – Alpenrosen, Trachten und Haflinger-Rosse

»Ihr herren und gest, ir sollt mir all wilkummen sein ...«, verkündet schon seit 600 Jahren eine Dame mit einem Trinkbecher in der Hand den Gästen auf Burg Runkelstein. Leider ist der Becher nur zweidimensional und nicht gefüllt mit Südtiroler Wein. So müssen wir uns damit begnügen, die Dame als das zu nehmen, was sie nun einmal ist: als Teilstück einer der edelsten und großartigsten gotischen Profanfresken, die aus dem Mittelalter erhalten sind.

Wehe dem kunsthistorisch interessierten Reisenden, der unterwegs ist zwischen Bozen und Sarntal und nicht allzuviel Zeit hat. Die Burg Runkelstein kann ihn rasch einen ganzen Tag kosten. Auf einem über der Talfer senkrecht ins Wasser abstürzenden Felsen gelegen, scheint sie am Eingang zur Sarner Schlucht der Inbegriff der romantischen Ritterburg zu sein. Die Bozner Bürger Niklas und Franz Vintler kauften 1385 die hundert Jahre zuvor eroberte und ausgeplünderte Festung und ließen sie mit einem einzigartigen Freskenzyklus der ritterlichen Welt und ihrer modischen Damen ausschmücken. Diese Bilder faszinierten schon die Herrscher des Mittelalters: Kaiser Maximilian I. war so beeindruckt, daß er eine Art frühester Denkmalpflege betreiben ließ und 1508 den Auftrag gab, die Fresken zu restaurieren. Und Kaiser Franz Joseph verfügte 1884 eigenhändig die Rettung der weitgehend verfallenen Burg.

Durch 24 kurze und lange Tunnel zwängt sich die Straße von Runkelstein durch die burgengekrönte Sarner Schlucht ins Sarntal hinein. Weite grüne Almen bestimmen das Bild des heute noch immer weitgehend landwirtschaftlich geprägten Tales. Die Waldstücke, die die Hänge hier und da durchsetzen, künden vom zweiten Standbein der Sarner Wirtschaft, dem seit alters hier betriebenen Holzhandel. Hier und da, mal höher und mal tiefer am Hang hingestreut, eine Handvoll Häuser, zum Teil uralte Bauernhöfe. Alte Burgen und freskenreiche Kirchen setzen die Akzente, und in respektvoller Entfernung, weit genug, daß die ganze Szenerie nicht beengend oder gar bedrohlich wirkt, wird das Ganze bekrönt von den allmählich aufsteigenden Gipfeln und Graten der Sarntaler Alpen.

Ein Bilderbuchtal also? Auf den ersten Blick sicherlich. Und bei jedem Besuch in diesem Tal zwischen Penser Joch und Bozen, immer noch ein wenig versteckt in den Bergen der Sarntaler Alpen, finden wir es bestätigt, daß das Sarntal wohl das »deutscheste« aller Täler südlich des Brenners ist und das bäuerlichste dazu. Natürlich hat die Bilderbuchidylle bei näherem Hinsehen dunkle Flecken. Nur von der Romantik alleine kann auch in Südtirol heute kein Bauer mehr existieren, mag sein Hof noch so malerisch gelegen, noch so viele Jahrhunderte alt sein und in seinem Inneren noch so museumsreife gotische Stuben haben wie etwa der Heishof in Muls. Auch aus dem Sarntal müssen heute immer mehr Menschen zur Arbeit nach Bozen hinüber pendeln, können die Landwirtschaft noch als Nebenerwerb betreiben und hoffen darauf, daß auch in ihrem Tal der Fremdenverkehr mehr als bisher zu einer soliden wirtschaftlichen Grundlage wird.

Die landschaftlichen und kulturellen Voraussetzungen dafür sind ohne weiteres gegeben, so daß wir uns bei Besuchen des Tales schon häufig gefragt haben, warum es bisher noch so wenig bekannt ist. Der Zugang mag eine Rolle spielen, denn von Oktober bis Juni ist das Sarntal nur von »unten her«, also von Bozen aus, zu erreichen. Die Paßstraße von Sterzing über das Penser Joch ist nur in den Sommermonaten geöffnet. Und wenn auch diese Straße heute durchgehend asphaltiert ist, dem 1935 unter Mussolini als Militärstraße angelegten Zugangsweg von Norden haftet immer noch der Ruf an, nur schwer befahrbar zu sein.

Ein weiterer Grund mag in der Mentalität der Sarner selber liegen. Wie überall, wo Menschen in schwer zugänglichen Tälern leben, gelten auch die Sarner als konservativ, als allem Neuen gegenüber zurückhaltend. Solche Zurückhaltung hat natürlich auch ihr Gutes. Und der Besucher des Tales, der Durchreisende und erst recht der, der länger bleibt, nimmt es staunend und geradezu dankbar zur Kenntnis: Dieses Tal wirkt wie ein lebendiges Brauchtumsmuseum. Wo sonst in Südtirol, ja überhaupt in den Alpen, ist der sonntägliche Kirchgang noch eine so selbstverständliche Demonstration alter Trachtentraditionen wie in Sarnthein (Sarentino), dem Hauptort des Tales?

Der Sonntagskirchgang in Sarnthein, dem »Dorf«, wie die Sarntaler es nennen, gleicht einem Trachtenfest. Männer und Frauen, junge und alte, kommen ganz selbstverständlich in der Tracht des Tales daher, viele von ihnen legen sie auch unter Woche nicht ab. Reich verziert die Schuhe der Frauen, die Gürtel und Hosenträger der Männer mit Federkielstickerei aus Pfauenfedern. Kaum ein Sarner Bauer in seiner dunklen Lodentracht ohne den dunklen Filzhut, umwickelt mit den berühmten farbigen »Signal-

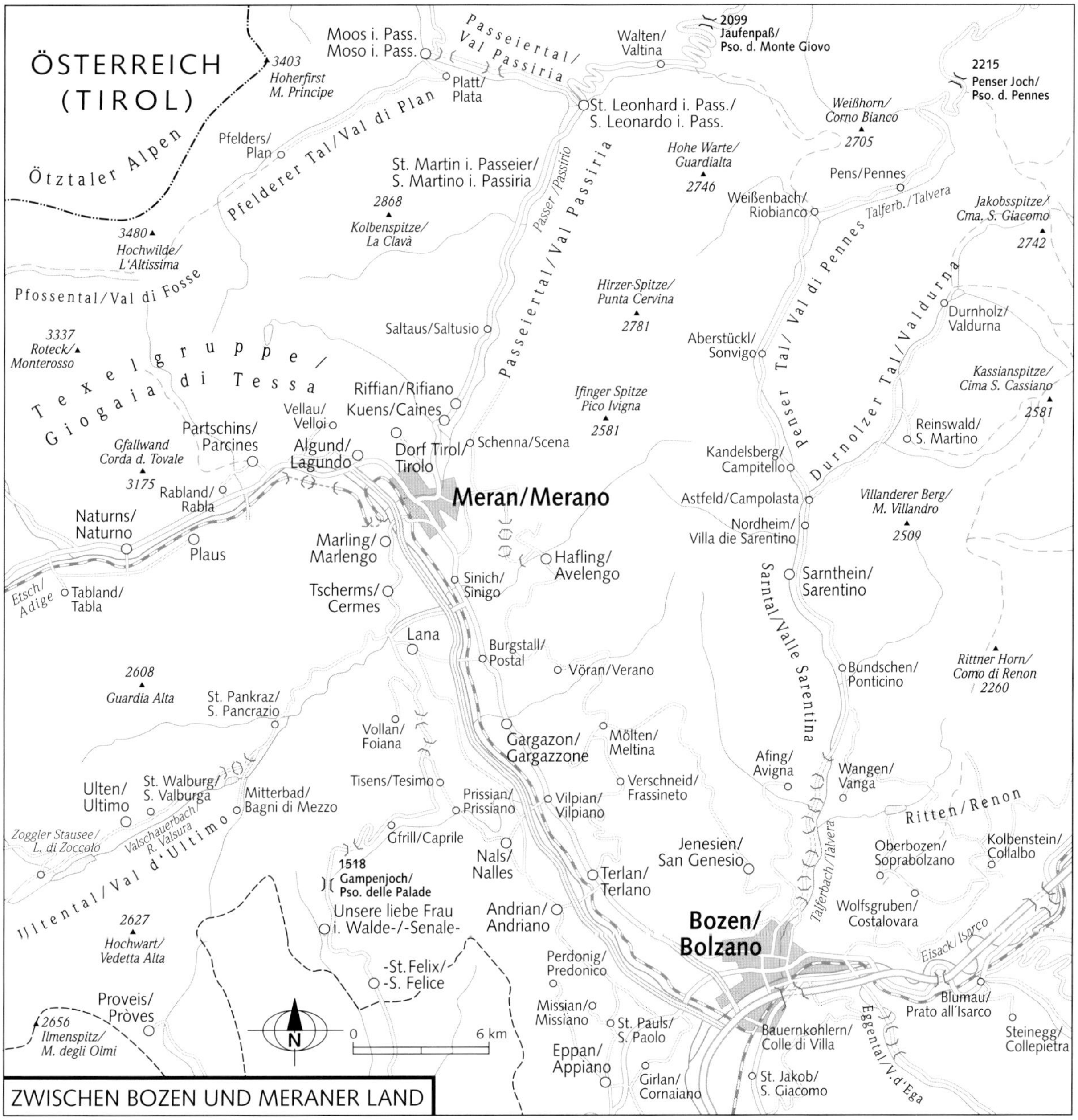

schnüren«. Grüne Schnüre sind das Zeichen verheirateter Männer, rote Schnüre dagegen signalisieren, daß der Hutträger ein »Bue«, also noch zu haben ist, gleichgültig ob er 19 oder schon 90 Jahre alt ist.

Nach dem Gottesdienst öffnen in Sarnthein die Geschäfte. Für viele Bergbauern, die nur am Sonntagmorgen von ihren oft hoch und einsam gelegenen Höfen ins Tal herabkommen, bietet sich dann die einzige Gelegenheit zum Einkaufen. Und so drängen sich die Bäuerinnen in weiten, bunten Röcken, den Rucksack auf dem Rücken und die Kinder an der Hand, an den Verkaufsregalen. Derweil kehren die Männer in der »Post« oder im »Hirschen« ein, diskutieren Viehpreise oder arrangieren auch heute noch gelegentlich eine Hochzeit, auf daß auf den einsamen Höfen alles beim Altgewohnten bleibe.

Immer wieder kommt dabei das Gespräch auf das Lieblingstier der Sarntaler Bauern, das Haflinger-Pferd. Ist doch das versteckte Tal die eigentliche

Heimat dieses anspruchslosen und klugen blonden Kaltblüterponys, das auch heute noch in der Landwirtschaft der Bergbauern eine wichtige Rolle spielt. Die Klugheit dieser genügsamen Tiere ist sprichwörtlich. »Das Haflinger-Rößl macht alles, versteht alles und kann alles; nur Zeitung lesen kann es nicht«, ist der bekanntgewordene Ausspruch eines Obmannes der Haflingerpferde-Zuchtgenossenschaft. Als Urvater der Haflinger gilt der 1874 in Schluderns im Vinschgau geborene Hengst »249 Folie«. Die Zucht verlagerte sich von hier nach Hafling (Avelengo), und später ins Sarntal, aus dem die kleinen Pferde heute nicht mehr wegzudenken sind. Früher ließen es sich die Bauern des Tales nicht nehmen, das Geschirr ihrer Haflinger mit Federkielstickerei verzieren zu lassen – ein Luxus, den sich heute kaum einer noch leistet.

Überraschend reich ist das Sarntal an kunsthistorischen Sehenswürdigkeiten. Nicht nur Schloß Runkelstein ist ein besonderer Höhepunkt. Meisterhafte mittelalterliche Fresken finden sich auch in der Cyprianskirche in Sarnthein, zu der man sich den Schlüssel im Gebäude neben dem Pfarrhaus besorgen muß. Unbedingt ansehen sollte man sich auch den 600jährigen Moserhof, das aus dem Jahre 1490 stammende Gerichtshaus in Sarnthein und das »Richtarstübeli« im Morgenstätterhof am Riedelsberg.

Rechte Seite: Sarntaler Burschen in traditioneller Tracht. Das Rot der Bänder signalisiert, daß sie noch »zu haben« sind.

Tagelang lassen sich Wanderungen vom Tal aus über die Mittelgebirge zu beiden Seiten bis hinauf zum Penser Weißhorn oder zum Hirzer Joch ausdehnen, schönste Ziele dabei: die vielen einsamen Bergseen des Sarntales, umrahmt von Alpenrosen, Bildstöcken und weidenden Haflingern. Eine Idylle des Sarntales ist der Durnholzer See. Berge, Wolken und der spitze Kirchturm von Durnholz spiegeln sich in dem forellenreichen, stillen Gewässer. Neben der Kirche liegt das Widum, das einzige Pfarrhaus. Es ist eine Gastwirtschaft, die früher vom Pfarrer selber betrieben wurde. Als einzige Seilbahn des Sarntales liftet die Gondelbahn von Reinswald in wenigen Minuten zur Pfnatschalm, ermöglicht weite Wanderungen bis hinüber nach Brixen und Klausen im Eisacktal.

Sarntal – der sonntägliche Kirchgang ist wie eine Demonstration alter Trachtentradition.

Im Ultental – Alte Bauernstuben und Sechs Heilige

Wenn wir eine besonders schöne alte Bauernstube im Ultental (Val d'Ultimo) sehen wollten, hatte man uns in St. Walburg, dem größten Dorf des Tales, gesagt, müßten wir zum Mesnerhof hinaufsteigen. Und dabei wies man uns einen der braun verwitterten Höfe, die hoch oben im Steilhang über der Kirche des Ortes mehr zu kleben als zu stehen scheinen. Das sei er. Und der Mesnerbauer freue sich bestimmt über jeden Besuch, denn er lebe ganz allein da oben.

Der Weg hinauf ist steil. Kein Mensch ist zu sehen, nur im Stall hören wir die Kühe mit ihren Ketten klirren. Den Bauern finden wir schließlich in der Scheune beim Strohhäckseln. Er scheint sich wirklich zu freuen, als er uns sieht, und führt uns gleich in die gute Stube. Und da sitzen wir dann tatsächlich in einer der schönsten alten Bauernstuben des Ultentales, einer jahrhundertealten Stube, die vom Boden bis zur Decke mit Holz getäfelt ist. Reste bunter Wandmalereien können wir auf dem Holz noch da und dort erkennen.

»Wandermaler aus dem Fassatal kommen auch heute noch gelegentlich im Winter von den Dolomiten herüber«, erzählt der Mesnerbauer, »und malen die Bauernstuben in abgelegenen Südtiroler Bauerntälern aus.«

Abgelegen ist dieses Ultental, wie kaum ein anderes Bergtal zwischen Brenner und Salurner Klause, zwischen Reschen und Cortina. Der Massentourismus, sommers oder winters, hat es noch nicht entdeckt. Und wer Ferien bei einem der sechs Heiligen des Tales machen will, das in Lana bei Meran nach Südosten zum Ortler hin abzweigt und in seinem inneren Bereich bereits zum großen Nationalpark Stilfserjoch gehört, muß sich auf eigene Initiative verlassen.

Eine Bäuerin von den Pill-Höfen im Ultental.

Bei den sechs Heiligen? Nun, die Dörfer des Ultentales tragen sämtliche Heiligennamen: St. Pankraz und St. Walburg, St. Nikolaus und St. Gertraud, dazu kommen die beiden hochgelegenen Weiler St. Helena und St. Moritz. Große, mondäne Hotels gibt es nicht, doch eine Reihe komfortabler, gediegener Unterkünfte, und Aprés-Ski findet meist bei Glühwein und Speckbrot in einer der urigen Gaststuben des Tals statt.

Was die Ultner bescheiden »Speck« nennen, entpuppt sich bei näherem Hinsehen, vor allem beim Kosten, als feinster Schinken. Monatelang in kalter Durchzugsluft getrocknet, im beißenden Rauch geräuchert, der frei vom Küchenfeuer aufsteigt und durch den Raum zieht. So wie in der Rauchküche im Mesnerhof, wo die Wände ringsum schwarz schimmern und wo wir kaum aufrecht gehen können, weil auch heute noch unter der Decke zahlreiche Speckseiten und Schinken aufgehängt sind.

Aus einem kleinen Holzschränkchen in seiner guten Stube holt der Mesner Sepp, wie die Nachbarn den auf dem Mesnerhof allein wirtschaftenden Bauern Josef Schönegger nennen, eine Flasche Anisschnaps und stößt mit uns an, während wir mit ihm auf der Bank am Kachelofen hocken. Und er versichert uns, wie sehr er sich freut, wenn Besuch kommt, der sich für seinen alten Hof und die schöne Stube interessiert.

Nach dem dritten Gläschen Anis zwinkert der Mesner Sepp uns zu, mit ihm zu kommen. Er führt uns die Stiege hinauf auf den Flur, wo die größte Kostbarkeit des Hofes (und wie uns später von Fachleuten versichert wird, des ganzen Tales) steht, ein Schrank aus dem 17. Jahrhundert mit einer Bemalung, die die Dreifaltigkeit zeigt. Dargestellt durch drei ineinander verschwimmende Gesichter. In- und ausländische Museen haben dem Bauern für diesen Schrank schon vielstellige Summen geboten. »Aber der Schrank bleibt hier«, versichert der Bauer, »der kommt nicht weg!«

Heute verkauft kein Bauer mehr etwas von seinem Hausrat, nachdem jahrelang Antiquitätenhändler durch das Tal gezogen waren, die bei den damals ahnungslosen Leuten ein leichtes Spiel hatten. Die wertvollsten alten Bauernmöbel sind noch vor wenigen Jahren für ein Spottgeld oder einen lächerlichen modernen Ersatz aus dem Tal weggeschleppt worden. Doch heute wissen die Bauern Bescheid.

»Hier verkauft keiner mehr etwas«, wiederholt auch der Eggwirt in St. Walburg. Und er muß es wissen, hat er doch nicht nur den größten und ältesten Gasthof im Tal, sondern auch eine der schönsten alten Stuben, ganz in Holz getäfelt, durch Jahrhunderte hindurch gebräunt und vom Tabakrauch verwittert. Hier zelebriert er gelegentlich Ultner Abende für seine Gäste. Dann legt er die alte Tracht des Ultentals an, die man sonst nur noch sieht, wenn Männer mit der Musik marschieren und mit der Schützenkompanie.

Während seine in Ultner Dirndl gekleideten Töchter Ultner Speck servieren und funkelnden Rotwein in die Gläser einschenken, bedient der Wirt die Grambl, eine Art Guillotine für das Brot. Sie fehlt auf keinem Ultner Tisch, der zum Essen gedeckt ist. Denn viele Ultner Bauern machen auch heute noch ihr Brot selber. Zwei- oder dreimal im Jahr werden mitunter Hunderte kleiner, flacher Brotlaibe gebacken und dann getrocknet. Nach ein paar Wochen sind sie steinhart. Man kann sie nicht mehr beißen, brechen oder schneiden, sondern nur noch mit der Grambl, dem kleinen Fallbeil, zerhacken und dann in Suppe oder Wasser einweichen.

Auf halbem Wege zwischen dem stattlichen St. Walburg, Verwaltungsmittelpunkt des Tales, und dem entzückenden Nachbarort St. Nikolaus zweigt eine kleine Straße zur Schwemmalm ab, führt zur Talstation des Sesselliftes, der das Ultner Skigelände erschließt. An der Bergstation des Doppelsesselliftes dehnt sich, von Dezember bis Anfang April in der Regel unter einer dicken Schneedecke, das Almengelände von Breiteben. Da schnurrt ein Übungslift, der die Adepten der Ultner Skischule zu ihren ersten Abfahrts- und Wedelversuchen in mäßige Höhen hinaufbringt, wo der große Schlepplift zur 2250 m hoch gelegenen Schwemmalm startet. Von dort oben bietet sich ein geradezu einzigartiges Panorama, um dessentwillen allein sich ein Besuch dieses Geländes lohnen würde.

Das ganze Ultental liegt unter uns, links und rechts überragt von seinen markanten Gipfeln, von der Laugenspitze bei St. Pankraz bis hin zu den vergletscherten Zacken im Ortlergebiet. Und weit hinten öffnet sich die Talsenke, wo man sich die alte Tiroler Landeshauptstadt Meran denken kann. Den Ifinger sieht man, das Skigelände von Meran 2000, und bei klarem Wetter ragt aus der weißschimmernden Winterlandschaft das faszinierende Bild des Rosengartens (s. 38).

Folgende Doppelseite: Haflinger in spielerischem Galopp. Südtirol ist die Heimat dieser Pferde.

Terlan im Etschtal – Ein Weindorf feiert seinen Spargel

Spargelstangen auf einem Weinetikett findet man nicht so häufig – außer im Südtiroler Terlan (Terlano). Dahinter steckt jedoch kein werbewirksamer Gag, und die Spargelstangen bedeuten auch nicht, daß man sich etwa vor den Toren Bozens daran gemacht hätte, Spargelsaft zu Wein zu vergären. Der Spargelwein von Terlan ist nichts anderes als das berühmte »Tüpfelchen auf dem i« in einer Jahreszeit, die für viele Feinschmecker und Leckermäuler den Höhepunkt des Jahres darstellt: der Spargelsaison.

Ungezählte Rebstöcke und Apfelbäume machen den Süden Südtirols zwischen Terlan und der Salurner Klause zu einem fruchtbaren Paradies, das im April in einem Blütenmeer zu ertrinken scheint. Doch Spargel, dieses kostbarste Frühlingsgemüse, wird nur in Terlan im sandig-lockeren, fruchtbaren Schwemmboden des Etschtals angebaut, seit mindestens 100 Jahren, wahrscheinlich sogar schon länger. Vor einem Dutzend Jahren war die Spargelzeit in Terlan noch so etwas wie ein Geheimtip, den sich Feinschmecker in der Südtiroler Landeshauptstadt sozusagen hinter vorgehaltener Hand zuflüsterten, um dann im April und Mai gemeinsam in das Dorf zu Füßen der Burg Maultasch zu fahren, zum Spargelschlemmen. Wozu sich kaum ein anderer Wein als so passend erwies wie der Terlaner Sauvignon.

Inzwischen weiß man in Terlan um die Werbewirksamkeit der köstlichen bleichen Stangen, die von Ende März bis Ende Mai morgens früh aus dem Boden gestochen und schon ein paar Stunden später den erwartungsvollen Gästen serviert werden. Und so feiert das Dorf an der Etsch (Adige) als einziger Südtiroler Spargelort wieder seinen Spargel, und natürlich den dazu gehörenden Wein.

Der ist etwas ganz Ausgefallenes, denn die Etiketten mit den Spargelstangen zieren Flaschen, die in keiner Kellerei, keinem Fachgeschäft gekauft werden können. Der Terlaner Spargelwein, ein besonders hochwertiger Spezialverschnitt, der 60 Prozent Sauvignonanteil hat, wird nur für die Spargelwochen abgefüllt, in einer streng begrenzten Anzahl von Flaschen. Wie passend er gerade zu Spargel angesehen wird, mag man aus der Tatsache ersehen, daß auch in Deutschlands einzigem Spargelmuseum in Schrobenhausen eine Flasche Terlaner Spargelwein steht.

Während hierzulande die Spargelsaison bekanntlich bis zum Johannistag, dem 24. Juni, geht, endet sie in Terlan wegen des warmen Klimas bereits am 31. Mai. Bis dahin jedoch beteiligen sich dort und den beiden Ortsteilen Vilpian und Siebeneich insgesamt neun Gastbetriebe am Festival des Spargels. Wenn sie ihn auch auf vielfältige Weise zubereiten und servieren, eine Zutat wird immer dazu gereicht, die sogenannte Bozner Sauce, die nur aus fein gehackten harten Eiern und Öl, Salz und Essig und ein wenig ganz fein gehacktem Schnittlauch bestehen darf – so das Originalrezept. Mayonnaise dagegen ist tabu. Früher war es üblich, daß die Zutaten dafür während der Spargelzeit auf jedem Gasthaustisch standen und sich die Gäste ihre Bozner Sauce selber zubereiteten, während in der Küche der frische Spargel gegart wurde. Kreiert hat diese Sauce übrigens vor Jahrzehnten die Terlaner Gastwirtin Maria Huber-Schwarz.

Auch wenn das Spargelessen in Terlan sicherlich den Höhepunkt der Frühlingssaison hier im Etschtal darstellt, gibt es wie überall in Südtirol noch genügend andere Sehenswürdigkeiten in und um den Ort, darunter die Pfarrkirche. Als Berühmtheit und Sehenswürdigkeit priesen Reisende im vorigen Jahrhundert den großen, freistehenden Turm dieses gotischen Gotteshauses, der bedenklich schief stand, ähnlich wie sein berühmter »Kollege« in Pisa. Nach überlieferter Volksmeinung hatte er sich einst vor drei vorübergehenden Jungfrauen verneigt und wollte sich erst wieder aufrichten, wenn ein solches Ereignis nochmals vorkäme.

Doch Menschenhand kam dem Turm zuvor: Er wurde abgetragen und am Ende des vorigen Jahrhunderts wiederaufgebaut. Im Inneren beeindruckt die Kirche mit einer nahezu kompletten Ausmalung der Wände mit Fresken aus dem 14. Jahrhundert, einem bunten Bildzyklus, der zu den schönsten seiner Art in Südtirol gezählt wird. Und das will schon etwas heißen in einer an mittelalterlichen Fresken nicht gerade armen Region!

Ein schöner Ausflug führt von der Kirche zur Ruine Neuhaus, deren klobiger Bau, schon von weitem sichtbar, das Etschtal beherrscht. Im Volksmund trägt sie heute noch den Namen Maultasch, und sie soll der Lieblingsaufenthalt jener Tiroler Herzogin Margarethe gewesen sein, die den Beinamen Maultasch führte. Ob dieser Name von der angeblichen Häßlichkeit der letzten Tiroler Landesfürstin herrührte, wie es Lion Feuchtwanger 1923 in seinem Roman *Die häßliche Herzogin* darstellt, ob der Name von der Burg auf die Herrin übergegangen ist oder

Terlan zelebriert seinen Spargel. Im Hintergrund der mächtige Kirchturm im Ortskern.

er auf ihre selbstbewußte Eloquenz anspielt, ist bis heute umstritten.

Vermutlich hat die Terlaner Burg in der Tiroler Geschichte eine besondere Rolle gespielt. Angeblich soll Margarethe am 3. Februar 1363 hier durch Verlesung einer Proklamation ihren Vetter Rudolf von Habsburg und damit Österreich zum Herrn über Tirol gemacht haben. Damit hätte die Geschichte des Landes Tirol als eines unabhängigen Herzogtums hier in Terlan geendet. Der Blick von der Ruine aus über das Etschtal ist großartig. Talaufwärts schaut man in den Vinschgau, in dem Rebfelder allmählich in die Apfelplantagen übergehen. Talabwärts geht der Blick über den Talkessel von Bozen, über die charakteristische Gestalt der Mendel bis zu den Dolomiten.

Über die schmale, gut ausgebaute Möltner Straße kann man eine großartige Rundtour mit dem Auto machen. Zunächst auf das Plateau von Mölten hinauf mit seinen unzähligen Möglichkeiten zu bequemen Wanderungen. Von dort aus gelangt man nach Jenesien und zum Ritten, einer seit alters von den Boznern vielbesuchten Ausflugsgegend, die man von Bozen aus auch mit der Seilbahn erreichen kann. Über Bozen läßt sich dann die Rundtour nach Terlan hin schließen. Alternativ kann man aber auch von Mölten aus nach Westen fahren, nach Hafling mit seiner berühmten Pferdezucht (s. S. 96).

In der Südtiroler Provinzhauptstadt gibt es Sehenswürdigkeiten, die nicht in jedem Reiseführer stehen. Autor Reinhard Kuntzke machte sich in Nuova Bolzano auf die Suche.

Nuova Bolzano – Bozen, wie es kaum einer kennt

Gleißend weiß, aus makellosem Zandobbio-Marmor, reckt sich das Monumento alla Vittoria in den Himmel über Bozen. HINC CETEROS EXCOLUIMUS LINGUA, LEGIBUS, ARTIBUS prangt in erhabenen römischen Lettern vom Architrav des Siegesdenkmals. »Von hier brachten wir den anderen die Sprache, die Gesetze und die Künste.« Der mächtige waagerechte Balken mit der lateinischen Inschrift ruht auf hohen Säulen aus Liktorenbündeln (*fasces*), dem Symbol des italienischen Faschismus. Benito Mussolini selbst hatte Ende der zwanziger Jahre den Bau des Denkmals veranlaßt, das bis heute den Sieg Italiens über die österreichische Monarchie im Ersten Weltkrieg verherrlicht.

Der Klotz aus Marmor steht nicht weit von der Talfer (Talfera) am Schnittpunkt zwischen Bozen und Bolzano. Das Gebirgsflüßchen, das vom Sarntal herabströmt, teilt die Südtiroler Provinzhauptstadt in zwei Hälften. Geographisch, politisch und ethnisch. Hüben, das heißt östlich, liegt die mittelalterliche Altstadt mit den Sehenswürdigkeiten, die jeder Urlauber kennt: den Lauben, dem Obstmarkt, der Dompfarrkirche, dem Waltherplatz und dem neuen Archäologiemuseum, in dem »Ötzi«, die Gletscher-

Die Bozener Altstadt heute – man flaniert, kauft in der Laubengasse ein, trinkt seinen Cappuccino oder repariert in aller Seelenruhe sein Moped.

Die Drusus-Brücke in Bozen, aufgenommen von dem Meraner Fotografen L. Bährendt zwischen 1935 und 1940. Nach dem Zweiten Weltkrieg wurden die faschistischen Adler entfernt, und auch das »Haus der jungen Italienerin« im Hintergrund erhielt eine andere Bestimmung.

leiche, zur Schau gestellt wird (s. S. 14). In den verwinkelten engen Gassen, in den Geschäften, Bars und Restaurants wird vornehmlich Deutsch gesprochen. Hier, in der alten Stadtmitte, erringt die konservative Südtiroler Volkspartei, die seit fünfzig Jahren das Deutschtum in Südtirol verteidigt, bei Wahlen die meisten Stimmen.

Drüben, auf der anderen Seite der Talfer, dehnt sich Nuova Bolzano aus, jenes Stadtviertel, das zwischen den Weltkriegen während der faschistischen Ära erbaut wurde. Deutsch ist kaum noch zu hören, in der Città nuova di Bolzano dominiert die italienische Kultur. Über dreißig Prozent der Bolzanesi wählt die Alleanza Nazionale, die Nachfolgepartei der Neofaschisten, die sich seit einiger Zeit moderat und mehrheitsfähig gibt.

Sonnabends ist Krämermarkt in den Straßen rund um das Siegesdenkmal, der dem Viertel etwas von seiner architektonischen Strenge zu nehmen scheint. In einer Ecke ballen sich die Schuhverkäufer, während in einer anderen Reihe die Textilhändler ihren Platz haben. Anders als in den Städten nördlich der Alpen haben sich die Stände nach Warengruppen formiert. Der Bozner Markt hat seine Verwandten unverkennbar in Neapel, Palermo, Tunis und Istanbul. Alles ist zu haben. Es gibt Kaninchenfelle, Naturschwämme, Spielzeug, Teppiche, Gemüse, Obst und halbe Hähnchen: ein Bazar für die Bozner Bevölkerung. Nur wenige Urlauber überwinden die unsichtbare Grenze der Talfer.

Am 12. Juli 1928 eingeweiht, wurde das Monumento alla Vittoria zum Ausgangspunkt der Stadterweiterung, mit der die Faschisten aus Bozen eine italienisch geprägte Stadt machen wollten. Den Auftrag erhielt Marcello Piacentini. Der renommierte Baumeister aus Rom scharte eine Gruppe von jungen Architekten um sich, die an die Umsetzung der ehrgeizigen Pläne gingen. Während im Großdeutschen Reich der Nazis jeder Ansatz von moderner Architektur als »entartet« verteufelt wurde, hatten die Architekten in Italien größere Freiheiten. So findet man neben Gebäuden im Stil des »Imperialen Monumentalismus«, der mit seinen neoklassizistischen Elementen als adäquater Ausdruck der faschistischen Ideologie galt, auch solche im rationalistischen Stil, der seine Wurzeln in der modernen Bauhaus-Architektur hatte.

Auch in anderen italienischen Städten suchten die Faschisten nach einem angemessenen architektonischen Ausdruck für ihre Ideologie, doch nirgendwo so radikal wie in Bozen. Innerhalb kurzer Zeit wurde dort ein komplettes neues Stadtzentrum hochgezogen, das Quartiere Monumentale. Weingärten wichen riesigen Gebäudekomplexen, die Ämter und Wohnungen für höhere Staatsbeamte des Regimes beherbergten. Alle Blöcke wurden streng geometrisch ausgerichtet. Kantige Pfeiler betonen die Höhe, eckige Mauerblenden verbinden die Häuser, Rundbögen sollen an römische Stadttore erinnern. Eine Planung vom Reißbrett, die dem Viertel kein Leben einhauchte. Die Monotonie der stereotypen Wiederholung ist das Kennzeichen des neuen Bozens.

»Zona militare, limite invalicabile« – Militärzone, unpassierbare Grenze«, steht zweisprachig auf den gelben Schildern am Comando Truppe Alpini. Der Wachposten weist den Versuch, die Bozner Kaserne der italienischen Gebirgstruppen an den Talferwiesen zu betreten, freundlich, aber unmißverständlich zurück: »Wir sind doch kein Museum!« Der pompöse Repräsentationsbau, in dem während des Faschismus das Armeekommando untergebracht war, zählt zu den herausragenden Werken, die Stararchitekt Piacentini in Italien erbauen ließ. Aus Ziegelsteinen hoch aufgemauert, streben die beiden symmetrischen Gebäudeflügel auseinander. Wie eine Pfeilspitze zielt das massige Eingangsportal der neuzeitlichen Trutzburg auf die Stadt.

Ein paar Straßen weiter am Gerichtsplatz, der Piazza Tribunale, reitet noch immer Benito Mussolini. Die Rechte in versteinerter Pose stolz zum Faschistengruß gereckt, dominiert der Duce das gigantische Relief an der Casa Littoria, dem damaligen Sitz der faschistischen Partei. Unbeschadet hat das Sinnbild am Gebäude, in dem heute die Bozner Finanzämter untergebracht sind, die Zeiten überdauert. Nicht so das architektonisch bedeutendste Bauwerk jener Ära, das jeder in Bozen als Ex-GIL kennt. Die Abkürzung steht für Casa della Giovane Italiana. In allen Städten hatte die Jugendorganisation des Regimes, die Opera Nazionale Balilla, solche Jugendzentren errichten lassen. In ihnen sollten die Jugendlichen zu »neuen Menschen« des Faschismus erzogen werden.

Das Ex-GIL-Gebäude in Bozen wirkt wie eine Ruine. Der frühere Fassadenanstrich in Pompeji-Rot ist längst verblichen, an allen Ecken und Enden bröckelt der Putz, die meisten Türen und Fenster sind mit groben Betonquadern vermauert. Zersplitterte Flaschen, zerfetzte Kartons, rostige Fahrräder und ausrangierte Reifen machen den Hof und den Arkadengang zur Müllkippe. Doch die strenge Ästhetik der klaren Formen des Hauses, das an frühe Bauten eines Bruno Taut oder Hans Scharoun erinnert, überzeugt noch immer. Der kantige fünfstöckige Treppenhausturm, der das L-förmige Hauptgebäude mit dem Karree der Turnhalle verbindet, bildet den markanten Blickfang des Ensembles. Geometrischer Kontrapunkt ist der mächtige Zylinder des Theatersaales, der auf einem ellipsenförmigen Grundriß ruht. Als aufsteigende Spirale umkreist ein Bogengang elegant die Außenfassade.

Nach dem Zweiten Weltkrieg, als in Südtirol jeder Neubau, der ein Flachdach aufwies, als »faschistisch« gebrandmarkt wurde, verfiel das Ex-GIL wie die meisten anderen Bauten aus der Mussolini-Zeit. In das ehemalige Auditorium des Hauses zog ein Pornokino ein, die übrigen Räume wurden als Kfz-Werkstätte, Lebensmittellager und Tierheim zweckentfremdet. Flüchtlinge aus Afrika hatten in den ehemaligen Werkräumen und Büros ein notdürftiges Quartier gefunden.

Einen Teil der Halbruine durfte sich das Freie Theater Bozen zur Spielstätte herrichten. Wenn sonst in Südtirol auf den Heimatbühnen meist nur seichte Stücke mit Laiendarstellern gezeigt werden, hat die professionelle Truppe aus Bozen anspruchsvolle Werke wie Büchners Lenz oder Goethes Faust auf dem Programm. Die Schauspieler waren im Ex-GIL jedoch nur geduldet, einen regulären Mietvertrag für die Räume hatten sie nie.

Jetzt ist das Ex-GIL eingezäunt, denn das Gebäude wird saniert und umgebaut. Seit ein paar Jahren geht man in Südtirol mit dem architektonischen Erbe aus dem Faschismus etwas gelassener um. Die wichtigsten Bauten stehen nun unter Denkmalschutz, und die Abrißbirne bleibt im Magazin. In die ehemalige Casa della Giovane Italiana wird demnächst die Europäische Akademie einziehen, eine wissenschaftliche Einrichtung für Forschung und Ausbildung. Doch Gabriele Langes, die Leiterin des Freien Theaters Bozens, ist skeptisch. Sie befürchtet, daß durch den Umbau Charakter und historische Bedeutung des Ex-GIL verlorengehen und das Haus zu einem »Tintentempel«, zu einer Art Elfenbeinturm der Wissenschaft, wird.

Special: Peter Mitterhofer – Ein Südtiroler erfindet die Schreibmaschine

Die Beamten Kaiser Franz Josephs I. dürften nicht schlecht gestaunt haben, als im Jahre 1866 der Südtiroler Schreinermeister und Dachdecker Peter Mitterhofer bei ihnen vorstellig wurde. Mit einer selbstgeschreinerten Radberg – einem Schubkarren, der auch als Buckelkraxe taugte – war er von Partschins über Jaufenpaß und Brenner zum Wiener Hof gewandert, um »Seiner apostolischen Majestät« seine Erfindung zu präsentieren: eine Schreibmaschine.

Die Gebrauchsanleitung lieferte Mitterhofer gleich mit: Der Apparat eigne sich »für viele k.k. Angestellte und zum Gebrauch für ambulante Feldkanzleien, und jene Herrenchefs, deren Dienst strenge Geheimhaltung von Schriftstücken erreicht«. Außerdem werde durch seine Erfindung Zeit gewonnen, die Schrift sei »immer gleich schön und gleich deutlich und gleichmäßig, und erfordert beiläufig den vierten Teil an Raum von der gewöhnlichen Kanzleihandschrift; daher ein bedeutendes Ersparnis an Papier erheischt wird«.

Auf dem kleinen Friedhof von Partschins liegt der Schreib maschinen-Tüftler Mitterhofer begraben.

Doch nicht nur in Wien fiel Mitterhofer auf, schon zu Hause in Partschins, wo er 1822 geboren wurde und wo heute noch eine Bronzebüste ihn als »Erfinder der Schreibmaschine« feiert, war er einschlägig bekannt. Er schrieb seinen Lebenslauf in Versen, fertigte seiner bettlägrigen Frau eine Waschmaschine und gab nach dreijähriger Gesellen-Wanderschaft Abend-Unterhaltungen, für die er sich Blasinstrumente, ein dreisaitiges Raffele, eine Art Zither, sowie ein »hölzernes Glachter«, ein dem Xylophon verwandtes Instrument, baute.

Wenig vergnügt zeigten sich die Dorfhonoratioren von Partschins. Mitterhofer benötigte eine »Ehebewilligung«, doch das Leumundszeugnis des Ortspfarrers fiel schlecht aus, und auch mit dem Ortspolizisten soll er sich angelegt haben. Erst nach einigen Querelen durfte der 40jährige Mitterhofer die fast 50jährige Marie Steidl heiraten. Sie brachte mit einer Landwirtschaft etwas Wohlstand in die Ehe, Mitterhofer hörte auf zu schreinern und begann zu erfinden.

Fünf Schreibmaschinen entwarf und baute er von 1864 bis 1869. Für die Holzmodelle bastelte er sich die Werkzeuge selbst. Als mißlungen bezeichnete er selbst die ersten beiden Maschinen mit Lettern aus Nadeln, die die Schrift durchs Papier drückten. Für die späteren Typendruck-Modelle durfte er beim Dorfschmied werkeln. Der Amboß steht noch beim heutigen Partschinser Schmied, dem Enkel des damaligen.

Nicht nur Erfinderstolz war es allerdings gewesen, der Mitterhofer zu der Reise nach Wien getrieben hatte. Noch immer war er nicht ganz zufrieden mit seinem Modell, zur Weiterentwicklung fehlte ihm jedoch das Geld. Mitterhofer bat den Kaiser um »allergnädigste Besichtigung seines neuerfundenen Schreibapparates und um Betheiligung mit einer kleinen Subvention«. Geld bekam der Tiroler, 200 Gulden das erste Mal, und 1870, bei einer weiteren Reise, 150 Gulden. Zur »fabrikmäßigen Erzeugung dieser Maschine«, die sich Mitterhofer gewünscht hatte, kam es indes nicht. Ein Gutachter des Wiener Polytechnikums urteilte: »... ist dieser Apparat zu dem Zweck, den der Erfinder vor Augen gehabt hat, allerdings nicht ganz geeignet und wird sich auch kaum jemals soweit vervollkommnen lassen, um eine praktische Anwendung zu finden.«

Fehlte es dem Gutachter an der nötigen Weitsicht? Hatte die zerbröckelnde Donau-Monarchie andere Sorgen, als sich um die Entwicklung eines Schreibapparates zu kümmern? Oder war Mitterhofers Erfindung tatsächlich technisch nicht ausgereift? Mit ihr schreiben konnte man jedenfalls, wie ein Brief belegt, den Mitterhofer 1869 an den »Hoch- und wohlgeborenen Herr Ritter Franz von Goldegg« schickte.

In den USA wurden schließlich die ersten Schreibmaschinen serienmäßig hergestellt. Eines dieser Modelle von 1874 ist in Partschins zu sehen: Zum 100. Todestag Peter Mitterhofers eröffnete die Gemeinde im Juni 1993 ein Schreibmaschinenmuseum mit über 200 Ausstellungsstücken. Eine »Mitterhofer« allerdings wird nicht dabeisein. Die vier erhaltenen Modelle stehen in Museen in Meran, Dresden und dort, wo man sie ursprünglich nicht haben wollte: in Wien. Ein später Triumph für den Tüftler, der an der Mauer der Kirche von Partschins begraben liegt.

Meran – Zauber des Südens unterm Gletschereis

Den schönsten Blick auf Meran hat man von den Höhen des kleinen Weindorfes Schenna (Scena). Zwischen den Weinpergeln hinab geht der Blick auf die alte Tiroler Landeshauptstadt am Zusammenfluß von Etsch (Adige) und Passer (Passirio), überragt von Dorf und Schloß Tirol, hingebreitet am Fuße des Küchelberges über dem sich gewaltig das Hochgebirge der Texelgruppe und der Ötztaler Alpen mit ihren Gletschern aufbaut.

Vor mehr als tausend Jahren entwickelte sich zwischen Vinschgau und Etschtaler Unterland, zwischen Passeier- und Ultental, zwischen Ötztaler Alpen und Ortlergruppe die Stadt, die heute in einem Meer von Rebstöcken liegt. Ihre große Bedeutung bekam sie durch die hoch über dem Meraner Talkessel liegende Burg Tirol, die dem ganzen Land den Namen gab. Sie war Jahrhunderte hindurch der Mittelpunkt der gefürsteten Grafschaft Tirol, des »Landes im Gepirg«. Meran war die glanzvolle Residenz- und Hauptstadt, vor allem im 13. und 14. Jahrhundert. Berühmten Namen der Tiroler Geschichte begegnet man noch heute bei einem Bummel durch die längst weltberühmt gewordene Kurstadt: Margarethe Maultasch, der »häßlichen Herzogin« (s. S. 102 f.), Herzog Friedrich IV., genannt Friedel »mit der leeren Tasche«, und Erzherzog Sigmund »dem Münzreichen«.

Friedrich IV. verlegte die Residenz nach Innsbruck, vielleicht weil es sich damals der Mitte des 15. Jahrhunderts jenseits des Alpenhauptkammes billiger leben ließ. Und obwohl Meran damit nicht mehr Landeshauptstadt von Tirol war, hat es offiziell diesen Titel nie verloren. Denn solange es ein einheitliches Land Tirol gab, bis 1919 also, wurde bei allen feierlichen Anlässen die Meraner Fahne denen aller anderen Tiroler Städte vorangetragen.

Der Blütenreigen im Frühling machte die Kurstadt Meran weltberühmt.

Noch immer verehrt: Kaiserin Sissi im Meraner Kurbezirk.

Seine heutige Bedeutung als Kurort und Fremdenverkehrsplatz ersten Ranges verdankt Meran letztlich seinem Bürgermeister Johann Valentin Haller, der von 1823 bis 1861 die Geschicke der Stadt lenkte. Er verstand die Zeichen der Zeit, erkannte den Wert des aufblühenden Fremdenverkehrs und machte es zu seinem erklärten Lebensziel, dem klein und unbedeutend, ja arm gewordenen Landstädtchen wieder zu Ruhm und Wohlstand zu verhelfen.

Als besonders bedeutsam empfanden die Meraner es, daß Erzherzog Johann von Österreich, durch seine Heirat mit der bürgerlichen Posthalterstochter von Aussee und seine offene Unterstützung für den Tiroler Freiheitskampf das »Enfant terrible« des Kaiserhofes, sich geradezu in die Stadt verliebte. Er erwarb Schloß Schenna hoch über Meran, in dem das Erzherzogspaar später begraben wurde. Seine Nachkommen tragen heute noch den Titel »Grafen von Meran«.

Abgesehen von seinen unschönen Vorstädten mit ihren stillosen Wohnblocks ist Meran eine sehr kleine Stadt, vielleicht die intimste und stilvollste aller Südtiroler Städte. Steht man auf dem Pfarrplatz, wo der enge, gewundene Weg von Dorf Tirol im alten Stadtteil Steinach die Stadt erreicht und Merans Herzstück, die Lauben, beginnen, könnte man glauben, Spitzweg selbst habe diesen stilvollen Platz entworfen, so mittelalterlich kleinstädtisch, so idyllisch, so besinnlich und geruhsam wirkt er. Und der barocke Turm der aus dem 13. Jahrhundert stammenden Stadtpfarrkirche St. Nikolaus überragt die umstehenden Häuser als weithin sichtbares Wahrzeichen inmitten des romantischen Dächergewimmels.

Kurz, schmal und steil führt die Postgasse vom Pfarrplatz hinunter durch das wappengeschmückte Bozner Tor zum Sandplatz, auf dem im Jahr 1414 Herzog Friedrich IV., umgeben von 300 Adligen, Papst Johannes XXIII. empfing, um ihn über Reschen und Arlberg zum Konzil von Konstanz zu begleiten. Dort allerdings erging es dem populären Tiroler Landesherrn übel: Er wurde geächtet, mußte fliehen und sich auf verschiedenen Bergbauernhöfen in Tirol monatelang verborgen halten.

Die Laubengasse, oder wie die Meraner meist einfach sagen »die Lauben«, zieht sich 400 m vom Pfarrplatz zum Kornplatz. Sie ist das Herzstück der Stadt, das alte Geschäftszentrum, durch das all jene bummeln, die stilvoll und geruhsam einkaufen wollen. Die Meraner Lauben sind länger, heller und freundlicher, wenn auch einfacher als die von Bozen. Da die Straße weitgehend für den Autoverkehr gesperrt ist, läßt sich kaum ein idyllischeres Einkaufszentrum denken.

Bogengänge im Erdgeschoß der dicht an dicht beieinander gedrängt stehenden, oft jahrhundertealten Häuser, die eigentlichen »Lauben«, bilden hier den Bürgersteig. Selbst beim schlechtesten Wetter läßt es sich so geschützt, weil immer unter festem Dach, von Geschäft zu Geschäft, von Auslage zu Auslage schlendern. Hier und da liegen die Häuser weiter zurück, schaut man oft in malerisch überwölbte Treppenaufgänge, blickt durch enge Durchgänge in kleine Gärten hinein. Dies vor allem auf der Südseite der Lauben, deren rückwärtige Fronten mit Vorgärten bis ans Ufer der Passer reichen und somit von alters her als »Wasserlauben« bezeichnet werden. Die nach Norden, an den Küchelberg angeschmiegten Lauben heißen folgerichtig »Berglauben«.

Kunst- und kulturgeschichtlich bieten die Meraner Lauben manches Interessante. In den Torbögen oder im Eingang sieht man bisweilen noch das Loch, durch das früher der Hausschlüssel herausgeworfen werden konnte, wenn eventuell jemand ganz diskret empfangen werden sollte oder die Gattin den verspäteten Heimkehrer doch noch ins Haus lassen wollte. Noch immer können auch die kleinen Weinschänken in den Lauben dazu verleiten, schnell Zeit und Maß zu vergessen ...

Nahe dem Neuen Rathaus, das in den Lauben liegt, stößt man auf die alte landesfürstliche Burg, eine Art efeuumsponnenes Märchen. Der in einem unregelmäßigen Viereck errichtete Bau, eher ein festes Haus mit zinnengekrönten Mauern, zwei Erkern und einem Turmaufsatz, das Ganze von Efeu wild umwuchert, wirkt malerisch wie ein verzaubertes Schlößchen.

Neben dem Bozner Tor prägen zwei weitere alte Stadttore das Bild Merans, das Passeirer und das Vinschgauer Tor. Letzteres wird nicht erst heute als Verkehrshindernis empfunden. Im 18. Jahrhundert noch als Bürgergefängnis benutzt, mußte es im vorigen Jahrhundert einmal ausgebrochen werden. Denn als man ein mächtiges Denkmal für den Grafen Eberhard von Württemberg, das in Laas im Vinschgau aus weißem Marmor gemeißelt worden war und in Stuttgart aufgestellt werden sollte, auf einem riesigen Wagen mit 24 Pferden durch Meran zog, war es zu schmal für den Transport und wurde kurzerhand verbreitert.

Links und rechts der Passer dehnen sich die Kuranlagen von Meran aus, der Kurpark und die großen Promenaden. Nur wenige Schritte vom geschäftigen und farbenprächtigen Kurhaus entfernt wandelt man in Anlagen hinein, die ein ganzes Stück von der Welt abgeschieden zu sein scheinen. In der fast 100 m langen Wandelhalle, dem »Eisernen Steg«, und dem »Steinernen Steg« über die Passer ist Romantik Trumpf. Die Fluten des oft wild rauschenden Gebirgsflusses sind von schier undurchdringlichem Grün mit mancherlei exotischen, mediterranen Bäumen und Büschen überwuchert.

Ende Februar, wenn die letzten Calycnathusblüten ihren Duft im weiten Umkreis verströmen und über dem – in Meran recht seltenen – Schnee die ersten Forsythien aufblühen, quillt der Boden in diesen Anlagen geradezu über. Aus jedem Quadratzentimeter brechen neue rote und blaue, weiße, gelbe und orangefarbene Blüten auf. Schneeglöckchen und Narzissen, Krokus, Tulpen, Hyazinthen und Primeln. Seidelbast und Magnolienbüsche sind von Blüten übersät, dazu kommen manch andere Ziersträucher und -büsche, deren Namen mitunter nur den Gärtnern in diesen Anlagen bekannt sind. Es ist eine einzige Blüten- und Farbensymphonie, die bis unter die Lauben im Herzen der alten Stadt ihren Duft verströmt.

Gilfpromenade und Tappeiner Weg sind die berühmtesten Flanierwege, letzterer eine der berühmtesten Kurpromenaden der Welt. Der Arzt Dr. Tappeiner hat sie aus eigenen Mitteln anlegen lassen und der Stadt Meran geschenkt. Oberhalb der Häuser der Altstadt führt er dahin, hineingebaut in Weinpergeln, gegen kalten Windhauch geschützt, und zieht sich an Felsklippen und Rinnen entlang, sanft und eben, ein Bergweg sogar für den Rollstuhl. Seine Ränder sind von südländischer Vegetation gesäumt, von Palmen, Zedern und Mammutbäumen, von Feigen, Zypressen, Lorbeer- und Granatapfelbäumen, dazwischen Oleander, Myrten und Ölbäume.

Es müßte noch von den alten Adelshöfen gesprochen werden, den Ansitzen, die sich inmitten von Obstgärten, Weinbergen und Edelkastanienhainen vor allem in Obermais bergwärts ziehen. Ohne sie fehlte Meran jene unverwechselbare, zauberhafte Kulisse, die die Stadt und ihre Umgebung zu einem der schönsten Flecken der ganzen Alpen macht.

Wandertips: *Seewersee und Ritten*

Zum Seewersee im Passeiertal

Diese Wanderung im hintersten Passeiertal führt in das kleine Seewertal, ein einsames, landschaftlich außerordentlich schönes Hochtal, dessen besonderen Glanzpunkt der idyllische, 120 m lange und 70 m breite Seewersee in gut 2000 m Höhe bildet, ein von schmalen Schilfgürteln, blühenden Alpenmatten und roten Alpenrosenteppichen umrahmtes Gewässer in einer unangetasteten Berglandschaft. Erreichbar ist der See nur zu Fuß. Der Aufstieg über die Seeweralm, die an der Stelle einst ganzjährig bewohnter Bauernhöfe in rund 1850 m Höhe liegt, ermöglicht den landschaftlich schönsten Zugang, besonders im beginnenden Hochsommer, wenn es auf den Bergwiesen am Rand der Seewertalschlucht blüht, daß es eine Freude ist. Beim Abstieg folgt man hingegen, mit Blick zum vergletscherten Hochgebirge der zentralen Stubaier Alpen, dem Wiesenweg über die Oberglaneggalm, so daß die Wanderung eine geschlossene Rundtour ergibt.

Wegverlauf: Von der Timmelsjoch-Straße zweigt ein Stück westlich des Berggasthauses Hochfirst ein Sträßchen ab (Wegweiser »Seeweralm«) und führt zum Seeweralm-Parkplatz (ca. 1900 m). Von dort nun zu Fuß auf dem breiten Weg in ca. 20 Minuten hinein zur Seeweralm (1850 m; Jausenstation) und stets der Beschilderung »Seewersee« und der guten Markierung folgend teils fast eben, teils mittelsteil aufsteigend über Grashänge hinauf zum See (2059 m; ab Seewertalalm 1 1/2 bis 2 Std.). – Rückweg: Vom See der Beschilderung »Glanegg« folgend auf weitgehend ebenem, die Grashänge durchquerendem Steig in ca. 1 Std. hinaus zur Oberglaneggalm (Jausenstation), unmittelbar darauf bei Wegweiser »Parkplatz« rechts ab und durch die Hänge etwas steil hinunter zum Parkplatz (ab See ca. 1 1/2 Std.).

Höhenunterschied: ca. 200 m.

Gesamtgehzeit: ca. 3 bis 4 Std.

Orientierung und Schwierigkeit: für routinierte Wanderer leicht und problemlos.

Wanderkarten: Freytag-Berndt 1:50000, Blatt S 8 (Passeier – Timmelsjoch – Jaufen); Kompass 1:35000, Blatt 044 (Passeiertal).

Die Erdpyramiden am Ritten.

Am Ritten: Erdpyramiden und Bad Süß

Diese Rundwanderung führt, größtenteils mit weitem Dolomitenblick, durch die Wiesen und Wälder des Ritten, nachdem man die berühmten Rittner Erdpyramiden passiert hat. Diese schlanken Erosionstürme (mit der zwiebeltürmigen Nikolauskirche, dem Langkofel und Schlern im Hintergrund) gehören zu den bekanntesten Landschaftsbildern der Alpen. Wenig später kommt das Kirchlein Maria Saal, in dem die Muttergottes unter einem großen Regenschirm dargestellt ist, schließlich wandert man stets durch Wiesen und Wald hinauf nach Bad Süß, einem Bauernhof mit Gasthaus, Kirchlein und ehemaligem Heilbad in ruhiger und aussichtsreicher Lage. Zwar wird dort schon seit Jahren nicht mehr »gebadelt«, doch Bauernhof und Gasthaus sind nach wie vor in Betrieb.

Wegverlauf: Vom Rittner Hauptort Klobenstein (1154 m) hinüber nach Lengmoos, dann auf der Straße weiter zum »Café Erdpyramiden«, danach rechts auf breitem Fußweg (Markierung 24), die Erdpyramidenzone querend, hinüber nach Maria Saal (1174 m, Wallfahrtskirchlein, Gaststätten), vom Kirchlein der Markierung 8 folgend durch Wiesen hinauf zum Gasthaus »Enzian«; größtenteils durch Wald weiter bergan nach Bad Süß (1434 m; Gasthaus; ab Maria Saal 1 Std.) und schließlich weiterhin auf Weg 8 durch Wald hinüber zum Hof und Gasthaus »Tann« (1488 m; ab Bad Süß 1 Std.). – Abstieg: Auf der Straße kurz südwärts, dann rechts ab (Wegweiser »Klobenstein«), mit Markierung 6/1 auf Fußweg eben und leicht abwärts durch Wald zu einer Weggabelung; nun links weiter und stets mit Nr. 1 durch Wald und Wiesen leicht absteigend nach Klobenstein (ab Tann ca. 1 Std.).

Höhenunterschied: ca. 400 m.

Gesamtgehzeit: ca. 3 bis 3 1/2 Std.

Orientierung und Schwierigkeit: leichte und problemlose Wanderung.

Wanderkarten 1:50000: Freytag-Berndt, Blatt S 1 (Bozen – Meran und Umgebung); Kompaß, Blatt 54 (Bozen).

Herz-Jesu-Feuer im Gebirge – Dem Mythos Andreas Hofer auf der Spur

Kathrin ist ganz aufgeregt. Schon den ganzen Sonntag über stolpert die Fünfjährige, die mit ihren Eltern die Ferien im Südtiroler Passeiertal verbringt, immer wieder die Stiege zur Dachterrasse hinauf. Kathrin kann es kaum erwarten, daß es Abend wird. Die Wirtin der Frühstückspension hat dem kleinen Mädchen aus Bochum erzählt, daß dann »die Berge brennen werden«. Es ist Herz-Jesu-Fest.

Sobald es am zweiten Sonntag nach Fronleichnam dunkel wird, flackern Tausende von Lichtern über den Tälern in Süd- und Nordtirol. Tage zuvor sind Tiroler in kleinen Gruppen aus allen Dörfern hinaufgestiegen und haben die traditionellen Plätze vorbereitet. Es sind keine offenen Feuer, die da lodern, die Brandgefahr wäre zu groß. Früher erhellten Blechdosen – mit Öl und Petroleum gefüllt und mit einem Docht versehen – die Nacht. Heute werden zumeist leere Gläser für Babynahrung benutzt, und anstelle von Öl dient Kerosin als Brennstoff. Die Lichter zeichnen die gezackten Grate der Berge nach, modellieren meterhohe Kreuze und formen riesige Herzen. Die Feuer haben zwar ihren Ursprung in heidnischen Sonnenwendbräuchen, aber als Herz-Jesu-Feuer verkünden sie auch eine politische Botschaft.

Das »Heldenmädchen von Spinges«

Vor gut zwei Jahrhunderten, im Jahr 1796, beginnt die Geschichte, an deren Ende der legendäre Andreas Hofer steht. Mit den Schlagworten von »Freiheit, Gleichheit und Brüderlichkeit« überziehen die französischen Truppen halb Europa mit Krieg und erschüttern die verkrusteten Monarchien des Kontinents. Im Frühjahr 1796 ist das österreichische Tirol bedroht, das zu jener Zeit bis zum Gardasee reicht. Ein junger General aus Korsika, gerade 27 Jahre alt, schlägt mit seiner revolutionären Armee die Österreicher in Norditalien. Der Weg nach Tirol steht offen für Napoleon Bonaparte.

Im Passeiertal nördlich von Meran wurde Nationalheld Andreas Hofer geboren.

Was tun? Im Land an Inn und Etsch ist man nicht vorbereitet. In dieser ausweglosen Lage versammeln sich am 1. Juni 1796 die Tiroler Landstände in Bozen zu einer Krisensitzung. Ohnmächtig, aber unter einem Anflug von Hybris, erflehen sie die Hilfe Gottes und schließen einen irrationalen Bund mit dem Herzen Jesu. Feierlich geloben die Vertreter des Adels, der Kirche und der Städte, daß »hinführo des gewiß erfolgenden Schutzes und Rettung des werthesten Vaterlandes das Fest des heiligsten Herzen Jesu im ganzen Lande gefeyert« werde. Gesagt, getan. Bereits zwei Tage später, am 3. Juni, wird in der Bozner Pfarrkirche der Herz-Jesu-Tag mit einem Hochamt zelebriert.

Viel hat das Tiroler Bündnis mit dem Herzen des christlichen Heilands gegen Frankreich nicht geholfen. Im Frühjahr 1797 dringt die französische Armee in Tirol ein. Schnell sind die Soldaten in Trient, Bozen und Brixen. Durch das Pustertal stoßen sie bis nach Kärnten vor. Das ist der Moment, in dem sich der Herzensbund bewährt, wie die Tiroler glauben. Eine junge Frau, das »Heldenmädchen von Spinges«, greift ein.

Im Weiler Spinges hoch über dem Pustertal, damals nur über Karrenwege und schmale Pfade zu erreichen, hat sich das letzte Aufgebot der Tiroler, der Landsturm, am Friedhof verschanzt. Mit aufgebogenen Sensen, eisenbeschlagenen Knüppeln und langen Spießen, mit Morgensternen und Gewehrkolben dreschen die Landstürmer auf den anrückenden Feind ein. Sie erschlagen 600 Franzosen wie in einem Blutrausch. Inmitten der Kämpfer auf der Friedhofsmauer steht Katharina Lanz, Bauersmagd am Widmer-Hof in Spinges, und stößt »mit zusammengegürtetem Unterkleide und fliegenden Haaren die stürmenden Feinde mit einer Gabel hinunter«, wie der Anführer des Landsturms in seinen Erinnerungen berichtet. Die Legende des »Heldenmädchens von Spinges« ist geboren.

Von der Brutalität des Landsturms demoralisiert, ziehen sich die französischen Truppen aus dem Pustertal zurück. Im Glauben, das Exklusivbündnis mit Gott habe den Tirolern den Sieg gebracht, wird das Herz-Jesu-Fest im Juni des Jahres in allen Dörfern Tirols begeistert gefeiert. Doch der Kampf in Spinges ist ein Pyrrhussieg auf einem Nebenschauplatz des Krieges. Für Österreich gehen die drei Koalitionskriege gegen Frankreich verloren. 1806 muß Österreich das Land Tirol, das seit 1363 zum habsburgischen Reich gehört, an Bayern, den Verbündeten Frankreichs, abtreten. Jetzt ist die Zeit für die große Tiroler Heldenfigur, für Andreas Hofer, gekommen.

Zum Auflegerhof in St. Leonhard

Gemütlich schaut der Andre, wie sich Hofer selbst nennt, auf den zeitgenössischen Bildern aus: ein rundes Gesicht mit vollen Wangen, in die Stirn gekämmtes dunkles Haar, das wohl eine beginnende Glatze verdecken soll, und ein Vollbart, der auf die stattliche Brust wallt. Stämmig wirkt der Mann, seine Beine sind ein klein wenig zu kurz geraten. Die Hosenträger und der breite Gürtel zwängen den Bauchansatz unter die Lodenjoppe. Dem Wein und auch dem Schnaps soll Hofer gern zugesprochen haben. Kein Wunder, ist Andre doch Gastwirt am Sandhof im Passeiertal.

Das weißgetünchte Gasthaus, an dem heute in großen Lettern »A. Hofer's Geburtshaus« prangt, steht keine 2 km von St. Leonhard entfernt. Das Dorf ist der Hauptort des Passeiertales, das, tief in die Bergflanken eingefräst, von der Kurstadt Meran nach Norden verläuft. Gleich hinter dem Ort gabelt sich das Tal. Über den Jaufenpaß und über das Timmelsjoch führen uralte Handelswege in das nördliche Tirol. Der Warentransport auf Saumpferden sicherte vielen »Pseirern« bis zum Ende des vorigen Jahrhunderts ein bescheidenes Auskommen.

Heute wirkt St. Leonhard herausgeputzt. Der Tourismus hat Geld in die früher nicht allzu reiche Gemeinde gebracht. Mit 1800 Gästebetten und knapp einer Viertelmillion Übernachtungen pro Jahr zählt St. Leonhard zu den wichtigen Fremdenverkehrsorten in Südtirol. In den Sommermonaten ist der Parkplatz vor dem »Sandwirt« stets überfüllt. Dann ist auch in der alten, holzgetäfelten Gaststube, auf der großen, verglasten Veranda oder auf der Terrasse vor dem Haus kaum einer der 350 Plätze frei. Das Sandwirtshaus ist ein Touristenmagnet. Wie viele Urlauber jedes Jahr das Gasthaus und das kleine Museum besuchen, weiß Christian Hofer nicht zu sagen. Oder er will es nicht sagen. Der jetzige Pächter, der mit Andreas Hofer nicht verwandt ist, will keinen Neid erwecken. »Einige zehntausend werden es wohl sein.«

In früheren Zeiten hieß der Gasthof »Auflegerhof«, denn hier wurden den Saumpferden für den steilen Weg über den Jaufenpaß nach Sterzing und weiter nach Innsbruck leichtere Lasten »aufgelegt«. Auch Andreas Hofer besitzt einige Pferde, denn das Wirtshaus bringt zu jener Zeit nur wenig ein. Als Wein- und Pferdehändler kommt der Andre weit herum. Überall ist er bekannt, in allen Tälern hat er gute Freunde und Bekannte. Dieser Freundeskreis, zu dem auch Pater Joachim Haspinger, Josef Speckbacher und der Wirt Peter Mayr zählen, wird den kommenden Aufstand der Tiroler mitentscheiden.

Mit dem Herz Jesu gegen die Bayern

Es gärt im Lande. Gegen die bayerische Besatzung regt sich Widerstand. Gottlose Franzosenfreunde seien die Bayern, heißt es in Tirol. Die Regierung in München sieht in den Bewohnern »Südbayerns«, wie die neuerworbene Provinz genannt wird, »abergläubische Hinterwäldler«, die an ihrem mittelalterlichen Ständewesen festhalten wollen. Bayern ist zu Beginn des 19. Jahrhunderts einer der fortschrittlichsten Staaten in Europa. König Maximilian I. Joseph setzt eine straffe, zentralistische Verwaltung ein und garantiert in einer neuen Verfassung die ersten bürgerlichen Grundrechte.

Die liberalen Reformen sollen auch in Tirol durchgesetzt werden, wo sie jedoch auf erbitterte Ablehnung stoßen. Besonders verhaßt sind im »Heiligen Land Tirol« Eingriffe in den Gottesdienst. Alte religiöse Bräuche wie der Wettersegen und das Läuten der Glocken am Feierabend sollen als »überflüssig« abgeschafft werden. Auch das Herz-Jesu-Fest wird verboten.

In Wien sieht man die Unruhe in Tirol nicht ungern, denn neue Kriegsvorbereitungen sind längst angelaufen. Im Januar 1809 reist eine Tiroler Delegation in geheimer Mission zum österreichischen Kaiserhof. Mit dabei ist auch »der Bartige«, wie Andreas Hofer genannt wird. Ein Plan zum Losschlagen gegen die Bayern wird minuziös ausgearbeitet. An Hofer ist es, den Aufstand in Tirol zu organisieren und vorzubereiten.

Und Andre kann sich auf seine Freunde unter den Wirten verlassen. Als Kontakt- und Informationsbörsen spielen die Gasthöfe eine wichtige Rolle. Über vierzig Wirte werden in den kommenden Kämpfen als Hauptleute die Tiroler Bauernarmee anführen. Am 9. April 1809 ist es soweit. Österreich erklärt Frankreich den Krieg. Und es gibt einen Kriegsschauplatz, der zum Mythos erhoben wird: der Berg Isel bei Innsbruck. Wer die Höhe besetzt hält, besitzt auch die Tiroler Hauptstadt.

Viermal wird im Jahr 1809 am Berg Isel gekämpft. »Wier wollen die Boaren mit Hilff der göttlichen Mutter fangen oder erschlagen, und haben uns zum liebsten Hertzen Jesu verlobt«, schreibt der »Oberkommandant Andre Hofer« in einem Aufruf zum Kampf. Am Vorabend zur zweiten Schlacht am Berg Isel erneuert Hofer das Tiroler Bündnis mit dem Herzen des Herrn. Scheinbar mit Erfolg. Drei der vier Gefechte vor den Toren Innsbrucks gewinnen die Tiroler und befreien das Land von der bayerischen Okkupation. Die Tiroler Fahne in der Faust und von Tiroler Adlern flankiert, ist der Sandwirt aus dem Passeiertal als glorreicher Sieger dargestellt. Doch Hofer ist der Verlierer der Geschichte.

Niederlage und Ende im Heustadl

Der Krieg wird anderswo entschieden. Nach verheerenden Niederlagen in Böhmen muß der österreichische Kaiser mit Napoleon Bonaparte und den Bayern im Oktober 1809 Frieden schließen. Habsburg verzichtet entgegen allen Versprechungen auf das Land an Etsch und Inn. Andreas Hofer, jetzt Anführer einer Rebellenarmee, die vom Wiener Kaiserhof nicht mehr unterstützt und gedeckt wird, ist verwirrt und unentschlossen. Aufgeben oder weiterkämpfen? Der Gastwirt und Pferdehändler ist überfordert. Am 1. November kämpfen die Tiroler ein viertes und letztes Mal am Berg Isel. Und verlieren.

Der Sandwirt flüchtet ins Passeiertal. Auf seinen Kopf sind 1500 Gulden ausgesetzt. Eine hohe Summe für die damalige Zeit, in der ein Arbeiter nicht mehr als einen drittel Gulden am Tag verdient. Auf der Pfandleralm, knappe drei Gehstunden von St. Leonhard entfernt, hält sich Hofer in einem Heustadel verborgen. Es ist Dezember und bitter kalt. Die Hütte bietet kaum Schutz vor dem eisigen Wind. Die einfache Kochstelle muß den ganzen Tag und die ganze Nacht brennen, um den Stadel wenigstens etwas zu erwärmen.

Wer heute auf dem Europäischen Fernwanderweg E 5 unterwegs ist, hat es bequemer. Die Route, die den Bodensee mit der norditalienischen Tiefebene verbindet, führt direkt an der Pfandleralm vorbei. In der warmen, gemütlichen Berghütte, die am vorderen Ende der sanft gewellten Almwiese steht, warten zwanzig Matratzenlager auf müde Wanderer. Kaum einer geht die wenigen hundert Meter zum Heustadel hinüber, in den sich Andreas Hofer geflüchtet hatte.

»In dieser Hütte wurde der vaterländische Held Andreas Hofer am 28. Jänner 1810 von den Franzosen gefangen genommen», steht auf der schlichten Marmortafel, die am Heustadel befestigt ist. Von einem Passeirer Bauern verraten, wird Andreas Hofer keinen Monat nach seiner Verhaftung in der Festung von Mantua standrechtlich erschossen.

Rechte Seite: Bergbauernjunge mit bestem Freund.

Der Oswald-von-Wolkenstein-Ritt: Auf den Spuren des letzten Minnesängers

Einen ungewöhnlichen Ritter und Sänger, einen kernigen Troubadour und Tausendsassa ehrt Südtirol seit 1983 jedes Jahr mit einem großen Reiterspektakel. Über 130 seiner Texte sind überliefert, darunter zarte Liebesgedichte, aber auch deftige Zoten. Was zunächst einer Bierlaune entsprang, wurde in kurzer Zeit zum markantesten Volksfest – der Oswald-von-Wolkenstein-Ritt.

Auf Burg Hauenstein, heute Ruine oberhalb von Seis direkt unter dem Schlern, hat Oswald seine letzten Jahre verbracht, auf der Trostburg bei Waidbruck über dem Etschtal lebte er als Kind. Dort beginnt der Ritt. Er endet 40 km weiter am Schloß Prösels. Unterwegs allerdings haben die Reiter einige Prüfungen zu bestehen, die es in sich haben. Je vier Reiter – auch hübsche, forsche Amazonen sind dabei – bilden eine Mannschaft, müssen mit dem Lanzenbanner als Staffelstab hintereinander in einen tückischen Parcours und einmal sogar zu viert nebeneinander in den Kampfplatz preschen.

Am Kofl über Kastelruth erinnert das Ringelstechen stark an ritterliche Zeiten, danach ist am Matzlbödele in Seis im Labyrinth viel Geschick gefordert. Am Völser Weiher folgt ein »Galopp mit Hindernissen«, und Höhepunkt ist der »Tor-Ritt« vor Schloß Prösels, wo die Reiter – viele auf den für Südtirol typischen Haflingern – sich im atemberaubenden Galopp durch den Stangenwald schlängeln müssen. Hier scheidet sich endgültig die Spreu vom Weizen. Daß das Ganze alles andere als ein Glücksspiel ist, das bewiesen über Jahre die vier Gasslitter-Brüder aus Telfen-Kastelruth, indem sie ihre Konkurrenz buchstäblich in Grund und Boden ritten. Alles in allem also ein einmaliges Reiterfest, das Zigtausende von Zuschauern nicht nur aus ganz Südtirol anlockt.

Der Samstag ist dem glanzvollen Festzug vorbehalten – mit Trachtengruppen und Reiterteams in heimatlicher Tracht, manche auch in »modernem« Alm-Cowboy-Look. Im Festzug dabei ist der »leibhaftige« Oswald von Wolkenstein. Man erkennt ihn an der Augenklappe, denn er soll im Alter von neun Jahre »im Fastnachtstreiben« sein rechtes Auge verloren haben. Für Wein- und Bierseligkeit ist an allen vier Turnierplätzen gesorgt, den Transport zum jeweiligen nächsten ritterlichen »Kampfplatz« übernehmen Pendelbusse.

Wer war nun eigentlich wirklich dieser 1375 geborene, 1445 in Meran gestorbene Kämpe, »Auslaufmodell« und Barde des untergehenden Rittertums? Ein zartfühlender Raufbold muß er gewesen sein. Als Zweitgeborener ohne Perspektive wurde er vermutlich im Alter von zehn Jahren einem Ritter zur Ausbildung übergeben, dem er, wie er selbst später berichtete, »bote, koch in manchem joch und pferdeknecht« war. Später versuchte er sich als Kaufmann, erlitt Schiffbruch im Schwarzen Meer, überlebte nur, weil er sich drei Tage lang an ein Weinfaß klammerte.

Im Dienst hoher Herren kam er weit in der damaligen Welt herum, gelangte »nach Persien und Armenien ... Türkei, Syrien, Preußen, Litauen«. »Zehn Sprachen habe ich benutzt, wenn's nötig war«, hinterließ er der staunenden Nachwelt. Er ging, angeblich auf Wunsch seiner Geliebten, auf Pilgerreise ins Heilige Land, während die treulose Angebetete einen reichen Kaufmann ehelichte. Er mischte in der Politik mit, setzte sich an die Spitze des Kleinadels, der gegen den Habsburger Landesherren aufmuckte, war »Hauptmann des Gotteshauses« für den Bischof von Brixen und sogar Rat und Gesandter des später in Rom zum Kaiser gekrönten Königs Sigismund, mit dem er zum Konzil von Konstanz zog, und als dessen Gesandter er nach Spanien und Frankreich kam. Bei Hofe war er als »Entertainer« höchst beliebt. Die Königinnen von Frankreich und Aragon sollen ihm vor Begeisterung »Ringe in den Bart geflochten« haben.

Er führte ein Leben voller Höhen und Tiefen, wobei ihn die Tiefen vor allem in seiner Heimat ereilten. Obwohl er die Burg Hauenstein nur zu einem Drittel ererbt hatte, eignete er sie sich ganz an, wurde dafür in Erbstreitigkeiten verwickelt und durch eine List seiner früheren Geliebten in eine Falle gelockt. Im Kerker seines Erzfeindes, Herzog Friedrich »mit der leeren Tasche«, wurde er gefoltert und mußte klein beigeben. Später kaufte er zwar Burg Hauenstein ganz, nörgelte aber dort in seinen alten Tagen, verheiratet nach dem Konstanzer Konzil mit Margarethe von Schwangau, nur noch über den Lärm seiner Kinder. Alles in allem war er wohl ein deftiger Kerl, dem die Südtiroler mit dem Oswald-von-Wolkenstein-Ritt in der Mischung aus Tradition, Folklore, bestem Reitersport und knuffigem Vergnügen ein zünftiges Denkmal gesetzt haben. Ritter Oswald hätte gewiß seinen Spaß daran und würde mit Sicherheit bis zum Schluß auf dem Festplatz vor Schloß Prösels am Biertisch sitzen bleiben.

Informationen: *Im Herzen Südtirols*

i: Meraner Land Tourismusverband, Maria-Trost-Straße 5, I-39012 Meran, Tel. (0473) 212404, Fax 210636, E-mail: info@meranerland.com
i: Bozen-Jenesien-Werbegemeinschaft, Waltherplatz 8, I-39100 Bozen, Tel. (0471) 307000, Fax 980128, E-mail: bolzano@sudtirol.com

Regionale Touristenbüros

i: Ferienregion Seiser Alm-Schlerngebiet, I-Seis am Schlern, Tel. (0471) 707024, Fax 706600.
i: Lana, Andreas-Hofer-Straße 7b, I-39011 Lana, Tel. (0473) 561770, Fax 561979.
i: Terlan, Dr.-Weiser-Platz 2, I-39018 Terlan, Tel. (0471) 257165, Fax 257830.
i: St. Martin in Passeier, I-39010 St. Martin, Tel. (0473) 641210, Fax 641596.
i: Sarntal, I-39058 Sarnthein, Tel. (0471) 623091, Fax 622350.
i: Ultental, I-3010 St. Walburg, Tel. (0473) 795387, Fax 795049.
i: Dorf Tirol, Hauptstraße 31, I-39019 Dorf Tirol, Tel. (0473) 923314, Fax 923012.

Sehenswürdigkeiten

❍ *Schloß Tirol*, Dorf Tirol, Tel. (0473) 220221: Das Stammschloß der ersten Grafen von Tirol bietet nicht nur eine schöne Aussicht, sondern beherbergt u.a. das älteste Glasgemälde Südtirols. Sehenswert sind auch die romanischen Portale. Geöffnet: Mitte März bis Anfang Nov. Di–So 10–17 Uhr.
❍ *Schloß Runkelstein*, Bozen, Tel. (0471) 329808: Die nach 1237 gebaute Burg enthält bedeutende Fresken.
❍ *Dom*, Bozen: Seine lange Geschichte (ab dem 5. Jahrhundert) spiegeln die verschiedenen Bauphasen. Geöffnet: Mo–Sa.
❍ *Pfarrkirche St. Peter ob Gratsch*, Dorf Tirol: bedeutende Stukkaturen und Fresken aus romanischer und vorgotischer Zeit. Tgl. geöffnet.
❍ *Pfarrkirche*, Lana: gotischer Flügelaltar von Hans Schnatterpeck. Führungen Ostern bis Ende Okt. wochentags 9.30–11.30 und 14–17 Uhr.

Rasanz und Anspannung beim jährlichen Oswald-von-Wolkenstein-Ritt am Schlern, benannt nach dem Dichter, Minnesänger und Raufbold Oswald von Wolkenstein

❍ *Maria-Trost-Kirche*, Meran: Bau aus dem 12. Jahrhundert mit romanischen Fresken. Tagsüber geöffnet.
❍ *Südtiroler Obstbaummuseum*, Lana, Ansitz Larchgut, Brandis Waalweg 4, Tel. (0473) 564387: Informationen rund um den Obstanbau und die älteste Weinpresse (1570) des Landes. Geöffnet: Anfang April bis Ende Okt. tgl. außer Mo.
❍ *Peter Mitterhofer Schreibmaschinenmuseum*, Partschins, Kirchplatz 10, Tel. (0473) 967581: Die Ausstellung vermittelt Einblick in die über 100jährige Geschichte der Schreibmaschine. Geöffnet: Nov. bis März nur Di 10–12 Uhr, April bis Okt. Mo, Di, Do, Fr.
❍ *Andreas Hofer-Gedenkraum*, St. Leonhard in Passeier: Ausstellungsstücke aus der Zeit des Freiheitskämpfers. Geöffnet: Mo–Sa 9–12 und 14–18 Uhr.
❍ *Südtiroler Archäologiemuseum*, Bozen, Museumstraße 43, Tel. (0471) 982098: Neben dem »Ötzi« (s. S. 14) als unbestrittener Attraktion bietet die Ausstellung einen Einblick in die Geschichte Südtirols. Geöffnet: tgl. außer Mo.
❍ *Burg Neuhaus* bei Terlan. Wanderung in 1½ Stunden von Terlan (248 m) zu der auch »Schloß Maultasch« genannten Burgruine (ca. 340 m). Der Weg selbst ist leicht und problemlos zu bewältigen, nur im unmittelbaren Bereich der Burg ist etwas Vorsicht geboten.

Veranstaltungstip

Oswald-von-Wolkenstein-Ritt unterm Schlern: »Ritterspiele mit Südtiroler Flair« (Mai). Der Ritt beginnt an der Trostburg oberhalb von Waidbruck, dem Stammsitz des Wolkensteiners (s. links).

Literatur

Die Monographie *Die Architektur für ein italienisches Bozen* der Architekten Oswald Zoeggeler und Lamberto Ippolito beschäftigt sich mit den faschistischen Bauten in der Südtiroler Provinzhauptstadt (Tappeiner Verlag, Lana/Südtirol 1992).

Der Nordosten – Zwischen Brenner und Ahrntal

Götterdämmerung über Teis im Eisacktal

Im Frühstau zu Berge – Über den Brenner der Sonne entgegen

Überanstrengt hat Albrecht Dürer sich nicht. Auf der Rückreise von seiner ersten Italientour, die ihn 1494/95 nach Venedig geführt hatte, machte er noch einmal vor dem Brenner halt. Von Klausen (Chiusa) aus spazierte der große deutsche Zeichner und Maler keine fünfzehn Minuten den Berg hinauf. Dann hatte er vom Wandern schon wieder genug, setzte sich auf einen Stein und zeichnete das Panorama der mittelalterlichen Stadt. Es muß für ihn wohl ein glücklicher Moment gewesen sein, denn ein paar Jahre später verwendete er das Klausener Motiv als Hintergrund für seinen berühmten Kupferstich »Das große Glück«.

Heute sollte man Ohropax in den Gehörgängen haben und die Augen leicht zukneifen, um des Meisters großes Glück nachempfinden zu können. Die Stelle, an der Dürer vor 500 Jahren wahrscheinlich saß, ziert heute eine halbrunde Holzbank. Der örtliche Verkehrsverein hat sie für alle Dürer-Epigonen aufgestellt. Der mächtige Stein dahinter trägt in schwarzer Schrift und gotischen Lettern den Namen Dürers und die – unzutreffende – Jahreszahl 1504.

Gelingt es, die Gegenwart auszublenden, so läßt sich Dürers Bild problemlos vorstellen: Ruhig fließt im Tal der Eisack (Isarco). Über den Fluß spannt sich die Holzbrücke nach Klausen, auf der ein Menschlein einen Handkarren schiebt. Über die Dächer des Südtiroler Städtchens erhebt sich der schlanke Turm der Pfarrkirche. Schon außerhalb steht das trutzige Gemäuer der Burg Branzoll. Und hoch droben auf dem Felsen thronen die fahlen Klostermauern des ehemaligen Bischofssitzes Säben. Ein Bild wohlgelungener Proportionen und Harmonie.

Aber die Gegenwart läßt sich nicht ewig ausklammern. Irgendwann muß man die Augen und Ohren aufmachen: Schrill schallt der Pfiff der schweren

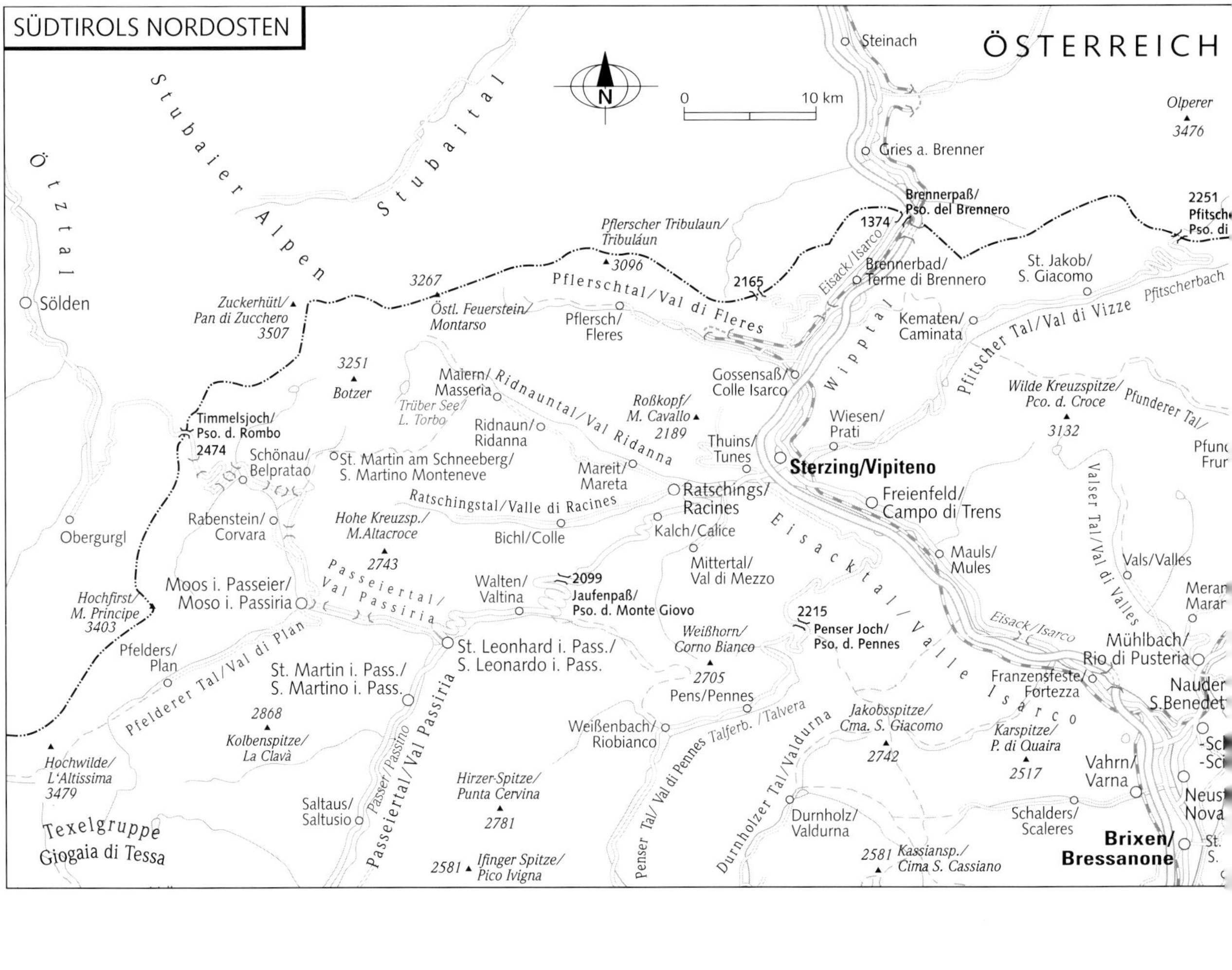

italienischen Elektrolok durch das enge Tal und kündigt einen Güterzug an. Es rattert lange, bis die Waggons hinter der nächsten Kurve des Eisacktales verschwunden sind. Im Rücken, weniger als hundert Meter entfernt, dröhnt die Brennerautobahn. Zu sehen ist der blecherne Lindwurm nicht, dafür sind die klobigen Betonpfeiler der Schnellstraße zu hoch. Doch zu hören ist der pausenlose Strom der Fahrzeuge. Keine Sekunde gibt die mobile Karawane Ruhe. Nur ab und zu ragt das Dach eines Wohnmobils oder eines Lastwagens über die rostigen Leitplanken. Dürer, der Glückliche, ahnte noch nichts von den Segnungen der modernen Technik. Heute hätte er sich bestimmt einen anderen Platz gesucht.

Der Meister aus Nürnberg war natürlich nicht der erste, den es durch das Eisacktal und über den Brenner zog. Seit wenigstens zweitausend Jahren reißt der Strom von Menschen und Waren nicht ab. Mit 1370 m Höhe ist der Brennersattel der niedrigste und leichteste Übergang der Zentralalpen. Seitjeher waren das Eisacktal und das Wipptal, wie das obere Tal des Eisack auch genannt wird, eine Region des Handels, des geistigen und kulturellen Austauschs, aber auch der machtpolitischen Auseinandersetzungen zwischen Nord- und Südeuropa.

Es waren Händler aus dem rauhen Norden, die Salz, Pelze und Bernstein über den Brenner schafften und auf ihrem Rückweg Gewürze, Obst und Wein zurückbrachten. Römische Legionäre überquerten unter Drusus und Tiberius in den Jahren 16/15 v. Chr. den Paß, um die ansässigen Räter vernichtend zu schlagen und das Land nördlich der Alpen ihrem Imperium einzuverleiben. Während der Völkerwanderung strebten germanische Stämme über die Gebirgsbarriere und zerschlugen das Römische Reich. Im Mittelalter wurde das Tal zur »Krönungsstraße«, auf der die Könige und Kaiser des Heiligen Römischen Reiches deutscher Nation zum Papst nach Rom pilgerten. Später wanderten lombardische Maler von Süden durch das Eisacktal, um an fränkischen Höfen ihr Brot zu verdienen, und Künstler aus dem süddeutschen Raum zogen gen

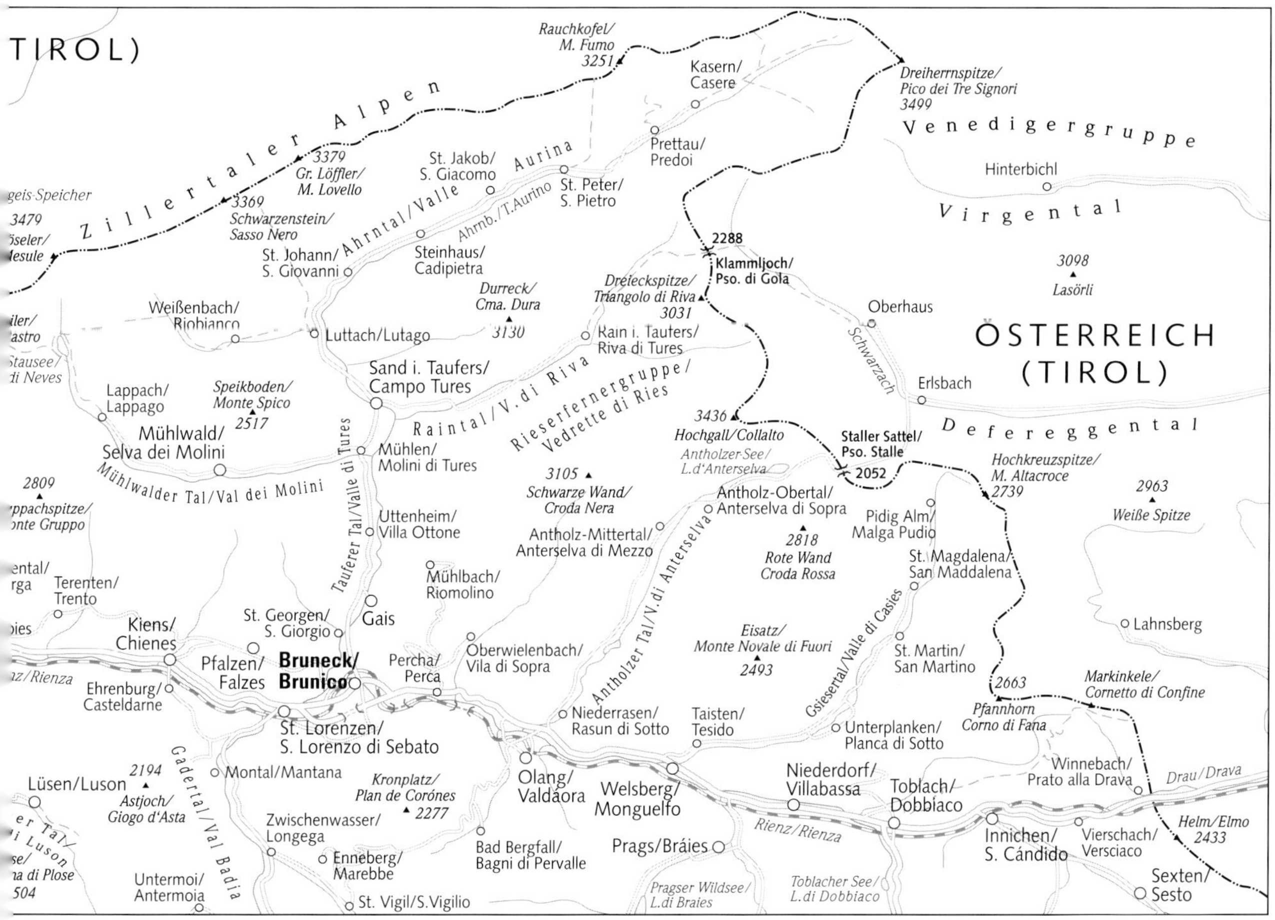

Süden, um jenseits der Alpen zu arbeiten oder sich dort von neuen Kunstentwicklungen anregen zu lassen. Wie Albrecht Dürer, der in Italien die Renaissance kennenlernte.

Heute ist die Route über den Brenner und durch das Wipp- und Eisacktal eine der wichtigsten Transitachsen. Hier spielt sich der größte Teil des Urlaubs- und Warenverkehrs zwischen Mitteleuropa und Italien ab. Das Eisacktal sei der »Auspuff Europas«, titelte einmal provokant die Südtiroler Wochenzeitung *FF*. Nicht zu Unrecht. Denn über den Brenner rollen Jahr für Jahr fast 6,5 Millionen Pkws, über 1,5 Millionen Lastwagen, 130000 Busse und rund 100000 Motorräder.

Der Schriftsteller Otto Julius Bierbaum, der anno 1902 im Auto über die Alpen fuhr, konnte noch schwärmen: »Der Umstand, daß die Brennerstraße so gut wie keinen Fahrverkehr hat, macht sie für den Laufwagenreisenden besonders angenehm.« Die Gegenwart indes sieht anders aus. Kilometerlange Staus, volle Rasthäuser und Fahrzeugschlangen vor den Tankstellen prägen in der Hochsaison das Bild. Die meisten Urlauber nehmen das Tal nur als häßlichen Schlauch oder Korridor wahr, den es möglichst schnell zu durchqueren gilt. Die Weite und die

Rechte Seite: Ein Schatzkästchen – der Kreuzgang des Doms von Brixen.

Schönheit in den Seitentälern und auf den Höhenterrassen, wo es sich lohnt, die Ferientage zu verbringen, bleiben verborgen.

Insgesamt werden am Brenner jedes Jahr rund 24 Millionen Reisende registriert. In Klausen leben gerade einmal 2400 Einwohner – ein Zehntausendstel des Reisestromes. Der Name des winzigen Städtchens sagt alles. Wie in einer Klause, einem Engpaß, duckt sich der Ort im schmalen Eisacktal an den Säbener Klosterfelsen. Die Altstadt, die Dürer schon sah, besteht aus einer einzigen Straße. Die kleinen Gäßchen links und rechts zählen nicht. Mit ihren Dächern scheinen die stattlichen, hohen Bürgerhäuser aneinanderzustoßen. Die Hauptstraße ist so eng, daß keine zwei Autos nebeneinander vorbeikommen. Kaum zu glauben, daß jahrhundertelang der gesamte Brennerverkehr hier hindurchfloß. Heute ist der motorisierte Verkehr fast völlig aus dem mittelalterlichen Altstadtbereich verbannt. Die Staatsstraße führt durch einen Tunnel an der Stadt vorbei. Autobahn und Eisenbahn verlaufen auf der anderen Seite des Eisack.

Die Burg Branzoll oberhalb des Städtchens Klausen im Eisacktal.

Wer das Städtchen verläßt und höher als Dürer den Berg hinaufsteigt, erkennt, wie sich die Verkehrsstränge in die Talfurche des Eisack hineinquetschen. Zwischen den steilen Berghängen werden sie gleichsam kanalisiert und konzentriert. Dabei verstärkt sich der Lärm der Fahrzeuge wie in einem Trichter. Je nach Windrichtung kriecht der Schall mal diese, mal jene Hangseite hinauf, und erst nach etwa 200 bis 300 Höhenmetern über dem Talgrund nimmt er langsam ab, ohne jedoch völlig zu abzuebben. Immer noch liegt ein monotones Sirren in der Luft. Das Geräusch wäre schwer einzuordnen, würde man nicht wissen, woher es stammt. Die Autobahn ist auf Spielzeuggröße geschrumpft, und die Lastwagen sind nur noch ein paar Millimeter groß. Was unten so brutal wirkte, ist von oben erträglich und hat seinen Schrekken verloren. Noch weiter oben verschwindet die Talfurche des Flusses und macht einer durchgehenden sanften Mittelgebirgslandschaft Platz, über die sich die Felsriesen der Sarntaler Alpen und der Dolomiten auftürmen. Das Gefühl des Glücks und der Harmonie stellt sich wieder ein.

Die Eröffnung der Brennerautobahn in den sechziger Jahren wurde damals in Südtirol positiv gesehen. Die Provinz war nun viel leichter zu erreichen und lag quasi vor der Haustür von München und Mailand. In den letzten Jahren begann man jedoch umzudenken. Denn zuviel Verkehr schadet dem Tourismus, dem wichtigsten Wirtschaftsfaktor in Südtirol. Lärm, Abgase, verseuchte Böden, Staus und der drohende Verkehrsinfarkt lassen sich schlecht mit dem Image einer intakten Erholungslandschaft vereinbaren. So befürworten viele Tourismusexperten in Südtirol den Brenner-Basistunnel für die Eisenbahn.

Im August 1867 wurde die Brennerstrecke zwischen Innsbruck und Bozen nach nur drei Jahren Bauzeit eröffnet. War die Postkutsche vorher noch fünfzehn Stunden unterwegs gewesen, benötigte der dampfgetriebene Zug nur noch sechs Stunden. Zwar ist die Bahn heute schneller, doch selbst die modernen EuroCity-Züge »Michelangelo« und »Leonardo da Vinci« benötigen für die nur 127 km lange Strecke zwischen der Tiroler und der Südtiroler Hauptstadt noch mehr als zwei Stunden. Mit einer Durchschnittsgeschwindigkeit von nur 60 km/h zuckeln die ECs über die ausgefahrenen Gleisanlagen mit ihren engen Kurven und dem veralteten Signalsystem. Die Güter- und Regionalzüge sind noch langsamer.

Angesichts des drohenden Verkehrskollapses auf der Straße ist die alte Idee des Brenner-Basistunnels wieder höchst aktuell. Seit den frühen fünfziger Jahren planen Ingenieure und Techniker eine solche Röhre, die den Alpenhauptkamm unterquert. Der Basistunnel soll Teil des europäischen Hochgeschwindigkeitsnetzes werden. Doch im Moment sind die Pläne wieder in den Schubladen verschwunden. Zu ungewiß ist die Finanzierung des gewaltigen Vorhabens, zu weit klaffen die Vorstellungen der beteiligten Bahngesellschaften in Deutschland, Österreich und Italien auseinander. Statt dessen wird die alte Brennerbahnstrecke an einigen besonders kurvigen Abschnitten durch neue Tunnels begradigt. Der Protest der Anwohner war zumindest nicht ganz umsonst.

Die kunstvollen gotischen Gewölbefresken im Kreuzgang von Brixen zeigen Szenen aus dem Alten und dem Neuen Testament.

Literaturtip

Otto Julius Bierbaum: *Eine empfindsame Reise im Automobil. Von Berlin nach Sorrent und zurück an den Rhein*, München 1979.

Das Eisacktal – Zum Durchsausen viel zu schade

Die meisten sausen nur durch. Das ist wirklich schade. Denn neben dem sirrenden Band der großen Nord-Süd-Rennstrecke gibt es im Eisacktal ein paar wunderbare Eindrücke von Südtirol. Hinter Franzensfeste, dem von den Österreichern von 1833 bis 1838 errichteten Bollwerk, beginnt der Süden. Da wird Südtirol beim Augustiner-Kloster Neustift als wichtigem Silvaner-Vorposten plötzlich weinselig. Und nicht nur das. Da gibt es auch noch die Äpfel mit den rosigsten Bäckchen und eine hübsche Apfelkönigin, oben auf dem stillen Hochplateau von Natz-Schabs, und traditionelle Südtiroler Küche, von engagierten Köchen liebevoll verfeinert, wird aufgetischt entlang einer speziellen Eisacktaler »Genießerstraße«. Wenn dann im Oktober die Törggelen-Zeit (s. S. 26) beginnt, kann man überall in Straußwirtschaften zu einer kräftigen Marende den neuen Wein verkosten. Es gibt also wirklich gute Gründe, hier einmal die Brenner-Autobahn zu verlassen.

Brixen – Historisches Flair

Die Ausfahrt Brixen/Pustertal ist schon ein Volltreffer. Brixen (Bressanone), die älteste Stadt Tirols, lohnt mit ihren mittelaterlichen Laubengassen einen längeren Bummel. Sehenswert sind die Renaissance-Hofburg und der Dom, vor allem aber der Kreuzgang mit seinen Fresken, darunter einem kuriosen Rüsseltier. Präziser dargestellt ist dieses Wesen im Traditionshotel »Elephant« – eine Erinnerung an das Jahr 1551, als Erzherzog Maximilian mit einem leibhaftigen Elefanten, einem Geschenk des Königs von Portugal, auf dem Weg nach Wien in Brixen auftauchte.

Brixen, das bereits um 1039 ummauert wurde und deshalb als älteste Stadt Tirols gilt, ist die drittgrößte Stadt Südtirols. Feuersteingeräte aus dem 7. Jahrtausend v. Chr. belegen menschliche Anwesenheit in der Mittelsteinzeit, bronzezeitliche Funde wurden namengebend für die »Laugener« und »Melauner Kultur«, die in einer charakteristischen prähistorischen Keramik zum Ausdruck kommt und im Ostalpenraum weit verbreitet ist.

Im 10. Jahrhundert nach Christus wird Brixen dann Bischofssitz und bleibt dies bis zu dessen Verlegung nach Bozen im Jahre 1964. Ursprünglich lag der Bischofssitz zwar auf dem Säbener Felsen, dem wir noch begegnen werden, doch dann wurde er herunter ins Tal, in den Ort selbst, verlegt. Und weil die Bischöfe in der Folge zu deutschen Reichsfürsten mit umfassenden weltlichen Machtbefugnissen aufstiegen, waren sie es, die Fürstbischöfe von Brixen und Trient, die im Hochmittelalter den deutschen Herrschern, die sich Kaiser des »Heiligen Römischen Reiches deutscher Nation« nannten, den Brennerweg freihielten, wenn sie zur Kaiserkrönung zum Papst nach Rom zogen oder mit ihren Heeren die Alpen überquerten.

An das Jahrtausend, in dem die Stadt Brixen Bischofssitz war, erinnert neben anderen Bauwerken die ebenso ausgedehnte wie prächtige Hofburg. Wie Brixen früher selbst ist sie noch heute teilweise von einem Wassergraben umgeben, den ein paar Schwäne bewohnen. An die einstige Bedeutung der Stadt als geistliches und kulturelles Zentrum erinnert auch das etwas außerhalb gelegene Kloster Neustift.

Das Innere der Stadt besticht einerseits durch seine winkeligen Gassen und malerischen Lauben-

Hübsche Bauwerke und die Adlerbrückengasse lohnen einen Besuch in Brixen.

Auf dem Friedhof von Villanders im Eisacktal.

bögen, andererseits verleihen ihm der barocke Dom mit den beiden Zwiebeltürmen, der berühmte Kreuzgang mit seinen gotischen Fresken, das bunte Treiben auf dem Domplatz und der südliche Charakter der blühenden Gärten und Parks einen besonderen Zauber.

Säben – Die »Akropolis« Tirols

Geschichtlich in mancherlei Hinsicht mit Brixen verbunden, im übrigen aber ein selbständiges mittelalterliches Städtchen mit außerordentlich malerischer Bausubstanz ist dann das kleine Klausen (Chiusa) zwischen Brixen und Bozen. Doch so faszinierend die auf engstem Raum aneinandergescharten Häuser sind, noch beeindruckender sind Mauern, Türme und Baukörper des Klosters Säben (Monastero di Sabiona), das hoch über Klausen einen gewaltigen, mit senkrechten Wänden abbrechenden Felssporn krönt.

Albrecht Dürer und nach ihm zahllose andere Künstler haben versucht, der Faszination dieses einzigartigen Bildes in Wort und Bild Gestalt zu verleihen. Doch Klausen und die »Akropolis Tirols«, wie Säben gerne genannt wird, bieten nicht nur ein architektonisch beeindruckendes Bild, auch das Kloster selbst ist von historischer Bedeutung. Dort oben auf dem nahezu unzugänglichen Felsen befand sich nämlich bereits um die Mitte des ersten nachchristlichen Jahrtausends einer der ersten Bischofssitze der Alpen, zunächst unter dem Patronat der Patriarchen von Aquileia bei Venedig, später unter dem Erzbistum Salzburg, der der Legende nach vom heiligen Kassian gegründet worden sein soll. Dort oben also lag die Keimzelle des später so mächtigen Fürstbistums Brixen, dessen Territorium im Norden bis ins untere Inntal und im Süden in das heutige Trentino hinein reichte.

Doch der mächtige Säbener Felsen trug nicht nur ein halbes Jahrtausend lang den Bischofssitz und die entsprechenden Kirchenbauten, er war schon ein paar Jahrtausende zuvor, nämlich spätestens seit der Jungsteinzeit, von Menschen bewohnt. Nach der Verlegung des Bischofssitzes trug er eine heute noch weitgehend erhaltene Ritterburg. In der Neuzeit schließlich wurde die alte Ritterburg in ein stilles Benediktinerinnenkloster umgewandelt, das heute noch besteht.

Im Rhythmus der Landschaft – Auf Hirtenwegen durchs Pustertal

Die gesamte Nordseite des Pustertals mit ihren zum Teil recht bedeutenden Seitentälern ist ganz besonders reich an einzelnen Hochalmen und weitgehend ebenen Hirtenpfaden, die diese Almen miteinander verbinden. Zwei solcher Hirtenwege sollen stellvertretend stehen für Dutzende solcher Pfade. Der eine ist der heute als »Reiner Höhnweg« bekannte Almweg, der sich über der landschaftlich so bezaubernden grünen Weitung von Rein im Tauferer Ahrntal hinzieht und von Alm zu Alm führt, und zum anderen der in seinem Verlauf ähnliche Almweg im Gsieser Tal, das weiter östlich vom Pustertal nordwärts abzweigt.

Reiner Höhenweg

Vom hübschen Bergdorf Rein etwas oberhalb der ausgedehnten Talsohle führt der alte Hirtenweg zuerst am Hang hinauf zu den »Lobiser Schupfen«, einer Gruppe von altersbraunen, aus klobigen Baumstämmen gezimmerten Heuhütten, die auf einem ebenen Wiesenboden stehen und den Namen von den wuchernden Lobisen haben, wie der Alpenampfer im Volksmund genannt wird.

Hier, wo der Blick zu den Gletschern und Hochgipfeln der Rieserfernergruppe am schönsten ist, betritt man den querenden Hirtenweg. Er ist 5 km lang und durchzieht nahezu eben in Höhe der Almen die sich von Rein zu den Hochgipfeln der Durreckgruppe hinaufziehenden Hänge. Der landschaftlich und floristisch gleichermaßen schöne alte

Auf einer Alm bei Rein im Pustertal.

Weg bietet eine herrliche Aussicht auf die schimmernde Eiswelt der Rieserferner im Osten und auf die schroffen Felsgipfel im inneren Knuttental.

Am Weg liegen die Sennhütten der Mittermayer-, Moosmayer- und Hirberalm, am Endpunkt der Höhenwanderung die Durra-Alm, von der ein guter Weg zum Ausgangspunkt Rein zurückbringt. Und so ist unser Höhenweg nicht nur landschaftlich und aussichtsmäßig sehr lohnend, er gewährt, so wie andere derartige Wege auch, so manchen Einblick ins Almleben. Gelegenheit dazu bot sich uns einmal, als wir zu jener Hirtenhütte kamen, die sich am höchsten Punkt des Weges an den Steilhang schmiegt. Gerade trat der Hirte vor die Tür. Er grüßte uns weder freundlich noch unfreundlich, eher mit jenem Gleichmut, der dem Bergbauern eigen ist. Da wir ehrliches Interesse an seiner Alm bekundeten, kam es zu einem kurzen Gespräch. Wie selbstverständlich lud er uns zum Mittagessen ein.

Die Hütte war erfüllt vom charakteristischen, keineswegs unangenehmen Geruch, den die Holzbalken vom Rauch des offenen Feuers annehmen, eine flache Eisenpfanne mit dem sogenannten »Melkermus« stand auf dem klobigen Tisch, und der Mann stellte ein paar verbeulte Blechschalen mit frischer, rahmiger Milch daneben. Und während wir zu essen begannen, erzählte er von einem Kalb, das kürzlich zu Tode gestürzt war, er sprach von der langen Trockenheit und hatte nur einen Wunsch, nämlich den, daß es bald regnen möge. Von den Geschehnissen unten im Tal und in der weiten Welt wußte er wenig; wozu auch, er war ja den ganzen Sommer über hier oben, und das Wohl des ihm anvertrauten Viehs war es, das ihn in erster Linie zu interessieren hatte.

Es war hier nichts von jener Lederhosen- und Dirndlromantik zu spüren, die dem Almleben oft angedichtet wird, alles bestand aus nüchterner, einfacher Notwendigkeit. So blieb uns später als Erinnerung neben aller landschaftlichen Schönheit des Almweges vor allem die Begegnung mit einem Menschen, der in einfachsten Verhältnissen allein einen Sommer lang hoch über den Tälern zu leben imstande war und dabei eine innere Ruhe und Zufriedenheit ausstrahlte, wie man sie sonst selten antrifft. Auf den Almen scheint sich die Einfachheit der Landschaft auf den Menschen zu übertragen, und dort gehört das genügsame und trotzdem zufriedene Leben noch keineswegs der Vergangenheit an.

Almweg 2000

Das Gsieser Tal zählt mit seinen weitgehend ursprünglich gebliebenen Höfelandschaften und seiner intakten Bergnatur zu den schönsten Tälern Südtirols. Zwar hatte man in der allgemeinen Erschließungseuphorie der siebziger Jahre auch aus den ausgedehnten Bergwiesen der Stumpfalm ein Skigebiet mit Liftanlagen und allem Drumherum machen wollen, doch daraus ist nichts geworden. Statt dessen begann man, verstärkt auf den sanften Tourismus zu setzten – offenbar nicht zum Schaden der Einheimischen und auf jeden Fall zum Nutzen der Natur und der Landschaft, was im grünen Gsieser Tal fast dasselbe ist.

Da auch der sanfte Tourismus um gewisse Erschließungsmaßnahmen nicht herumkommt, wurde 1985 im Zuge dieser Entwicklung der Almweg 2000 angelegt. Bei diesem Namen könnte man an die Jahrtausendwende denken, aber er soll nur zum Ausdruck bringen, daß der Weg – wie übrigens die meisten anderen Almwege auch – in einer Höhenlage von rund 2000 m verläuft.

Doch das Wort »Erschließung« ist eigentlich fehl am Platze. Denn bei der Anlegung des Höhenweges, der in einer herrlichen Naturlandschaft oberhalb der Waldgrenze von einer Alm zur anderen führt, ging man äußerst behutsam vor, eigentlich half man mit Pickel und Schaufel nur dort etwas nach, wo es die bereits bestehenden Hirtenpfade erforderlich machten. So ist dieser Wanderweg keine »Promenade« geworden, sondern blieb ein einfacher, aber gerade deshalb um so hübscherer Almsteig – bis auf die wenigen Stellen, an denen Güterwege die Höhenroute berühren.

Auch die Almhütten entlang des Weges wurden nach Möglichkeit einfach und ursprünglich belassen, und wo man renoviert hat, ließ man jene Behutsamkeit walten, die dem Bild einer intakten Almlandschaft gerecht wird. Man trifft auch viel von der althergebrachten Almstruktur an. Wer die Wege von Alm zu Alm mit dem besonnenen Rhythmus geht, der den Almleuten eigen ist, wer es versteht, mit ihnen zu reden, für den wird das Wandern auf Hirtenpfaden zum besonderen Erlebnis – ganz gleich ob in Rein, in Gsies oder in einem der übrigen Hochtäler der Alpen.

St. Martin am Schneeberg – Eine tiefgründige Geschichte

Im Winter ist hier kein Durchkommen. Dann liegt der Schnee meterhoch. Ein eisiger Wind fegt über die baum- und strauchlose Hochebene des Schneeberges zwischen dem Südtiroler Ridnaun- und Passeiertal. Und dennoch gab es in dieser Unwirtlichkeit auf 2355 m einst ein Dorf mit Kirche, Spital, Schule, Gasthaus und Läden. Im späten Mittelalter lebten in der hochalpinen Einöde von St. Martin am Schneeberg über 1000 Menschen. Das »argentum bonum de Sneberch«, das gute Silber vom Schneeberg, wurde bereits im Jahre 1237 in einem Notarsbuch erwähnt.

Heute ist St. Martin am Schneeberg ein montanes Freiluftmuseum des Südtiroler Landesbergbaumuseums, das weitere Ausstellungsstätten in Sterzing und im Ahrntal hat. Von dem kleinen Dorf Maiern (Masseria, 1507 m) am hintersten Ende des schönen Ridnauntals, keine halbe Auto- oder Busstunde von Sterzing entfernt, führt ein bergkundlicher Lehrpfad durch das Lazzacher Tal und über die Schneebergscharte (2687 m) auf das Schneeberger Hochplateau. Von Juni bis Anfang September ist der Weg zur Knappensiedlung begehbar. Vier bis fünf schweißtreibende Stunden sind einzuplanen. Einfache Unterkunfts- und Einkehrmöglichkeiten gibt es auf halber Wegstrecke in der Poschalm (2112 m) sowie in der »Herrenkaue«, dem ehemaligen Verwaltungsgebäude des Bergwerks.

Seine Blütezeit erlebte der Bergbau in Tirol zwischen dem 14. und 16. Jahrhundert, als der Reichtum aus dem Inneren der Berge der wirtschaftliche Grundpfeiler für das Entstehen der damaligen Großmacht Österreich war. Ohne die reichen Silber- und Bleigruben am Schneeberg und in anderen Tiroler Tälern wären die ständig steigenden Ausgaben für die habsburgischen Eroberungskriege, für die Prunkbauten und die verschwenderische Hofhaltung nicht finanzierbar gewesen.

Das Leben der Knappen am Schneeberg war hart. Die Bergleute fürchteten die drohenden Lawinen

St. Martin am Schneeberg – 750 Jahre lang wurden hier in gut 2300 m Höhe Silber und Blei gefördert.

mehr als die Gefahr eines Grubenunglücks. Um im Winter überhaupt sicher in die Erzstollen zu gelangen, gruben sie lange Gänge durch Eis und Schnee. Doch auch unter Tage war das Risiko groß. Wassereinbrüche, Brände, Stollengase, Blei- und Quecksilbervergiftungen ließen die Erzknappen selten alt werden. Trotzdem war die Arbeit in den Stollen begehrt, denn die Bergarbeiter jener Zeit galten als privilegiert. Hatten die Bauern des späten Mittelalters unter der Zinsknechtschaft durch die adligen und kirchlichen Grundherren zu leiden, so waren die Arbeitskonditionen der Knappen geradezu vorbildlich. Seit 1553 war die Arbeitszeit in den Tiroler Bergwerken auf acht Stunden pro Tag begrenzt. Es galt die 5 1/2-Tage-Woche, und die zahlreichen arbeitsfreien Feiertage entsprachen zusammengerechnet in etwa dem heutigen Urlaub. Auch in der Arbeitsplatzwahl waren die Knappen völlig frei und keinem Grundherrn unterworfen. Sie hatten Kündigungsschutz und eine soziale Absicherung bei Unfällen und im Alter. Die Bergleute waren vom Wehrdienst befreit und unterstanden einer eigenen Gerichtsbarkeit.

Im Laufe der Jahrhunderte erschöpften sich die Silber- und Bleivorkommen am Schneeberg. Zudem wurden in Übersee reiche Erzvorkommen entdeckt, die leichter und profitabler auszubeuten waren. So wurde der Abbau am Schneeberg 1798 eingestellt. Doch nur für kurze Zeit. Keine 100 Jahre später war man in der Lage, ein Erz zu verarbeiten, das zuvor ungenutzt auf den Abraumhalden gelandet war: die Zinkblende. 1871 gingen die Gruben am Schneeberg wieder in Betrieb.

Um das Erz von den abgelegenen Stollen zur neu eröffneten Brenner-Eisenbahn nach Sterzing zu transportieren, wurde ein ausgeklügeltes System von Aufzügen und Pferdebahnen geschaffen. Mit einer Streckenlänge von über 27 km war der Bau die größte Übertageförderanlage der Welt. In der Nähe von Maiern, dem Dorf am Talschluß von Ridnaun, entstand gleichzeitig eine Erzaufbereitungsanlage, in der das Gestein zu verhüttungsfähigem Erz konzentriert wurde. Die Schneeberger Minen machten über drei Viertel der gesamten Tiroler Zinkerzproduktion aus.

Als im Ersten Weltkrieg die österreichisch-ungarische Monarchie von den Rohstoffmärkten der Welt weitgehend abgeschnitten war, wurde das Schneeberger Zink für die Rüstungsindustrie von entscheidender Bedeutung. Doch der Krieg ging für Österreich und seine Verbündeten verloren. Südtirol mußte 1919 an Italien abgetreten werden. Die italienische Firma, die nun das Schneeberger Bergwerk betrieb, modernisierte die Anlagen und setzte modernste Technik ein. Die Produktivität stieg auf das Vierfache. Das Erz vom Schneeberg wurde zur wesentlichen Stütze der faschistischen Autarkiepolitik Italiens.

Diese wichtige Rolle behielt der Schneeberg auch im Zweiten Weltkrieg, als Südtirol 1943 nach der italienischen Kapitulation von deutschen Truppen besetzt und zur »Operationszone Alpenvorland« erklärt wurde. Das Bergwerk kam unter kommissarische Verwaltung des deutschen Staatskonzerns »Sachsenerz« und sollte nach Vorstellungen des Reichswirtschaftsministers im Rahmen der »totalen Kriegsführung im größtmöglichen Umfange nutzbar gemacht werden«. Denn unter den kriegswichtigen Erzen nahm Blei den zweiten und Zink den dritten Rang ein. Doch auch dieser Krieg ging für Österreich und Deutschland verloren, und Südtirol blieb italienisch. Obwohl am Schneeberg weiter investiert wurde, konnte in den siebziger Jahren kein Gewinn mehr erzielt werden. 1986 stellte die italienische Firma den Erzabbau ein und ließ einen großen Teil der Gerätschaften und Maschinen zurück.

Bevor alles gänzlich verfiel und verrottete, griff das Südtiroler Landesbergbaumuseum zu, sicherte die Anlagen und richtete ein sehenswertes Museum der Industriekultur ein. Im restaurierten Gebäude der alten Erzaufbereitungsanlage in Maiern stehen die Maschinen aus den zwanziger Jahren gewienert und geputzt, als könnten sie jederzeit wieder in Betrieb gehen und unter Höllenlärm das Erz vom tauben Gestein trennen. Ein 250 m langer Schaustollen wurde in den benachbarten Berg getrieben. Zwar ist hier nie Erz abgebaut worden, doch die Führung mit Schutzhelm und Taschenlampe durch die naßkalte potemkinsche Grube, in der originale und originalgetreu nachgebaute Werkzeuge und Gerätschaften den Bergbau von siebeneinhalb Jahrhunderten dokumentieren, ermöglicht zumindest eine Ahnung von der harten und gefahrvollen Arbeit unter Tage.

Vorhergehende Doppelseite: Jahrhundertelang trieben Ahrntaler Bauern ihr Vieh über schwer zugängliche Pässe zum Weiden ins Zillertal und ins Salzburgische. Nur ein Bauer geht diesem schweren Brauch heute noch nach.

Im nördlichsten Zipfel Italiens tut sich, »auf der Sonnenseite der Zillertaler Alpen«, überraschend eine der schönsten Sackgassen Südtirols auf. Das Ahrntal liegt ganz still im nordwestlichsten Winkel von Südtirol. Man muß sich, von der Brenner-Autobahn kommend, durch das Pustertal bis Bruneck vorarbeiten, dann ins Tauferertal abbiegen, bis man das »Tor« erreicht: Burg Taufers über dem Ort Sand in Taufers, eine der wuchtigsten Burgen Südtirols.

Schmugglerpfade unter Gletschern – Italiens nördlichster Zipfel

Burg Taufers bewachte über Jahrhunderte den Zugang zum Ahrntal. Das hatte einen einleuchtenden Grund. Im Ahrntal (s. S. 134) wurde bei Prettau (Predoi) hochwertiges Kupfer abgebaut, vermutlich schon seit der Bronzezeit, nachweislich jedenfalls seit dem 15. Jahrhundert. Davon lebten viele Ahrntaler, bis der Abbau vor rund 100 Jahren wegen des billigeren amerikanischen Kupfers nicht mehr rentabel war. Auch ein späterer Wiederbelebungsversuch scheiterte. Jetzt erinnert nur noch ein Lehrpfad an die Prettauer Bergwerksgeschichte.

Armut nistete sich im Tal ein, als die Kupfer-Herrlichkeit vorüber war. Doch die Not machte erfinderisch. Die Frauen der arbeitslosen Bergleute schickten drei junge Ahrntalerinnen nach Wien, damit sie dort die Kunst des Spitzenklöppelns erlernten. Bald gab es eine Klöppelschule im Tal. Thekla Notdurfter, geboren 1916, erinnert sich, wie sie als 15jährige erstmals zur Messe nach Florenz geschickt wurde, um dort für Ahrntaler Spitzen zu werben. Noch heute, erzählt sie, bestellen die Florentiner viel in Prettau, und im Ort werde noch immer in jedem Haus geklöppelt, allerdings nicht mehr, wie in schlimmen Zeiten, täglich bis Mitternacht.

Die Männer wollten ihren tüchtigen Frauen nicht nachstehen und begannen mit Schnitzarbeiten. Eine Schnitzerschule gibt es heute noch, und mancher lebt recht gut von seinen Holzmasken und -figuren. Zum Beispiel der Kirchler Klaus, der nebenbei noch als Erfinder der »Teufelsgeige« gilt. Das ist ein geschnitztes Monstrum, ein Tschingderassa-Bumm-Radau-Rhythmus-Instrument, das prächtigen Lärm verursacht. Wenn der Schnitzer-Klaus mit seinen Kindern auf der Teufelsgeige den Schneewalzer scheppert, dann rappelt's in der Bude.

Ohne Urlauber würde freilich alles Schnitzen und Klöppeln nichts retten. Den Tourismus im Ahrntal darf man im wesentlichen noch guten Gewissens »sanft« nennen, auch wenn es bereits neumodische Vergnügungen wie »River Rafting« gibt. Zudem ist es immer noch preiswert in dem abgelegenen Tal. Und alles soll fest in der Hand der Einheimischen bleiben. »Zu kaufen gibt es hier für Auswärtige nichts«, sagt Gottfried Lechner, Präsident des Tourismusvereins.

Das österreichische Zillertal spielte stets eine wichtige Rolle im Leben der Ahrntaler. Die Bauern trieben früher im Sommer ihr Vieh hinüber, und Schmuggler waren auf vielen Pfaden unterwegs. Noch heute können Wanderer im hinteren Tal diesen Wegen folgen. Die Schmuggelei nahm zeitweise derartige Auswüchse an, daß in 2500 m Höhe eine Finanzkaserne errichtet wurde.

Die Zillertaler Alpen sind eine überraschend grandiose Kulisse, wenn man in das zunächst eher harmlos wirkende Tal einfährt. Großvenediger-, Durreck- und Riesenfernergruppe ergänzen das Panorama. Von 63 Dreitausendern mit 20 Gletschern ist das Ahrntal umrahmt, so hat der Tourismusverein nachgezählt. Wer von der Bergstation Speikboden oder der Klausberg-Liftstation aus auf Höhenpfaden wandert, etwa über die »Speck- und Schnapsalm« hinauf zum Klaussee und dann in Richtung Niederhoferalm, der bekommt erst richtig die ganze Gletscherwelt zu Gesicht, die Gipfelkette mit Großem Löffler und Schwarzenstein zum Beispiel. Vielleicht bekommt er Lust, einmal, zum Teil haarscharf an einem Gletscher entlang, zur Schwarzensteinhütte hinaufzusteigen, die vor über 100 Jahren unter größten Mühen in 2922 m Höhe von der Alpenvereins-Sektion Leipzig errichtet wurde. Wer's gemächlicher mag, findet auf mittlerer Höhe bequemere Aussichtswege zu den höchsten bewohnten Almhöfen und urigen Hütten, in denen es noch deftige Brettljausen, Graukäse von der Alm, Gerstsuppe oder, wie auf der Rotbachalm, Ahrntaler Kasnocken aus der Riesenpfanne gibt.

In einem Seitental hat sich Weißenbach noch völlig den Charakter eines Tiroler Dorfes erhalten, aber auch die anderen Orte sind ruhig geblieben. Allenfalls in Luttach sollte man mit dem Bauen allmählich aufhören. St. Johann mit einer der schönsten Landkirchen Südtirols ist zwar größter Ort im Tal, aber völlig frei von Hektik. St. Jakob und St. Peter wirken fast wie Dörfer aus einer Modellandschaft für Spielzeugeisenbahnen. Der Ort Steinhaus erinnert mit seinem »Faktorhaus« an die einstige Bergwerksblüte. Ganz am Talende liegen der Weiler Kasern und die Heilig-Geist-Wallfahrtskirche. Von dort ziehen sich Pfade hinauf in Richtung Dreiherrnspitze, dem höchsten der Ahrntaler Berge (3499 m).

Das Ahrntal – Wie ein Stück Österreich

Über mangelnde Bekanntheit braucht sich der Reichenegger Hermann nicht zu beklagen. Die Wände seiner kleinen Werkstatt im Matzilerhof, hoch über St. Jakob (San Giacomo) im Ahrntal, gleichen einer Autogrammsammlung. Altbundeskanzler Helmut Kohls Grüße hängen hier an der Wand ebenso wie Fotos, die ihn zusammen mit Franz Josef Strauß in verschiedenen Posen zeigen. Doch auf die prominenten Freunde angesprochen, winkt der alte Mann ab. Das sei nicht so wichtig, meint er. Wichtig sei nur, daß der Teufel richtig herauskäme. Dabei hackt er mit einem Beil so auf einen vor ihm liegenden Holzklotz ein, daß man meinen möchte, der Leibhaftige träte schon mit dem Pferdefuß auf.

Der alte Reichenegger ist Maskenschnitzer, unter dessen Händen vor allem Hexen und Teufel aus dem duftenden Holz der Zirbelkiefer herausgearbeitet werden und in dem einsam und hoch am Waldrand über dem Tal gelegenen Bergbauernhof gleichsam »das Licht der Welt« erblicken. Morgen um diese Zeit sei er da, der Teufel, sagt der alte Mann und bearbeitet seinen Holzklotz, aus dem sich langsam die Teufelsfratze herauszuschälen beginnt. Die Masken des Ahrntales, die heute noch von einer Handvoll Schnitzer geschaffen werden, wurden, anders als die im Schweizer Lötschental, nie zu Fasnachtsumzügen verwendet. Sie waren nie Larven beim Mummenschanz, sondern dienten jahrhundertelang als unentbehrliche Requisiten zum Theaterspiel.

Alphornbläser bei St. Johann im Ahrntal.

Manches in diesem abgelegenen Tal wirkt wie aus dem kitschig-schönen Alpen-Bilderbuch ausgeschnitten. Wiesen ziehen sich die steilen Hänge hinauf bis an den Waldrand. Die Kornfelder, für die das Tal einmal berühmt war, gibt es allerdings nicht mehr. Geblieben sind nur die fast zwei Dutzend alten Mühlen im Tal, die, zum Teil geschickt restauriert, an die einstige Kornzeit erinnern.

Reizvoll ist es, auf den Güterwegen und stillen Pfaden oberhalb der Straße von Hof zu Hof zu wandern. Wie die berühmten Vogelnester scheinen manche dieser alten Bergbauernhöfe an den steilen Hängen zu kleben, nicht nur der Matzilerhof des alten Reichenegger. Wie die Erker der stattlichen Ansitze unten im Tauferer Tal scheinen sie geradezu über dem Tal zu schweben. Wundert es da, daß vom Ahrntal mitunter als dem Tal der schwebenden Erker gesprochen wird? Seitab der Straße, bequem zu erreichen, liegt zwischen Prettau und Kasern der Stegerhof, einer der ältesten und sicherlich einmal der reichsten des Tales. Ganz aus Stein ist er gebaut, seine weiß verputzten Fassaden sind mit bunten Fresken überzogen. Eine Jahreszahl über dem Eingang verweist auf ihr Alter von fast vierhundert Jahren. Doch der Hof sei vielleicht noch älter, meint die Steger-Bäuerin, die den schlechten Zustand der Bilder beklagt. Viele Millionen werde es kosten, versichert sie, wenn der Maler aus Bruneck komme und sie wieder herrichte.

Natürlich gibt es für solche denkmalgeschützten Hof Zuschüsse vom Denkmalamt. Doch darum müsse lange gekämpft werden, meint die Bäuerin, und was man am Ende bekomme, sei lächerlich wenig. Doch nicht nur ums Geld muß der Steger-Bauer beim Denkmalamt kämpfen, auch jede Modernisierung im Inneren des alten Anwesens muß genehmigt werden. Doch inzwischen habe man ein Badezimmer durchgesetzt, Telefon habe man auch. Und der Kachelofen, der große alte Kachelofen, der die jahrhundertealte holzgetäfelte Stube so wohlig warm macht, wird inzwischen elektrisch beheizt.

Dafür ist es dann aus und vorbei mit dem Räuchern in der Küche. Der schwarzglänzende Ruß, in dem sich über Jahrhunderte der Rauch abgelagert hat, ist nur noch Reminiszenz. Erinnerung an die Zeit, da unter der Decke Speckseiten und Würste hingen, die im Rauch des Kachelofens gebeizt wurden. Die Stangen unter der Decke, an denen das köstliche Gut einst hing, sind noch da, doch auch hinter der Feuertür dieses Kachelofens, der von der Küche her beheizt wurde, glüht inzwischen die Heizspirale der neuen Zeit.

Das Schnitzen von Masken hat im Ahrntal Tradition.

Bergknappen und Teufelsmasken

Einst war das Ahrntal eine bedeutende Stätte des Kupferbergbaus. Von 1470 bis 1894 wurde hier ein Erz gefördert, dessen Qualität in ganz Europa vor allem für den Glockenguß geschätzt war. »Das Kupfer das beste gewesen ist, / vom Ural-Gebirg' bis zur spanischen Küst', / es hat ins Tal gebracht gar reichen Segen, / Verkehr ist gewesen mit Schlitten und Wägen ...« So steht es auf der Fassade des alten Erzstadels in Steinhaus.

Schon früh holten die Grafen von Enzenberg, die hier von Steinhaus aus das Kupfer in Prettau schürfen ließen, protestantische deutsche Bergknappen, vor allem aus dem Harz, in die Stollen des Ahrntales. Diese brachten aus ihrer Heimat ein Doktor-Faustus-Spiel mit, dessen uraltes Rollenbüchlein heute noch im Tal verwahrt wird. Im 18. Jahrhundert dichtete man das ursprünglich protestantische Spiel in barocker Form um in eine katholische Version. Bei diesem Spiel sollen dann die holzgeschnitzten Masken von Hexen und Teufeln erstmals eine Rolle gespielt haben.

Noch in der Blütezeit des Bergbaues war das Ahrntal kaum zu erreichen. Von Norden her führten die Paßwege über den Krimmler Tauern ins Tal, verbanden es mit dem Salzburger Pinzgau. Nach Süden, dem Bach folgend, war es noch schwerer, aus dem Tal heraus- oder ins Tal hineinzukommen. Geradezu unüberwindlich war der von der Natur geschaffene Sperr-Riegel der Felswand, durch die sich im Laufe der Zeit zwar der Bach ein schmales Bett gefressen hatte, die aber keinen Platz für Mensch und Tier ließ, um durchzukommen. Bis gegen Ende des 19. Jahrhunderts verlief der gesamte Verkehr auf einem schmalen Karrenweg durch den Bereich von Schloß Taufers und dann hinab ins Tal.

Vor allem dort, wo der Bergbau seine Spuren hinterlassen hat, findet man massive alte Steinhäuser – das Dorf Steinhaus (Cadipietra) trägt seinen Namen nicht von ungefähr. Hier standen die Erzspeicher und die Häuser der Handelsherren des Ahrner Handels, einer Gesellschaft, die mit dem Kupferbergbau 1894 erlosch. Im Steinhaus wurden die kostbaren Erze gestapelt und verladen, die in Prettau geschürft und in Arzbach bei Luttach verhüttet wurden. Noch heute tragen die Steinhäuser das Emblem des Ahrner Handels und das Wappen der Grafen von Enzenberg.

Bergsteiger und Schmuggler

In Kasern (Casere) ist die Welt zu Ende, jedenfalls für den Autofahrer. Ein paar Hotels, ein paar Jausenstationen weiter taleinwärts und die ungemein fotogen vor den Bergen gelegene Heiliggeistkirche, einst die Kirche der Bergknappen, setzen noch einmal besondere Akzente. Dann geht es nur noch zu Fuß weiter. Die kleine Kirche, 1445 vom berühmten Nikolaus Cusanus eingeweiht, der damals Bischof von Brixen war, ist eine kunsthistorische Kostbarkeit. Untersuchungen haben ergeben, daß die ganze Apsis mit leuchtenden mittelalterlichen Fresken ausgemalt ist.

Kein anderes Südtiroler Tal zieht so weit nach Norden wie das Ahrntal bei Kasern. Auf der Karte stößt es wie ein Riesenfinger weit nach Nordosten in österreichisches Gebiet, als ob es ein Stückchen Österreich geblieben wäre. Unübersehbar zieht der Talschluß einer Einsattelung im Hochgebirgsrahmen zu, einer Lücke, die von zwei mächtigen Berggestalten gerahmt wird. Auf der einen Seite ist es der Glockenkarkopf, 2913 m hoch, auf der anderen die Dreiherrenspitze, die den uralten Übergang der Birnlücke säumen. Hier oben grenzten einst die Herrschaftsgebiete von Tirol, Salzburg und Kärnten aneinander.

Über diesen 2667 m hohen Paß wurde jahrhundertelang der Verkehr zwischen dem Ahrntal und der Außenwelt abgewickelt. Über ihn sind wohl auch die ersten Siedler ins Tal gekommen, ist doch das Ahrntal von Salzburg her besiedelt worden. Die typischen Salzburger Glockentürmchen auf den alten Gehöften im Tal sprechen da noch immer eine deutliche Sprache. Der Dialekt der Talbewohner und ihre Bräuche weisen ebenfalls ins Salzburgische.

Hohe Herrschaften sollen immer wieder über diesen Paß gekommen sein. Von Karl dem Großen wird gesprochen, auf seinem berühmten Gang nach Canossa soll Heinrich IV. im Januar (!) 1077 über die Birnlücke gekommen sein. Möglicherweise sind Heinrich II. im Jahre 1014 und Konrad II. 1027 über diesen Paß nach Italien gezogen. Und als Margarethe Maultasch ihr Land Tirol dem Habsburger Vetter Rudolf IV. vermachte, habe sich dieser, so wird berichtet, im Januar 1363 in größter Eile über die Birnlücke und über das Ahrntal nach Meran aufgemacht, um sich die Erwerbung Tirols zu sichern.

Den Bergsteigern war der Talschluß mit seinen Zugängen zu den Zillertaler Alpen und den Hohen Tauern seit Beginn des alpinen Tourismus ein beliebtes Betätigungsgebiet. Es waren vor allem mitteldeutsche Sektionen, die sich hier engagierten. Namen wie Chemnitzer oder Plauener Hütte oder Lausitzer Weg erinnern noch heute daran.

Einen Bergtouristen allerdings hat man im Ahrntal nie vergessen. Am 16. Juli 1904 bestieg der heute noch in Südtirol wegen seiner fanatischen Italianisierungsbemühungen über den Tod hinaus verhaßte italienische Senator Ettore Tolomei (s. S. 9) mit zwei Damen und einem Kaserner Bergführer den Glockenkarkopf. Oben angekommen, soll er den Bergführer veranlaßt haben, den Anfangsbuchstaben einer seiner Begleiterinnen in einen Felsblock auf dem Gipfel zu meißeln. Die Dame hieß mit Vornamen Ilda. 15 Jahre vor der Grenzziehung von St. Germain hatte Tolomei wohl in Vorahnung der kommenden Entwicklung mit diesem »I« den Gipfel für Italien markiert. Der Glockenkarkopf wurde später bei der Festlegung der neuen Grenze zwischen Österreich und Italien unter dem Namen Vetta d'Italia als nördlichster Punkt Italiens ausgewiesen, obschon in Wirklichkeit das in der Nähe gelegene Westliche Zwillingsköpfl der nördlichste Punkt des Landes war.

Die neue Grenze eröffnete dem armen Tal allerdings prompt eine neue Erwerbsquelle: den Schmuggel. Die »Tölderer«, die Leute aus dem Tal,

Informationen: *Der Nordosten*

i: Ferienregion Kronplatz, Tourismusverband, I-39031 Bruneck, Tel. (0474) 555447, Fax 530018.

Regionale Touristenbüros

i: Tauferer Ahrntal – Tourismusverband, Ahrntalerstraße 95, I-39030 Steinhaus, Tel. (0474) 652081, Fax 652082.

i: Tourismusverein Brixen, I-39042 Brixen, Tel. (0472) 836401, Fax 836067.

i: Tourismusverein Sterzing, Stadtplatz 3, I-39049 Sterzing, Tel. (0472) 765325, Fax 765441.

Malerisch über dem Eisacktal gelegen – Kloster Säben. Albrecht Dürer verewigte seine Eindrücke hier im Kupferstich »Das große Glück«.

Sehenswürdigkeiten

❍ *Hofburg*, Brixen: Herrlicher Renaissancehof und Sammlungen religiöser Volkskunst. Geöffnet: Mitte März bis Okt. Di–So 10–17Uhr.

❍ *Diözesanmuseum*, Brixen: im Kaisertrakt befinden sich Möbel, Porzellan und Bilder, im fürstbischöflichen Trakt wird die Diözesangeschichte veranschaulicht. Sehenswert ist auch die Hofratskanzlei. Mitte März bis Okt. Mo–Sa 10–17 Uhr. Die Krippensammlung ist vom 1. Dez.–Mitte Febr. 14–17 Uhr anzusehen. Mo und 24./25.12. geschlossen.

❍ *Schloß Velthurns*, Feldthurns, Tel. (0472) 855525: 1578 erbaut, war das Renaissancegebäude bis 1803 Sommerresidenz der Brixner Bischöfe. Besonders sehenswert sind die Fürstenzimmer und der achteckige Ofen. Führungen: März bis Nov. Di-So.

❍ *Burg Reifenstein*, Sterzing, Tel. (0472) 765879: Die Festung wurde um 1170 eindrucksvoll auf einem Fels erbaut. Führungen: Ostern bis Allerheiligen Sa–Do.

❍ *Burg Rodenegg*, Rodeneck, Tel. (0472) 454056 und 454044: Die im 12. Jahrhundert erbaute Burg beherbergt u. a. die Iwein-Fresken, die frühesten ihrer Art im deutschen Sprachraum. Führungen: Mai bis Mitte Okt. Di–So.

❍ *Volkskundemuseum*, Bruneck/Dietenheim, Tel. (0474) 552087: Ein kleines Dorf mit orginalgetreuen Gebäuden und handwerklichen Geräten. Geöffnet: Mitte April bis Okt. Di–Sa.

❍ *Bergbaumuseum am Schneeberg*, Ridnaun/Maiern, Tel. (0472) 656364: Die Museumsausstellung und der Gang durch einen 200 m langen Stollen vermitteln einen Einblick in die Arbeit der Bergarbeiter. Geöffnet: April bis Okt. Di–So; Führungen: 9.30 und 13.30 Uhr.

Veranstaltungstips

❍ *Terner Mühlenfest:* Jedes Jahr im Sommer werden in Terenten einige der 20 alten Mühlen in Gang gesetzt. Man kann auch beim Mahlen zusehen und einheimische Gerichte kosten.

❍ *Almabtrieb in Neunhäusern:* Am 3. Sa. im Oktober wird alljährlich das Vieh abgetrieben, wofür die prächtigen Glocken auf Hochglanz gebracht werden. Als Spezialität stellen die Familien die nur für dieses Fest zubereiteten »Tschotteblattlan« (Krapfen) her.

wie man die Ahrntaler noch heute draußen im Pustertal nennt, galten schon immer als besonders stark und abgehärtet. Voller Bewunderung berichtet eine Chronik aus dem 19. Jahrhundert, daß ihre Bewohner, die nach Bruneck zum Markt kamen, sogar im Winter mit bloßem Oberkörper und vereisten Bärten dort auftauchten. Beim Bau der Lenkjöchlhütte in 2589 m Höhe sollen die Arbeiter mit Baumaterial von jeweils zwei Zentnern auf dem Rücken mehrmals am Tag aus dem Tal zur Baustelle aufgestiegen sein.

Den bärenstarken Naturburschen machte es nichts aus, Lasten, gleich welcher Art, aus dem Salzburgischen, das plötzlich Ausland geworden war, über die Berge herüberzutragen. Wobei die wackeren Ahrntaler es immer wieder geschickt verstanden haben, die Art der Ware, die sie auf ihren Kraxen auf dem Rücken hatten, vor den neugierigen Augen der Finanzsoldaten zu verbergen. Manches Haus im inneren Ahrntal soll, so wissen es die Alten im Tal heute noch schmunzelnd zu berichten, bei solchen Gängen übers Gebirge verdient worden sein.

Zwischen Bozen und Trient – Weinberge, stille Täler und der Zauber des Südens

Weinverkostung auf dem Kreithof bei Eppan.

»Oft nach Tramin geht mein Gedank ...« – Weinkultur im Süden

Teufel mit Schwimmhäuten an den Füßen, Wassernixen mit doppelten Fischschwänzen, Menschen, die auf Fischen reiten – es sind verwirrende Bilder. Und daß sie groß und bunt auf die Innenwände einer Kirchenapsis gemalt sind, macht sie auch nicht verständlicher. Ganz im Gegenteil: Kaum ein anderes Kunstwerk in Südtirol ist bis heute sowenig erforscht und gedeutet, ist immer noch so von Geheimnissen umweht wie die fast achthundert Jahre alten Fresken in der kleinen Kirche St. Jakob in Kastelaz am Rande des Weindorfes Tramin (Termeno) an der Südtiroler Weinstraße, der Strada del Vino.

Schon die Lage hebt das im 13. Jahrhundert entstandene Gotteshaus aus seiner Umgebung hervor. Erhebt es sich doch wie ein Feldherr auf dem Hügel, zu dem die Heerschar der Reben heraufzumarschieren scheint. Doch kommen diese Reben nicht wie anderswo in langen, schmalen Reihen daher, sondern weit über Pergeln gezogen. Die Römer sollen diese Form der Rebkultur mitgebracht haben an die Etsch, wo seither alle Reben an solchen laubenförmigen (»Pergel« wird von »Pergola« abgeleitet) Gerüsten gezogen werden. Der Grund liegt auf der Hand: Der Boden wird besser beschattet.

Der Vergleich mit einem Feldherrn dürfte übrigens gar nicht so weit hergeholt sein. Angeblich soll nämlich schon der römische Kaiser Tiberius auf diesem Hügel eine Wache plaziert haben, die den für die Römer schon kostbaren Traminer Wein vor Dieben schützen sollte. Die Römer, die einst die Weinkultur brachten, fanden seinerzeit im Etschtal ein blühendes Weinland. Wohl schon die Vorgänger der damals an der Etsch lebenden Räter, die Illyrer, haben Weinbau betrieben. Funde weisen den Weinbau für Südtirol bereits im Jahr 500 vor Christus nach und machen es damit zum ältesten Weinanbaugebiet im deutschen Sprachraum.

Was die Römer wohl am meisten staunen ließ, war die Tatsache, daß die »Barbaren«, wie sie die Räter damals nannten, den Wein in Holzfässern lagerten und transportierten. Die Römer selber kannten bis dahin nur die von den Griechen übernommenen Tonamphoren oder Ledersäcke. Fast ein Viertel der rund 650000 ha großen Rebfläche des Landes dient der Erzeugung des bekanntesten Südtiroler Weines, des Kalterer See (Lago di Caldaro), dessen Ruf durch Massenware von minderer Qualität bei Weinliebhabern nicht gerade der beste ist. Doch Südtirols Weine einfach diesem Tropfen gleichzusetzen gibt Kellermeistern zwischen Terlan und Kurtinig (Cortina) jedesmal einen Stich ins Herz. In keinem anderen Weinanbaugebiet würden auf kleinem Raum so viele verschiedene Rebsorten kultiviert, so viele verschiedenartige Weine gewonnen wie im Süden Südtirols.

Mögen auch, was man hier ohne Wenn und Aber einräumt, in den letzten Jahren Massenproduktion und Billigware ihren guten Ruf verdorben haben, so gehörten die Weine aus dem Etschtal jahrhundertelang zu den Spitzengewächsen. Schon im frühen Mittelalter hatten fast 60 Klöster und Stifte jenseits der Alpen Weinbergbesitz in Südtirol. Damals sollen die Bayern mehr Wein getrunken haben als die Südtiroler. Und auch diese selbst, für die der Wein noch heute eine Art flüssige Nahrung ist, müssen ihn zeitweise geradezu hemmungslos getrunken haben. Weniger reglementiert als heute, wo traditionell der Vormittag dem Weißen und die Zeit nach Mittag dem Roten gehört.

Im 16. Jahrhundert mußte der Stadtrat von Bozen sich in Sondersitzungen mit dem übermäßigen Trinken befassen. Die Landesherren verboten zeitweise das Zutrinken. Und von Oswald von Wolkenstein, dem Südtiroler Ritter und Raufbold, Minnesänger und Diplomaten (s. auch S. 37), ist ein besonders derber Vers über den Weingenuß überliefert:

»Heb auff und lasz uns trinken
von diesem gueten Wein.
Und lämt er uns die Schinken
so mues er doch hinein.«

Er war es auch, der sich 1415 als Beobachter beim Konzil von Konstanz sehr undiplomatisch über den Wein vom Bodensee äußerte, den er als »kratzend Schlehengewächs« bezeichnete, um sehnsüchtig hinzuzufügen: »Oft nach Tramin geht mein Gedank ...«

Von Sigmundskron, Südtirols größter Burgruine, die Etsch entlang bis zur Salurner Klause, der uralten Sprachgrenze zwischen dem Deutschen und dem Italienischen, ist Südtirol so ganz anders, als die bunten Werbeprospekte das Land sonst darzustellen pflegen. Die Berge sind in die Ferne gerückt, sind zu bedeutungslosen Statisten geschrumpft, deren einzige Bedeutung darin liegt, das kalte Wetter aus dem Norden fernzuhalten. Das Überetsch, wie man das Land hier bezeichnet, ist ein anderes Südtirol als das der Alpen. Hier zeigt es sich von seiner südlichsten Seite. Das Klima ist mild, die Bauweise der einst im 16. und 17. Jahrhundert von toskanischen Baumeistern gestalteten Dörfer südländisch. Ölbäume und

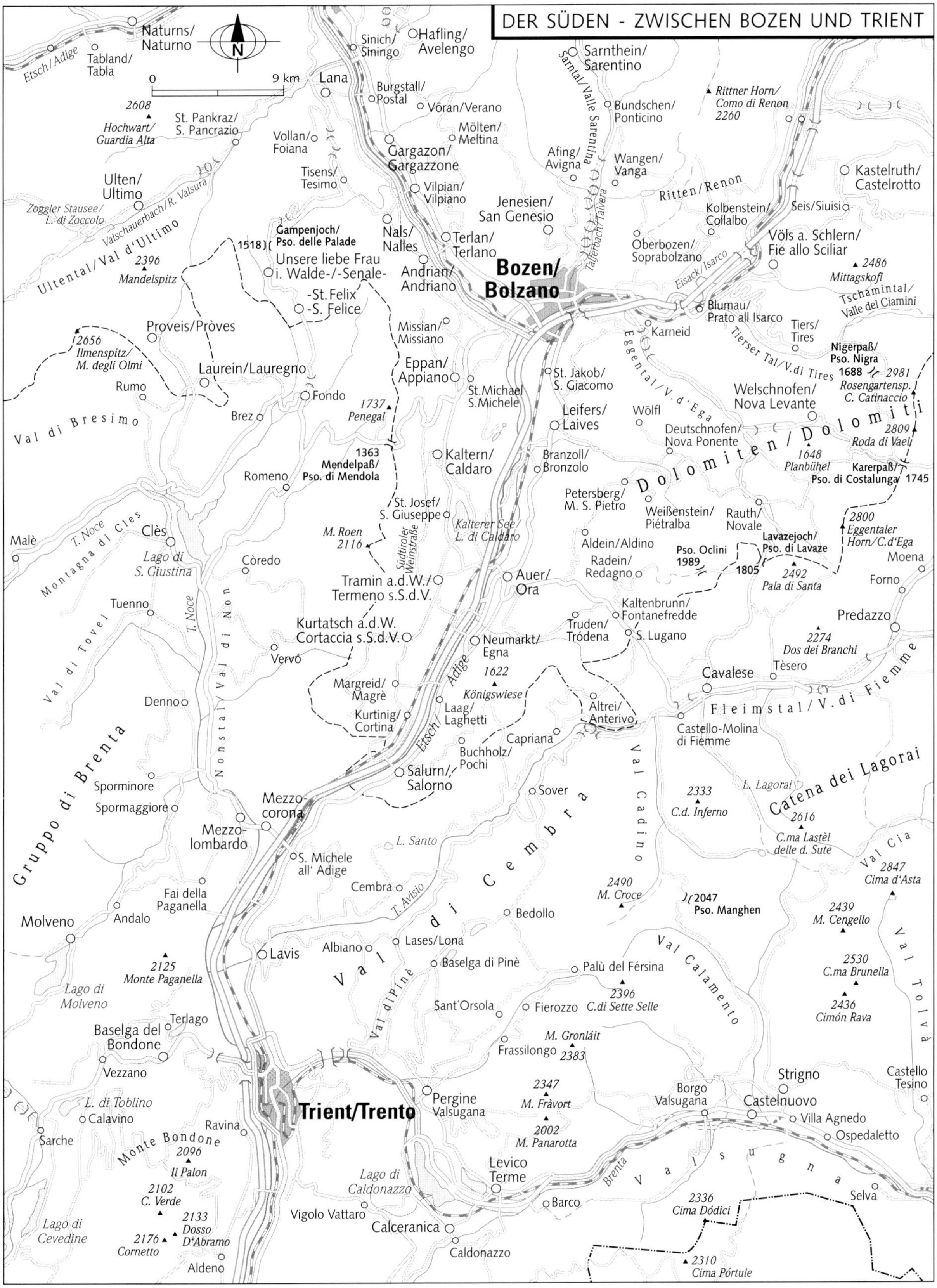
DER SÜDEN - ZWISCHEN BOZEN UND TRIENT
Naturns/ Naturno
Etsch/Adige
Tabland/ Tabla
0 9 km
N
Lana
Sinich/ Sinigo
Hafling/ Avelengo
Burgstall/ Postal
Vöran/Verano
Sarnthein/ Sarentino
Sarntal/Valle Sarentina
Rittner Horn/ Como di Renon 2260
Bundschen/ Ponticino
2608 Hochwart/ Guardia Alta
St. Pankraz/ S. Pancrazio
Vollan/ Foiana
Mölten/ Meltina
Gargazon/ Gargazzone
Afing/ Avigna
Wangen/ Vanga
Tisens/ Tesimo
Ulten/ Ultimo
Zoggler Stausee/ L. di Zoccolo
Valschauerbach/R. Valsura
Vilpian/ Vilpiano
Jenesien/ San Genesio
Ritten/Renon
Kastelruth/ Castelrotto
Kolbenstein/ Collalbo
Seis/Siusi
Ultental/Val d'Ultimo
Gampenjoch/ Pso. delle Palade
1518
Nals/ Nalles
Terlan/ Terlano
Talferbach/Talvera
Oberbozen/ Soprabolzano
Völs a. Schlern/ Fie allo Sciliar
2396 Mandelspitz
Unsere liebe Frau i. Walde-/-Senale-
Andrian/ Andriano
Bozen/ Bolzano
Eisack/Isarco
2486 Mittagskofl
-St. Felix -S. Felice
Blumau/ Prato all Isarco
Tschamintal/ Valle del Ciamini
Proveis/Pròves
Missian/ Missiano
Karneid
Tiers/ Tires
2656 Ilmenspitz/ M. degli Olmi
Eppan/ Appiano
Tierser Tal/V. di Tires
Nigerpaß/ Pso. Nigra 1688
2981 Rosengartensp./ C. Catinaccio
Laurein/Lauregno
Rumo
Fondo
St. Jakob/ S. Giacomo
St. Michael S. Michele
Eggental/V. d'Ega
Welschnofen/ Nova Levante
1737 Penegal
Leifers/ Laives
Wölfl
Val di Bresimo
Brez
Deutschnofen/ Nova Ponente
Dolomiten/Dolomiti
2809 Roda di Vael
1363 Mendelpaß/ Pso. di Mendola
Kaltern/ Caldaro
Branzoll/ Bronzolo
1648 Planbühel
Karerpaß/ Pso. di Costalunga 1745
Romeno
Petersberg/ M. S. Pietro
St. Josef/ S. Giuseppe
Weißenstein/ Piétralba
Rauth/ Novale
2800 Eggentaler Horn/C.d'Ega
Malè
T. Noce
Clès
Montagna di Cles
M. Roen 2116
Südtiroler Weinstraße
Kalterer See/ L. di Caldaro
Aldein/Aldino
Lavazejoch/ Pso. di Lavaze
Pso. Oclini 1989
1805
Lago di S. Giustina
Còredo
Radein/ Redagno
Moena
2492 Pala di Santa
Forno
Tramin a.d.W./ Termeno s.S.d.V.
Auer/ Ora
Tuenno
T. Noce
Val di Non
Kaltenbrunn/ Fontanefredde
Predazzo
Kurtatsch a.d.W. Cortaccia s.S.d.V.
Truden/ Tródena
Neumarkt/ Egna
S. Lugano
2274 Dos dei Branchi
Val di Tovel
Vervò
1622 Königswiese
Tèsero
Cavalese
Margreid/ Magrè
Etsch/Adige
Fleimstal/V. di Fiemme
Denno
Altrei/ Anterivo
Kurtinig/ Cortina
Laag/ Laghetti
Castello-Molina di Fiemme
Capriana
Buchholz/ Pochi
Gruppo di Brenta
Nonstal/Val di Non
Val Cadino
Sporminore
Salurn/ Salorno
Sover
2333 C.d. Inferno
L. Lagorai
Catena dei Lagorai
Spormaggiore
Mezzo- corona
2616 C.ma Lastèl delle d. Sute
Mezzo- lombardo
L. Santo
Val di Cembra
Val Cia
S. Michele all' Adige
2847 Cima d'Asta
Fai della Paganella
Cembra
2490 M. Croce
2047 Pso. Manghen
Molveno
Andalo
T. Avisio
Bedollo
2439 M. Cengello
Val Calamento
Lavis
Albiano
Lases/Lona
2530 C.ma Brunella
Val Tolvà
2125 Monte Paganella
Baselga di Pinè
Palù del Férsina
Val di Pinè
2396 C.di Sette Selle
Lago di Molveno
Sant'Orsola
Fierozzo
2436 Cimón Rava
Terlago
M. Gronláit 2383
Baselga del Bondone
Frassilongo
Vezzano
2347 M. Fràvort
Strigno
Castello Tesino
Pergine Valsugana
Borgo Valsugana
Castelnuovo
L. di Toblino
Calavino
Trient/Trento
2002 M. Panarotta
Villa Agnedo
Ravina
Ospedaletto
Sarche
Monte Bondone
2096 Il Palon
Levico Terme
Brenta
Valsugana
2102 C. Verde
Lago di Caldonazzo
2133 Dosso D'Abramo
Barco
2336 Cima Dódici
Selva
Lago di Cevedine
Vigolo Vattaro
2176 Cornetto
Calceranica
Aldeno
Caldonazzo
2310 Cima Pórtule

schwarze Zypressen, Edelkastanien, Feigen- und Lorbeerbäume bestimmen das Landschaftsbild zwischen Reben und Apfelbäumen.

Das hatte übrigens schon Deutschlands prominentester Italienreisender festgestellt. Als Johann Wolfgang von Goethe im September 1786 durch das Etschtal reiste, hielt er in seinem Tagebuch fest: »Von steilen bis auf eine ziemliche Höhe bebauten Bergen umgeben ist es gegen Mittag offen, gegen Norden von den Tyroler Bergen bedeckt. Eine milde, sanfte Luft füllt die Gegend. Die Hügel am Fuße der Berge sind mit Wein bebaut. Über lange, niedrige Lauben sind die Stöcke gezogen ... Alles ist so ineinandergepflanzt, daß man denkt es müßte eins das andere ersticken. Mays, Heidekorn, Maulbeerbäume, Fruchtbäume, Nuß- und Quittenbäume.«

Die Dörfer entlang der Weinstraße zeugen noch heute vom Wohlstand der Weinbauern und -händler, der Kaufleute und Adligen, die sich Häuser mit Doppelbogenfenstern mit Loggien und Erkern, tiefen Gewölben, Freitreppen und -türmen errichten ließen. Die aus dem 12. Jahrhundert stammenden Fresken der Burgkapelle Hocheppan, vor allem der Zyklus der klugen und der törichten Jungfrauen, stehen bei Kunsthistorikern ganz hoch im Kurs (s. S. 18).

Dicht an dicht stehen an der leicht ansteigenden Hauptstraße von Kaltern (Caldaro) die behäbig wirkenden Häuser. Herz und Kern des berühmtesten Weindorfes ist der Hauptmarkt mit der durchgehenden Front der Laubenhäuser aus der Renaissance, dem barocken Brunnen und dem Rathaus. Kostbare schmiedeeiserne Wirtshausschilder laden in dämm-

Special: Egetmannumzug – Tolles Treiben in Tramin

Tramin, Faschingszeit. Den nahen Kalterer See bedeckt noch eine preußischblaue Eisschicht, und der strohfarbene Schilfgürtel säumt regungslos die glatte Fläche. Das im Frühling und in der warmen Saison von Besuchern beherrschte Weindorf Tramin liegt noch im Dornröschenschlaf. Nur wenige, die Einsamkeit suchende Insider tauchen auf winterlichen Wanderungen hier auf. So bleibt es, bis die Mandelbäume zu blühen beginnen.

Alle zwei Jahre jedoch, wenn der Frühling sich schon durch das warme Braun unter den Pergeln schüchtern ankündigt, da explodiert Tramin, greift dem jungen Frühling kräftig unter die Arme und tut alles, um den alten Winter in die Flucht zu treiben. Arkane Gefühle werden wach und atavistische Regungen brechen aus den Traminern, und das geschieht schon seit Jahrhunderten, wenn der »sol invictus« die siegreiche Sonne, sich am letzten Faschingstag seiner Wende nähert. Es ist ein ausgelassenes »Fest der Narren« im mittelalterlichen Sinn, zugleich aber auch eine unwiderstehliche Festlichkeit für die Traminer selbst und eine Einladung für die Phantasie.

Egetmannumzug: Alle zwei Jahre treiben die Traminer den alten Winter in die Flucht.

Hinter dem wilden Treiben der drachenartigen »Schnappviecher« oder »Wudelen«, Wilden Männern, Jägern, Altweibermühlen, Fischerkähnen, Zigeunern, Waschweibern steht eine Mischung von Ausgelassenheit, die durch eine Deckschicht von Religion, Mythos, Ritual und Utopie herausbricht. Die Traminer – aktiv am Umzug teilnehmen dürfen nur Männer, die auch die Frauenrollen übernehmen – machen das Fest unter sich aus. Abgesehen davon, daß sie sich freuen, wenn auch Auswärtige dem Umzug beiwohnen und die nicht gerade sanfte Behandlung seitens der »Maschggra« (Maskenträger) über sich ergehen lassen.

Derweil ziehen die traditionsträchtigen allegorischen Faschingswagen durchs Dorf, wobei immer wieder aus dem Egetmann-Protokoll vorgelesen wird. Früher wurden darin die Schandtaten des Jahres verkündet. Doch um unliebsame Zwischenfälle und Beleidigungen zu vermeiden, hat man das Protokoll festgeschrieben. Stundenlang geht das Treiben mit den vielen Symbolfiguren durch Tramin, von einer Seite des Dorfes zur anderen, bis der »Egetmannhansl« endlich verheiratet ist, die alten Weiber alle durch die Mühle getrieben und verjüngt sind und der junge Jäger, der Frühling, den wilden Mann, den Winter, getötet hat. Tags darauf ist aller Spuk vorbei. Am Kalterer See steht der Schilfgürtel unbewegt in der Windstille, und nur das Schnattern vereinzelter Wildenten dringt aus dem Dickicht.

Zwischen Tramin und Eppan: Endlose Weinfelder und reizvolle Dörfer sind typisch für den Südzipfel Südtirols.

rig-kühle Gewölbe ein. Wer mehr über den Südtiroler Wein, vor allem seine Geschichte, erfahren will, als er bei einem Schoppen im Gewölbe des Wirtes oder im Keller erfahren kann, mag sich im Weinbaumuseum umsehen. Da stehen noch Modelle der martialisch kostümierten Salterer, der Flurhüter, die in der Zeit, da die Trauben reiften, sorgsam darauf achten mußten, daß niemand den kostbaren Beeren zu nahe kam. Nur »ein armes Mensch und ein schwangeres Weib« durften ungestraft von den Trauben naschen.

Wo in vorgeschichtlicher Zeit vielleicht die heute hinter dem Burgberg der Leuchtenburg versteckt dahinziehende Etsch geflossen sein mag, dehnt sich heute der Kalterer See zwischen Kaltern und seinem Nachbarort Tramin, das Herzstück dieses Wein- und Apfellandes. Von April bis Oktober ist er der wärmste Badesee der Alpen, inmitten Rebfeldern und Obstbäumen gelegen. Beliebt bei Seglern und Surfern ist dieser größte Alpensee Tirols, über den von März bis Oktober nachmittags meist die Ora weht, der Aufwind, der vom Gardasee heraufkommt. Solange die Ora weht, bleibe das Wetter schön, meint man in Kaltern. Doch mit solchen Prognosen tut man sich in diesem Sonnenland ohnehin nicht allzu schwer.

Tramin (Termeno) ist der Ort, dem die Weinfreunde in aller Welt den Gewürztraminer verdanken. Nicht nur Oswald von Wolkenstein hat vom Traminer Wein geschwärmt. Auch Viktor von Scheffel rühmt in seinem Runkelsteiner Lied den »feurigen Wein von Tramin«.

Jenseits der Etsch unten im Tal und jenseits der Autobahn, über die der rastlose Verkehr zwischen Bozen und Trient Tag und Nacht das Land durchzieht, verdankt der alte Marktort Neumarkt (Egna) sein Bilderbuchaussehen dem Wohlstand, den einst der Handelsverkehr zwischen Norden und Italien dem Dorf vor der Salurner Klause bescherte. 1189 von Bischof Konrad von Trient erbaut, ist Neumarkt einer der entzückendsten Orte im Süden der Region. Hoch über diesem Bilderbuchdorf auf der ein wenig nach Westen zum Tal hin geneigten Hochfläche

Wandertips: *Eppaner Höhenweg und Heiliger See*

Der Eppaner Höhenweg

Dieser 7 km lange Wanderweg führt in nur rund 1000 m Meereshöhe unter den Felswänden des Mendelkammes, größtenteils eben, durch steilen, vorwiegend aus Buchen und Weißtannen bestehenden Mischwald und ist daher besonders typisch für das Überetscher Gebiet. Nachdem man in nicht allzu langem Aufstieg den Beginn des Höhenweges erreicht hat, geht man von der Mendelstraße im Süden bis zu den idyllisch inmitten von Wiesenhängen gelegenen Buchwaldhöfen und steigt dort auf dem reizvollen, nicht allzu langen alten Höfeweg wieder ab.

An schönen Tagen herrscht im Gasthaus Buchwald reger Betrieb, der Service entspricht heutigen Ansprüchen. Bis vor nicht allzu langer Zeit bildete dieses Gasthaus zusammen mit den etwas tiefer gelegenen Anwesen eine weltabgeschiedene kleine Siedlung, deren Wiesen und einstigen Äcker von den Bergbauern mühsam dem Wald abgerungen worden waren.

Wegverlauf: Von St. Michael/Eppan (411 m) zunächst westwärts auf beschildertem Weg hinauf zur Gleifkirche (Kalvarienberg) und weiter zum Gasthaus Steinegger, auf Weg 7 mittelsteil hinauf, zuletzt rechts abzweigend auf Steig 9/16 und gerade hinauf zur 6. Kehre der Mendelstraße, wo der Höhenweg beginnt (910 m; ab Eppan 1 1/2 Std.). – Von der Straßenkehre stets der gut sichtbaren Markierung 9 folgend (nicht den breiten Forstweg, sondern den darunter verlaufenden Steig einschlagen!), in mehr oder weniger ebener Wanderung durch die Waldhänge nordwärts zu einem Graben und auf dem Höhenweg, weiterhin die Waldhänge querend, zu den Wiesen und zum Gasthaus Buchwald (950 m; ab Höhenweg-Beginn 2 Std.) – Von dort auf dem mit 536 markierten Fußweg durch die Waldhänge etwas steil hinab bis zum rechts abzweigenden Weg 8 B, auf diesem in schöner, weitgehend ebener Wanderung südwärts zum Gasthaus Steinegger und wie beim Aufstieg zurück nach St. Michael/Eppan (ab Buchwald knapp 1 1/2 Std.).

Höhenunterschiede: ca. 500 m.

Gesamtgehzeit: 5 Std. (Teilstrecken siehe oben).

Orientierung und Schwierigkeit: für routinierte Wanderer in jeder Hinsicht leicht und problemlos.

Wanderkarten 1:50000: Freytag-Berndt, Blatt S 1 (Bozen-Meran und Umgebung); Kompaß, Blatt 54 (Bozen).

Von Salurn zum Heiligen See

Auf dieser Wanderung lernt man u. a. mit Salurn (Salorno) das südlichste Dorf Südtirols, in dessen Nähe die Haderburg schwindelerregend einen Felszacken krönt. Man überschreitet dabei die Grenze zum Trentino, denn der auf den Höhen zwischen dem Etschtal und dem Cembratal liegende See befindet sich bereits ein wenig außerhalb der Südtiroler Landesgrenze und heißt dort Lago Santo. Hinter seinem Gras- und Schilfgürtel beginnen ausgedehnte Waldungen. Zwei Gastbetriebe und Sommerfrischhäuschen in Seenähe sorgen während des Sommers für buntes Treiben.

Am Weg, der von Salurn über die Sauch-Hütte durch Wiesen und prächtige Mischwälder führt, blühen im Frühsommer zahllose Maiglöckchen, weshalb ihn der Südtiroler Landeskundler Josef Rampold in einem seiner Bücher den »Weg der tausend Maiglöckchen« nannte. Doch auch im Herbst, wenn sich ein wolkenloser Himmel über roten Buchen, gelbem Schilf und tiefblauem Wasser wölbt, ist die Wanderung zum Heiligen See sehr reizvoll, während man sich im Hochsommer vielleicht ein Wandergebiet weiter nördlich aussucht, wo es weniger heiß ist.

Wegverlauf: Von Salurn (224 m) kurz auf der Straße in Richtung Buchholz, dann rechts ab, der Markierung 1 folgend, hinauf zur Buchholzer Straße, nachdem man ihr ein Stück gefolgt ist, an Höfen vorbei hinauf zum höchsten, dem Maierhofer- oder Maroferhof (684 m), von dort durch Mischwälder größtenteils nur leicht ansteigend zum Rifugio Sauch am Rand einer Grasinsel (946 m; Gastbetrieb; ab Salurn 2 1/2 Std.) und auf dem Weg 1 durch die Wälder aufwärts in einer weiteren Stunde zum See (1195 m; zwei Gastbetriebe). – Der Abstieg erfolgt auf demselben Weg, oberhalb des Rifugio. Man kann aber auch links abbiegen und auf dem etwas kürzeren Weg 409 über die Höfe Salomon und Notdurfter absteigen.

Höhenunterschied: 971 m.

Gehzeiten: Aufstieg 3 1/2 Std., Abstieg etwa 2 1/2 Std.; insgesamt ca. 6 Std.

Orientierung und Schwierigkeit: für geübte Wanderer in jeder Hinsicht leicht; nasse Wegstellen erfordern gutes Schuhwerk.

Wanderkarten 1:50000: Freytag-Berndt, Blatt S 7 (Überetsch – Kalterer See – Südtiroler Unterland); Kompaß, Blatt 74 (Tramin – Cavalese).

scheint alle Verkehrshektik wieder weit weg. Nur hier oben bei Mazon wachsen die Reben des Blauburgunders, des Pinot noir, der Südtirols schwersten, kostbarsten Wein von granatroter Farbe hervorbringt. Seine besten Jahrgänge brauchen den Vergleich mit Spitzenweinen aus Burgund, der Heimat dieser Rebe, durchaus nicht zu scheuen. Nur wenn die Nachmittagssonne ihre Füße, ihre Wurzeln, bescheint und wärmt, können die Blauburgunderreben Spitzenweine hervorbringen.

Romantisch ist das Kirchlein des Erzengels Michael, das abseits einer altertümlichen Häusergruppe von Mazon einsam zwischen den Blauburgunderpergeln steht. Es ist verschlossen wie die meisten kleinen Kirchen in diesem Land, seit in den sechziger und siebziger Jahren Kunstdiebe die allzu frei zugänglichen Kirchen heimsuchten und ausplünderten.

Auch die Kirche im nahegelegenen Pinzon (Pinzano) machte im Jahr 1971 auf diese Weise Schlagzeilen. Der vom Bozener Meister Hans Klocker 1490 geschaffenen Madonna wurde das Kind aus den Armen gestohlen. Seine Spur verlor sich in Süddeutschland ...

Man kann in Mazon nach dem Schlüssel für St. Michael fragen, doch der Eindruck, den die Kirche durch ihre Lage in den Rebgärten macht, ist weit eindrucksvoller als das, was sich an spärlichen Freskenspuren im Inneren erhalten hat. Die Aussicht von hier oben über den ganzen Süden Südtirols ist unvergleichlich. Über das Etschtal hinüber schaut man nach Tramin, das inmitten seiner Weinberge dahingestreckt liegt wie eine alte Dame in einem grünen Samtkleid. Nach Süden reihen sich die kleinen Dörfer der Weinstraße aneinander. Von Margreid (Magrè), dem schönsten von ihnen, angefangen über Kurtatsch (Cortaccia) und Kurtinig (Cortina) bis Salurn (Salorno). Es ist das südlichste deutschsprachige Dorf Südtirols. Dahinter zwängt sich die Etsch durch die Felsenenge der Salurner Klause ins Trentino hinein, der alten Bischofsstadt Trient (Trento) entgegen.

Auf einem steil aufragenden Felsen überblickt die zwischen dem 12. und 16. Jahrhundert errichtete Haderburg die strategisch wichtige Engstelle der Salurner Klause.

Es sind vor allem die stillen, abseitigen und außergewöhnlichen Pfade, auf die sich Gerhard Fitzthum mit Vorliebe begibt. Seine Wanderung auf den Spuren des großen Renaissance-Malers Albrecht Dürer wurde zur Begegnung mit Bildern, die er bis dahin nur aus Museen kannte.

Auf den Spuren Albrecht Dürers – Zu Fuß von Südtirol ins Trentino

Viele einstmals abgelegene Orte liegen heute an pulsierenden Verkehrsadern, andere erfreuen sich nach Verlegung der Hauptrouten plötzlich ungeahnter Ruhe. Doch es gibt auch den dritten, den schlimmsten Fall: Ein Ort gerät ins Abseits und bleibt doch im Gravitationsfeld großer Verkehrsbewegungen. Laag (Laghetti) im Südtiroler Etschtal ist so ein Ort: Ans untere Hangende des mächtigen Madrutberges geklebt, liegt die 800-Seelen-Gemeinde heute im Schallkreis der Brennerautobahn und zugleich am Rande des Geschehens. Gerade einmal zwei ausgelagerte Hotels gibt es hier, und die haben sich ganz auf internationale Busreisegesellschaften verlegt, die hier einen Zwischenstopp machen. Einzelreisende spielen dagegen keine Rolle mehr. Was sollten sie auch hier, eingekeilt zwischen Verkehrsstraßen und Steilhang.

Im Mittelalter war das ganz anders. Wer damals zwischen Rom und Nordeuropa unterwegs war, kam unmittelbar durch »ze Lage« hindurch: Händler und Handwerker, Söldner und Pilger, Dichter und Maler. Im Mittelalter war das unweit nördlich gelegene »Klösterle« ein gut frequentiertes Hospiz für Pilger und Kreuzfahrer.

Besondere Bedeutung verlieh dem kleinen Straßendorf eine naturräumliche Gegebenheit: Wenige Kilometer talabwärts liegt Salurn (Salorno) und die legendäre »Salurner Klause«. Hier rücken die nackten Felswände des Geier- und des Fennbergs ganz dicht aneinander und bilden eine Engstelle, die noch im 19. Jahrhundert ein erhebliches Verkehrshindernis darstellte. Etwas unterhalb hatte der aus dem Nonstal einmündende Noce einen breiten Schwemmfächer gebildet, der regelmäßig für einen Rückstau und den verzögerten Abfluß des Etsch-

Von Bergen umrahmt – die Provinzhauptstadt Bozen. Die Statue des Minnesängers Walther von der Vogelweide ist der Mittelpunkt des Waltherplatzes im Zentrum der Altstadt.

wassers sorgte. Die immer wiederkehrenden Überschwemmungen versperrten den Talweg zeitweise völlig und zwangen den Verkehr, auf steilem Gebirgsweg die Klause zu umgehen. Salurn und Laag waren deshalb für Fernreisende wichtig. Spätestens hier fiel die Entscheidung: unter der dunklen Haderburg vorbei den Flußlauf entlang ins Trentiner Etschland – oder oben drüber.

Wir entschieden uns für den darüberführenden Weg, denn wir wollen uns auf die Spuren Albrecht Dürers begeben. Zu vermuten ist, daß er auf seiner Italienreise 1494/95 wegen eines Etschhochwassers denselben Anstieg bewältigen mußte. In drei Tagesetappen wollen wir der alten Bergstrecke ins benachbarte Cembratal folgen und sehen, was den Vertreter der deutschen Renaissance an diesem Tal so fasziniert haben könnte, daß er sich hier ganz unzeitgemäß verhielt und als erster europäischer Künstler reine Landschaftsbilder malte. Dafür nahmen wir uns vor, bereits im Etschtal zu starten und sich Dürers damalige Reiseform zu eigen zu machen – also zu Fuß zu gehen.

Der bekannte Weinort Tramin liegt reizvoll nahe dem Kalterer See.

Von historischen Reminiszenzen fehlt jedoch zunächst noch jede Spur: Obstplantagen, in denen Äpfel gemäß der EU-Norm hergestellt werden, säumen den Wanderweg Nr. 7, das kleine Sträßchen ist hoffnungslos asphaltiert. Doch dann kommt die erste Abkürzungsmöglichkeit, ein Hohlweg, der im Eingangsbereich etwas verwachsen und verschüttet ist, bald aber immer stattlicher wird. Noch einmal muß das Sträßchen gequert werden, und nun befinden wir uns auf einem kontinuierlich aufsteigenden steingepflasterten Weg, mit tief eingegrabenen Karrenspuren – der Sprung in die Vergangenheit kam abrupt.

Zwei Stunden später erreichen wir das Dorf Buchholz (Pochi), die letzte Station vor dem Übergang von Südtirol ins Trentino. Von hier oben betrachtet hat der heutige Talgrund der Etsch den Charme einer Spielzeug-Eisenbahnanlage: Die Verkehrsströme fließen geordnet auf schnurgeraden Linien, der Fluß ist rückstandslos begradigt und kanalisiert, die Ebene zerfällt in rechteckige und quadratische Parzellen. Es sieht so aus, als könnte man das Land auseinandernehmen und in neuen Kombinationen wieder zusammensetzen. Der Fahrzeuglärm ist zu einem fernen, dumpfen Grollen abgeschwollen.

Natürlich fällt es schwer, sich dieses Tal als die Sumpf- und Seenlandschaft vorzustellen, die einst den Umweg über den 1000 m hohen Sauchsattel nötig machte. Doch die Unwegsamkeit der Talsohle ist gut dokumentiert: Gottschalk, ein Mönch aus Benediktbeuren, hatte im Jahre 1053 in Laag einen »großen See« vorgefunden, der sich von dort »bis gegen Salurn« ausgebreitet habe. Und ein Blick in Ludwig Steubs Reisebeschreibungen von 1874 macht deutlich, daß das Südtiroler Haupttal noch vor 125 Jahren nicht gerade verkehrs- und siedlungsfreundlich war: »Die Etsch fließt von Meran bis gegen Trient in ungeregeltem Rinnsal weit auseinander, überschwemmt bei Hochwasser die niederen Gestade und läßt das Wasser dann im Grase sitzen. So bilden sich stundenlange Sumpfgelände, und wenn im Sommer die heiße Sonne Südtirols hineinscheint, so kocht sie pestilenzialische Dünste aus, welche Wechselfieber und andere Krankheiten in Menge erzeugen.«

Bis zur systematischen Flußregulierung in den letzten beiden Jahrzehnten des 19. Jahrhunderts flohen die wohlhabenden Talbewohner in der warmen Jahreszeit in die höhergelegenen »Sommerfrischen« – die Bozner nach Oberbozen und Jenesien, die Salurner nach Gfrill und Buchholz. Nur das arbeitende Volk blieb zurück, Hitze und Malariaerregern ausgesetzt.

Paradiesische Verhältnisse – auch für Wegelagerer

Buchholz, Dürers mögliche Zwischenstation vor einem halben Jahrtausend, besteht im Grunde nur aus der Kirche und zwei weiteren alten Gebäuden. Unschön herumgelagert haben sich Wochenendhäuser und saisonal geöffnete Hotels, die Feriensiedlung »Grünwald III« und eine »Pizzeria-Speckstube«. »Früher gab es hier nur ein paar weit verstreute Höfe«, erzählt Margareth Ress, die mit ihrem »italienischen« Mann das Gasthaus »Grünwald« betreibt. Trotz der zahlreichen Neubauten ist Buchholz noch das typische Beispiel einer deutsch-bajuwarischen Einzelhofsiedlung.

»Jenseits der Provinzgrenze zum Trentino findet man derartige Ortsbilder nicht mehr«, informiert Paul Gelmini, ein Obst- und Weinbauer, der dem Salurner »Bildungsauschuß« angehörte. Dieser gibt eine »Echo« genannte zweisprachige Kulturzeitung heraus, die an die Haushalte der drei Salurner Ortsteile verteilt wird. »Das Wissen über die eigene Geschichte ist hierzulande leider nicht allzu verbreitet, an einer der historisch bedeutendsten Verkehrsadern Europas ist man heute nur an der Gegenwart orientiert«, erklärt der engagierte Freizeithistoriker, der einer der vielen Adelsfamilien Salurns entstammt und deshalb De Gelmini heißt: Kaum einer wisse davon, daß auf der Etsch vor hundert Jahren noch fast bis Bozen hinauf ein reger Schiffsbetrieb herrschte, daß ein Graf sogar Pläne in der Schublade hatte, den Fluß über Staustufen und Wehre bis zum Brenner hin schiffbar zu machen, und daß die Seidenraupenzucht noch Ende des letzten Jahrhunderts ein bedeutender Wirtschaftszweig des Südtiroler Unterlands war.

Der alte Weg zum Übergang ins Cembratal führt zunächst etwas abwärts auf Salurn zu, an uralten Eßkastanienwäldern und schön gelegenen Einzelhöfen vorbei. Zum Anstieg muß man dann wieder längere Zeit auf ein Sträßchen. Erst direkt unterhalb des Maierhoferhofs kommt man wieder auf mittelalterliches Steinpflaster, erhält der Weg sein ursprüngliches, menschliches Maß zurück. Wie die Zugtiere früher diese Steigung bewältigt haben, bleibt allerdings rätselhaft. Auch Gottschalk notierte über den damals »semita Karoli« (Karlssteig) genannten Weg, daß er sehr beschwerlich sei. Wo es im dunklen Steilhang zu einer Engstelle kommt, fällt einem die Spezies der Wegelagerer ein, für die hier ganz offenbar paradiesische Verhältnisse geherrscht hatten. Schließlich war auch die wenige Kilometer entfernte Haderburg dafür bekannt, nicht nur »edlen« Rittern als Behausung gedient zu haben.

An der Paßhöhe weist eine große Metalltafel in italienischer und englischer Sprache darauf hin, daß Albrecht Dürer hier 1494/95 vorbeigekommen sein dürfte; über seine weitere Route nach Zimmern (Cembra) wird allerdings nichts gesagt. Die Karten, auf die man sich auf Südtiroler Gebiet noch verlassen konnte, werden nun schlagartig wertlos – der Kompaß gewinnt an Bedeutung.

Dennoch stehen wir am Abend vor dem Kirchlein San Rocco in Cembra, dem Hauptort des gleichnamigen Tals. Hier findet sich der erste der sogenannten »Dürer-Steine«, die 1974 zum 500jährigen Geburtstag des berühmten Besuchers jeweils dort aufgestellt wurden, wo der Meister aus Nürnberg gestanden und seine berühmten Aquarelle gemalt hatte. An dieser Stelle ist *Welsch Pirg* (Italienische Berge) entstanden, das heute im Ashmolean Museum in Oxford aufbewahrt wird.

Dürers »italienische Berge«

Weil die Grenze zwischen der Grafschaft Tirol und dem Fürstentum Trient damals durch den Flußlauf des Avisio gebildet wurde, waren der Doss di Segonzano und der Ceramonte auf der gegenüberliegenden Talseite die ersten »italienischen« Berge, die Dürer zu Gesicht bekam – und für die Nachwelt verewigte.

Das Gemälde ist ebenso beeindruckend wie die Landschaft, die sich vor unseren Augen auftut. Zugleich ist es aber auch Beleg für die Unhaltbarkeit einer kulturphilosophischen These: »Erst dort, wo die aufkommende Gesellschaft den Hain zu Holz, den Tempel zu Stein, das Schöne zum Ding macht«, schrieb der Philosoph Joachim Ritter, »wird es möglich und nötig, auf dem Wege der Kunst das zu bewahren, was die Zivilisation in ihrer Tendenz zur ›Verdinglichung‹ fortgibt.« Deswegen entstehe das Genre der Landschaftsmalerei erst im 18. Jahrhundert, zu einer Zeit, in der sich die immer wirksamere Naturbeherrschung beim Individuum als ein

Special: Grana – Delikatesse nicht nur aus Parma

Grana ist in Italien Synonym für exzellenten, teuren Käse. Grana, in der deutschsprachigen Küchenliteratur »Parmesan« genannt, hat sein Ursprungsgebiet in Norditalien, genauer in der Emilia-Romagna. Der Name »Parmesan« kommt von der Stadt Parma, wo man besonders großen Wert auf eine lange Reifezeit legt, bevor der harte, halbfette Reibkäse Verwendung finden soll. Früher als Streukäse für Teigwaren, Suppen und Gemüse bekannt, beginnt er sich nun mehr und mehr auch als Tafelkäse durchzusetzen. Als Dessertkäse wurde er in Italien immer schon als liebesfördernde Speise auf dem Silberteller serviert.

Nun gut, wird sich mancher fragen, was haben die Poebene und das Nonstal oder das Eggental denn schon gemeinsam? Kühe und Gras, wird die Antwort der Senner sein, die beispielsweise in der Käserei von Deutschnofen (Nova Ponente) erstklassigen Berggrana zu absolut konkurrenzfähigen Preisen machen. Die Deutschnofner, eingebunden in den großen Milchhof MILA, der auf Landesebene operiert, haben sich, betriebswirtschaftlich gesehen, ganz und gar auf die Produktion dieser begehrten Käsesorte spezialisiert. Die kleine Käserei ist ein Schmuckstück am Knopfloch der großen MILA-Genossenschaft.

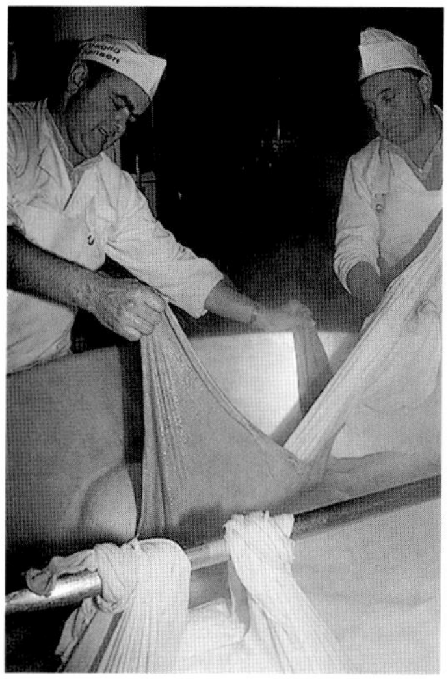

Grana – eine Delikatesse aus Deutschnofen entsteht.

Die Milch, die in der Käserei angeliefert wird, darf auf keinen Fall maschinell bearbeitet werden. Schon eine Zentrifuge zum Abrahmen würde das empfindliche Gleichgewicht ihrer verschiedenen Komponenten dermaßen stören, daß statt der Granalaibe nur amorphe Käseklumpen mit Löchern herangären würden. Deshalb wird sie zunächst in großen, flachen Wannen gelagert und mechanisch lediglich durch Abfluß von oben abgerahmt. Pasteurisiert werden darf sie auf keinen Fall, denn das wäre das Ende des Grana, der einer der wenigen Rohmilch-Käsesorten ist. Entsprechend sauber und gesund muß die Milch sein.

Dann geht es ans eigentliche Sennen. Es ist eine strenge Männerarbeit, die auf die Brüder Luis und Oswald Wieser und auf Artur Franzelin tagtäglich zukommt. Die Milch wird in die zwei fast mannsgroßen Kupferkessel gebracht, das Lab und etwas Molke vom Vortage werden beigemengt, das Ganze wird unter ständigem Rühren erhitzt, bis das Kasein zu 80 kg schweren, homogenen Klumpen ausflockt und gerinnt.

Bei keiner anderen Käsesorte ist die schnelle Aufhitzung so wichtig wie bei der Parmesanherstellung. Früher war lebendiges Feuer unter dem Kessel, heute ist er dampfbeheizt. Dann werden etwa 40 Kilo schwere Portionen der Käsemasse per Hand und mit Tüchern aus der Molke gehieft, in die großen Formen gegeben und beschwert, damit die überschüssige Flüssigkeit abrinnen kann. Es folgt ein Salzbad, in dem der Käse einen Monat lang nur soviel Salz aufnimmt, wie er gerade braucht, nicht mehr und nicht weniger. Die richtige Parmesanform erhält der Käse erst in Metallformen, die ihm auch das rauhe Äußere verleihen.

Die Molke wird von den Kesseln abgelassen und als Schweinefutter von den Bauern abgeholt. Das sogenannte Pulver, den Kaseinsatz, der nicht mit dem Laib koagulieren kann, bekommen die Hühner. Nichts wird weggeworfen. Schließlich kommt die Lagerung. Nach drei bis vier Monaten wiegt so ein Laib etwa 37 kg und darf kein einziges Loch gebildet haben während des Gärungsprozesses. Ein einziger kleiner Hohlraum, und der Laib ist en gros nicht mehr abzusetzen. Fachkundig klopfen die Händler daher jeden Laib einzeln ab und ziehen bei jedem Hohlton sofort eine verächtliche Grimasse. Die im Tal der Emme hätten es da schon leichter, meint einer der Senner mit Galgenhumor, aber der Emmenthaler sei natürlich auch kein Aphrodisiakum...

Nach 15 bis 18 Monaten ist der Grana-Käse reibfähig und reif, auch raffinierten Buffets eine elegante Note zu verleihen. Grana gilt in der Poebene schon als Aphrodisiakum, was werden erst die starken Alpengräser der Hochweiden bewirken?

gefühlsmäßiges Defizit, als Verlust, bemerkbar zu machen begann. So interpretiert, ist der würdigende Blick für die Landschaft bloße Kompensation »natürlicher« Naturbeherrschungsvorgänge – zu Zeiten, in denen die Verdinglichung der neuzeitlichen Gesellschaft noch nicht manifest war, dürfte es sie nicht gegeben haben.

Daß sich die Wirklichkeit nicht nach dieser Theorie richtet, sieht man am Rande der Avisio-Schlucht. Dürers kleinformatiges Aquarell zeigt eine harmonische Berglandschaft und die Schluchten des Cembratals. In der Ferne erkennt man die Kirchtürme von Sevignano und Stedro-Sabion, die markanten Erdpyramiden von Segonzano und einen Flecken terrassierter Kulturlandschaft, ansonsten nur Natur. Und damit steht der 23jährige Dürer seinerzeit alleine da. Wie der Kunsthistoriker Erwin Panofsky bestätigt, hat das Bild »keinen Darstellungsgegenstand außer der atmenden Bewegung der Erde selbst«. Es ist in sich geschlossen, eigenständig – von geradezu »heidnischer« Intensität. Panofsky spricht von einer »panoramischen«, beinahe »kosmischen Interpretation von Landschaft«. Das Bild ist keine Skizze oder Vorstudie für ein späteres Gemälde, auch kein bloßes Reisedokument – es ist vielmehr Ausdruck von »Subjektivität«.

Heute erblickt man Dürers »italienische Berge« durch ein seltsames Karomuster: Vor dem historischen Aussichtspunkt breitet sich eine moderne Sportanlage aus, und die Eindrücke werden durch einen meterhohen Fangzaun für Tennisbälle »zensiert«. Auch haben die wogenden Kornfelder der »campagna rasa«, an deren Rand der Maler seinerzeit gestanden haben wird, inzwischen einem Neubaugebiet Platz gemacht.

Der Ortskern selbst hat sich allerdings ein wenig vom Charme vergangener Epochen bewahrt. Er dokumentiert, was seit Betreten des Trentiner Gebietes ohnehin unübersehbar war: Im Cembratal herrscht die romanische Siedlungsform – das Haufendorf mediterranen Zuschnitts. Eng rücken hier die hohen Steinhäuser zusammen, lassen für Straßen und Gassen nur wenig Platz – eine bizarre, zugleich anziehende Fremde.

Von Cembra aus geht es am nächsten Morgen in den Nachbarort Faver, dort an einigen Grappa-Destillen vorbei und schließlich auf altem Weg hinab in die Weinfelder. Leider frißt sich auch auf einem der Herzstücke des Europäischen Fernwanderwegs Nr. 5 der Asphalt jedes Jahr etwas weiter abwärts, denn im Unterschied zu den meisten anderen italienischen Alpenregionen geht es mit der Landwirtschaft hier noch bergauf: Immer mehr der vor Jahrhunderten schon benutzen Anbauflächen werden heute wieder in Betrieb genommen, auch die abseits in der Schlucht gelegenen. Ermöglicht wird dies heute durch Verbesserung der Erreichbarkeit, durch den Einsatz moderner Maschinen – durch Beton und Asphalt.

Was dem Weinbauern nützt, schadet allerdings dem Fußgänger: Die »Corvia«, seit dem Mittelalter eine gut befestigte, schmale Steinstraße, verliert nun langsam ihr Gesicht. Albrecht Dürer, der sich als Gast einige Tage im talnahen Schloß Segonzano aufgehalten haben soll, wird diesen Weg sicher mehrfach gemacht haben. Vor und nach ihm waren hier vor allem Bauern zu den Feldern des Schlosses unterwegs, wo sie ihre »corves«, ihre Frondienste, ableisten mußten.

Immerhin hat der zweite Teil des Abstiegs noch nichts von seinem Reiz eingebüßt. Am Wachhaus an der Avisio-Brücke, die immer mal wieder weggespült wird, trifft man wieder auf einen Dürer-Stein. Hier ist das Wasserschloß entstanden, Castello Segonzano, von Nordosten gesehen. Der Stein steht nachvollziehbar richtig, die Perspektive stimmt, nur in den Details hat der Nürnberger Künstler etwas gemogelt: Der Felsen, auf dem sich das Schloß befindet, ragt bei weitem nicht so bizarr in den Himmel. Dürer hat den bergseitigen Einschnitt etwas vertieft, die Berge im Hintergrund verschwinden lassen, so daß das Schloß wie eine uneinnehmbare Felsenburg aussieht. Daß dem nicht so war, läßt sich heute unschwer erkennen: Man findet den ehemaligen Adelssitz heute in dem Zustand vor, in den ihn Napoleons Truppen 300 Jahre nach Dürers Besuch versetzt und hinterlassen haben – als Ruine.

Der direkte Zugang endet auf Weinterrassen: »proprietà privata«. Man muß an den rötlichen Porphyrwänden vorbei weit um den Burgfelsen herumgehen. Am Eingang zu den Mauerresten des Castello angekommen, verblüfft das Fehlen von Informationstafeln und Souvenirständen – keine »Bar« erwartet den heutigen Gast, keine Menschenseele ist weit und breit zu sehen. Auch dem alten Bauernhaus, das in unmittelbarer Eingangsnähe steht, merkt man nichts von der touristischen Valenz seiner Lage an: Bunte Plastikfolien schauen zwischen den großen Steinplatten hervor, mit denen das Dach eingedeckt ist, im leeren Hof scharren ein Hahn und eine Handvoll Hennen lautlos nach Verwertbarem. Nichts durchbricht die düstere Stille, die auch an diesem faszinierenden Ort auf die Vergangenheit gefallen ist.

Ein verzaubertes Tal hat der österreichische Schriftsteller Robert Musil einmal das Fersental genannt. Nun haben verzauberte Dinge es meist an sich, nicht wirklich zu existieren, doch das Fersental gibt es tatsächlich. Es liegt nur so abseits der überlaufenen Touristenrouten, daß man es fast schon als ein vergessenes Tal bezeichnen könnte. Vielleicht macht aber gerade das einen Teil jenes Zaubers aus, den Robert Musil einst meinte und den auch Christoph Wendt alsbald verspürte.

Das Fersental – Vergessene Sprachinsel im Trentino

Wie es sich für ein verzaubertes Tal gehört, ist das Fersental (Valle dei Mocheni) nicht leicht zu finden. Nirgendwo gibt es einen Wegweiser, der den Reisenden in das Tal selbst oder zu seinen Dörfern Florutz, Palai oder Gereut, nach Kamautz oder Eichleit führt. Man muß schon nach dem Valle dei Mocheni Ausschau halten, den Wegweisern nach Palù del Fersina folgen, nach Fiorozzo oder Frassilongo, denn das verzauberte Tal liegt versteckt inmitten der Provinz Trient. Der Name Fersental deutet es indessen an: Das Tal ist nicht durch und durch italienisch, es ist eine kleine deutsche Sprachinsel im Trentino.

Spricht man bei diesem von Pergine im Valsugana östlich der Landeshauptstadt Trient sich hinziehenden Tal vom Schleier des Geheimnisvollen, der es immer noch umgibt, meint man vor allem die Sprache, die hier noch von vielen Menschen gesprochen wird. Es ist zwar Deutsch, das die Bewohner von Palai, Florutz oder Kamautz untereinander reden, doch kein deutscher Besucher wird auch nur einen Satz des Fersentalerischen verstehen. Das Idiom hier ist das der oberbayerischen Einwanderer des Mittelalters. Damals holten die Fürstenhöfe von Trient als zuständige Landesherren Bauern, Holzfäller, später auch Bergknappen in das schwer zugängliche Tal, doch im Gegensatz zu anderen einst deutschsprachigen Tälern Oberitaliens hielten sich dank der Armut der Bevölkerung und der Abgeschiedenheit ihres Tals die Sprache und die damit verbundene Kultur mir ihren oft eigenartigen Bräuchen, etwa im Spiel vom »Alten und der Alten« zu Fastnacht.

Zwar führen heute auf beiden Talseiten Straßen durch das Tal bis in den Talschluß, kein noch so

Beim Ernten der Vernatsch-Trauben. Bald wird ihr Saft als Wein im Glase funkeln.

abgelegener Bergbauernhof ist heute ohne Weganschluß, dennoch mutet das Fersental wie eine vergessene Landschaft an. Der große Fremdenverkehr hat es noch nicht entdeckt.

Palai, wie die Fersentaler, Palù del Fersina, wie die Italiener sagen, ist das letzte Dorf im Tal. Hier leben noch die meisten »Mocheni«, wie die Italiener die Fersentaler nennen. Mag sein, daß der Name vom fersentalerischen Wort »mochen« kommt, was soviel heißt wie »machen«. Im Palai treffen wir Leo Troller, er ist Vizebürgermeister der Gemeinde und Vorsitzender des Kulturinstituts der Fersentaler und Zimbern, einer Institution, die von der Landesregierung in Trient finanziell unterstützt wird. Hier macht sich wie im benachbarten Südtirol die kulturelle Autonomie der Provinz und damit die finanzielle Selbständigkeit segensreich bemerkbar.

Zur Zeit ist das Institut gerade dabei, ein Wörterbuch des Fersentalerischen zusammenzustellen. »Es gibt in unserer Sprache keine Lehnwörter aus dem Italienischen oder einer anderen Sprache«, versichert Leo Troller, »alle fremdsprachlichen Begriffe werden umgewandelt und unserer Sprache angepaßt.« Wie das geht, sehen wir draußen an einem großen Gebäude neben der Grundschule. »Kindörgörtön« hat man das hochdeutsche »Kindergarten« umgeformt. »Noch klaffn viele Leute hier Fersentalerisch«, meint der Bürgermeister, doch viele Bewohner schämen sich inzwischen ihrer als plump empfundenen Sprache, die ebenso unverkennbar anders ist als jene anderer Täler, wie das Siedlungsbild der Dörfer und die Architektur der Höfe.

Diese Höfe in den steilen Sonnenhängen, vielfach noch mit Holzschindeln gedeckt, aus braun verwittertem Holzwerk über einem gemauerten Sockel gebaut, scheinen nach Oberbayern zu passen oder nach Tirol, nicht aber in ein Trentiner Bergtal. Schaut man jedoch näher hin, stellt man fest, daß mancher Hof längst verlassen ist. Die Lebens- und Arbeitsverhältnisse in der Landwirtschaft in einem so abgelegenen Hochgebirgstal mit seinen oft extrem steilen Hängen sind zu hart. Immer mehr Fersentaler kehren ihrer alten Heimat den Rücken. Und immer wieder kann man beobachten, wie der Wald zurückkehrt, wieder Besitz ergreift von dem Land, das ihm einst bayerische Siedler abgerungen haben.

Größter Ort und Mittelpunkt des Tales ist ein heute weitgehend italienisches Dorf, San Orsola Terme, also Bad St. Ursula. Doch ein Kurort im Fersental ist etwas anderes als unten im Valsugana. Hier gibt es kein Kurhaus und keine Kurpromenade, das Kurkonzert veranstalten die Kühe, wenn sie abends in den Stall getrieben werden. Es gibt nur ein modernes Hotel, in dem man sich auf Anwendungen mit dem Wasser der heilkräftigen Quelle spezialisiert hat. Außerdem gibt es eine Metzgerei, übrigens die einzige des Tales. Zu ihr kommen die Käufer von weither im Trentino, um »lucaneghe« zu erstehen. Die luftgetrockneten, in verschiedenen Geschmacksrichtungen hergestellten Würste nach Bauernart sind die besondere kulinarische Spezialität des Tales. Um aufregende Küchenschöpfungen zu erfinden, waren die Fersentaler immer viel zu arm.

Doch mit der Hochgebirgslandschaft, in die es eingebettet ist, hat das Fersental ein einzigartiges Kapital, mit dem es ein Magnet für den Fremdenverkehr werden könnte. Das gilt vor allem für die Berglandschaft des Lagorai. Der Name des noch wenig besuchten Gebirgszuges bedeutet »von Wiesen umgebener See« (s. S. 60) und beschreibt in Kurzform, was den Besucher erwartet: nicht die schroffen Felsmassen der Brenta oder der Dolomiten, sondern grüne Berge, blumenreiche Wiesen und familienfreundliche Gipfel.

Deutschsprachige Fersentaler beim Kirchtag am 15. August.

Südlich der Grenze Südtirols führt der »Sentiero della Pace« entlang der Frontlinie des Ersten Weltkriegs durch die Trentiner Alpen. Aus ehemaligen Militärwegen wurde ein einsamer und stiller Friedenspfad für Wanderer.

Picknick auf Gräbern – Der »Friedenspfad« durch die Trentiner Berge

Ein paar Kilometer südlich jener Stelle am Madratschferner, an dem zwei Militariasammler aus Österreich von explodierendem Sprengstoff zerrissen wurden (s. S. 16), am Tonale-Paß, beginnt heute der Sentiero della Pace. Der »Friedenspfad« folgt der früheren Frontlinie des Krieges durch die Provinz Trentino vom Ortler-Cevedale-Massiv bis zur Marmolada. Claudio Fabbro ist einer der Initiatoren. Mit Militariasammlern hat Fabbro nichts gemein, ganz im Gegenteil. Vehement betont er den pazifistischen Charakter des Projektes: »Museale oder kriegsverherrlichende Gedanken waren uns völlig fremd, als wir diesen Wanderweg planten. Wir möchten eher, daß die Menschen, die ihn nachgehen, zum Nachdenken über den Krieg angeregt werden.« Aber das war nicht einmal der Hauptgrund, die Route anzulegen.

1986 mußten im Trentino viele Industriebetriebe schließen. Die Arbeitslosenzahlen stiegen rapide an. Zu jener Zeit entstand die Idee des Friedenspfades. »Für uns ist der Sentiero della Pace in erster Linie ein soziales Projekt, das Arbeitsplätze schafft«, sagt Fabbro. Mit dem Bau des Weges waren in den Anfangsjahren bis zu 185 Menschen beschäftigt. In kleinen Teams zu je fünf Personen arbeiteten neben älteren Arbeitslosen, die keine Chance mehr hatten, einen Job zu bekommen, auch Jugendliche, die auf eine reguläre Beschäftigung warteten. Die Arbeiter richteten die zerstörten Kriegswege wieder her, restaurierten verfallene Schützengräben, stellten Wegweiser und Erläuterungstafeln auf und markierten den Wanderweg mit dem Symbol der Friedenstaube. Die Lohn- und Materialkosten übernahm die Trentiner Provinzregierung.

Mit all seinen Verästelungen ist der Sentiero rund 400 km lang. Für die Gesamtstrecke sind 28 bis

1915 auf dem Stützpunkt Schwabenalpenkopf. Geschützt durch Sandsäcke blickt ein Soldat auf die Drei Zinnen.

30 Wandertage einzuplanen. Übernachtungsmöglichkeiten gibt es entweder in Hotels und Gasthöfen der Dörfer und Orte, die er berührt, oder in Berghütten und Biwaks am Ende der Tagesetappen. Der Friedenspfad ist ein relativ einfacher, wenn auch anstrengender Fernwanderweg, der keine klettertechnischen Erfahrungen voraussetzt. Aber er führt auf weiten Strecken durch hochalpines Gelände, Wanderer sollten daher trittsicher und schwindelfrei sein.

Durch den Friedenspfad werden alle Abschnitte der Front im Trentino miteinander verbunden. Jedes Kampfgebiet wird einbezogen, so zum Beispiel der Pasubio, der als Ort der furchtbarsten Stollen- und Minenkämpfe in die Geschichte des Ersten Weltkrieges einging. Im Frühjahr 1915 erklärte das bislang neutrale Italien der österreichisch-ungarischen Doppelmonarchie und dem Deutschen Reich den Krieg. Die italienischen Alpini, speziell für den Hochgebirgskrieg ausgebildete Soldaten, griffen von Süden her das österreichische Territorium an, das damals noch große Teile Norditaliens umfaßte. Nach anfänglichen Erfolgen erstarrte die Front rasch zu einem Stellungskrieg im Eis und Fels der Berge. Das zerklüftete Massiv des Pasubio wurde so zu einem Teil der über 300 km langen »Alpenfront«, nach ihrem zentralen Gebirgsstock auch »Dolomitenfront« genannt.

Am Pian delle Fugazze, dem letzten Trentiner Paß vor den Ebenen des Veneto, beginnt die Strada degli Eroi hinauf zum Pasubio. Mit einer Autostraße hat diese »Straße der Helden« allerdings wenig zu tun. In endlosen Serpentinen schraubt sich die 3 m breite Schotterpiste, auf der die italienischen Nachschubkolonnen zur nahen Front rollten, am Südhang des Berges in die Höhe. Der Friedenspfad schneidet die weit ausladenden Kurven der Heldenstraße immer wieder mit schmalen Steigen ab. Die steile Route durch den Bergwald, der mit jedem Höhenmeter schütterer wird, treibt einem den Schweiß aus allen Poren.

An der »Galleria Generale d'Havet« auf 1857 m Höhe ändert sich die Szenerie. Der düstere Tunnel durchbricht die Felswand und gibt den Blick auf die tiefen Schluchten des Val Canale frei. Ab hier wurde die Strada direkt in die schroffen Felsabstürze geschlagen. Zum Glück ist sie immer noch sichere 3 m breit. In regelmäßigen Abständen sind große Marmortafeln an den Felswänden befestigt. Jede trägt den Namen eines Kriegsopfers und darüber ein Ausrufungszeichen.

An der Porta del Pasubio auf fast 2000 m Höhe wird im »Rifugio Generale Achille Papa«, einem Schutzhaus des italienischen Alpenvereins, Cappuccino in braunen Plastiktassen ausgeschenkt. Nach der Anstrengung des Anstiegs schmeckt er trotzdem. An der Berghütte, in deren Schlafräumen durchgelegene Betten auf die müden Wanderer warten, endet die Strada degli Eroi. Der Friedenspfad allerdings führt weiter über die Hochfläche des Pasubio. Das italienische Verteidigungsministerium hat das Gebiet zur »Zona Monumentale« erklärt, und monumental ist der »Arco Romano« in der Tat. Seltsam fremd erhebt sich der römische Triumphbogen in der bizarren Karstlandschaft. Monumental ist auch die Zahl der Gebeine, die in diesem Ossarium bestattet sind.

Auf einem schmiedeeisernen Schild liest man die Worte: »Di qui non si passa«, frei übersetzt etwa: »Hier kommt keiner durch.« Gemeint sind damit jedoch nicht die Wanderer auf dem Friedenspfad, sondern die

Österreichische Soldaten vertreiben sich im Hochgebirge die Zeit. Zeltbahnen bieten nur bescheidenen Schutz vor der Witterung.

österreichischen Kaiserjäger, die einst am Pasubio-Massiv kämpften, das für die »Alpenfront« von großer Bedeutung war. Da im Etschtal südlich von Rovereto starke italienische Truppenverbände konzentriert waren, hofften die österreichischen Militärs, diese Stellungen über die Höhen umgehen zu können. Diese Taktik erkannten allerdings auch die italienischen Generäle und ließen den Berg hartnäckig verteidigen. Im Abstand von nur wenigen Metern lagen sich die italienischen und österreichischen Soldaten in den Schützengräben am Pasubio gegenüber. Zweieinhalb Jahre lang wurde gekämpft, Tag und Nacht, Sommer wie Winter. Mit Artillerie, in Sturmangriffen und im mörderischen Nahkampf mit Bajonetten, Messern und Spaten. Keine Seite konnte nennenswerte Geländegewinne verzeichnen. Statt dessen kamen Zehntausende am Pasubio um.

Die meisten starben jedoch nicht in den Kämpfen, sondern fielen den Hochgebirgswintern zum Opfer. Eisige Orkane und Schneestürme mit Temperaturen bis zu vierzig Grad unter Null fegten über die Hochfläche und rissen die notdürftigen Unterstände aus Brettern und Zeltplanen aus ihren Verankerungen. Gewaltige Lawinen begruben und erstickten die Männer. Ganze Kolonnen verirrten sich im Eissturm, starben und wurden erst im Frühjahr nach der Schneeschmelze gefunden. Historiker schätzen, daß an der Front in den Alpen über 60000 Soldaten allein durch Lawinen umkamen.

Wie eine Mahnung steht dieses Kreuz unter der Nordwand des Ortlers (3905 m).

Da weder die Österreicher noch die Italiener oberirdisch weiterkamen, begann man, den Pasubio mit Stollen auszuhöhlen. Lange Gänge wurden jeweils unter die gegnerischen Stellungen getrieben, mit Sprengstoff gefüllt und dann gezündet. Woche für Woche, Monat für Monat zerfetzten diese unterirdischen Explosionen Kavernen und Unterkünfte auf beiden Seiten. Bei einer Detonation, bei der die Österreicher fünfzig Tonnen Sprengstoff in die Luft gehen ließen, starben auf einen Schlag 600 Alpini. Die Soldaten kannten ihr Schicksal, denn die Bohrgeräusche des Stollenbaus waren gut zu hören. Sie durften dennoch ihre Stellungen nicht verlassen und mußten im Wissen um den sicheren Tod in ihren Gräben ausharren.

Der Sentiero della Pace führt an der Kapelle Santa Maria di Sette Croci vorbei. Jeden Sonntag im Sommer wird hier für die Alpini-Soldaten ein Gedenkgottesdienst abgehalten. Unter der hageren Gestalt des Christus am Kreuz sind die versöhnlichen Worte »senza odio, ma in pace eterna« (»ohne Haß, sondern in ewigem Frieden«) zu lesen. Der Ort strahlt dennoch die Atmosphäre einer Kultstätte für einen sinnlosen, aber als heroisch verklärten Kampf aus. Statt eines Tuches mit einem christlichen Motiv bedeckt die italienische Fahne den Altar, und der Opferstock ist aus zwei Stahlhelmen geschweißt.

In eine felsige Mulde, nicht weit von der Kirche entfernt, ducken sich die Überreste der italienischen Kommandostelle. Der halbkreisförmige Schützengraben und die in den Felsen gehauene Kaverne bildeten die vorderste Linie der Alpini am Corno del Pasubio. Jahrzehnte nach den erbitterten Kämpfen rastet hier völlig unheroisch eine italienische Wandergruppe. Die Wanderer haben bunte Decken ausgebreitet. Panini mit Salami, Käse und Speck gehen von Hand zu Hand, die Wasserflasche kreist. Mit vollem Mund diskutieren und lachen sie. Nicht über den Krieg. Vor dem langen Abstieg hinab zum Borcola-Paß genießen sie beim Picknick die vormittägliche warme Sonne und den phantastischen Blick über die Berge.

Jenseits des Passo della Borcola erklimmt der Friedensweg den Monte Maggio. Der Berg ist der höchste Gipfel einer Kette, die parallel zum Pasubio verläuft. Von der nahen Festung Doss del Sommo konnten die österreichischen Artilleristen die gesamte Nordflanke des Pasubio kontrollieren und beschießen. Bereits in Friedenszeiten hatten Österreicher wie Italiener entlang der Grenze stark befestigte Sperrforts errichtet. Das Fort Doss del Sommo war das größte und modernste. Mit mittelalterlichen Burgen oder mit den Holzforts des Wilden Westens waren diese Panzerfestungen des Ersten Weltkriegs jedoch nicht zu vergleichen. Sie ähnelten eher riesigen Bunkeranlagen und waren tief in den Felsboden versenkt. Die Mauern bestanden aus 3 m Eisenbeton, die mit Stahlträgern von 0,5 m Durchmesser verstärkt waren. Die Festungen waren mit großkalibrigen Fernkampfgeschützen in beweglichen gepanzerten Türmen sowie mit kleineren Kanonen und Maschinengewehren für den Nahkampf ausgerüstet. Eine eigene Wasser-, Strom- und Sanitätsversorgung machte sie nahezu autark.

Die Soldaten der Forts mußten in gruftähnlichen Unterkünften, Gängen und Kasematten hausen, die im Winter kaum zu beheizen waren. Bei feindlichem Beschuß erzitterten die Mauern bis in die tiefsten Tiefen, und giftige Sprenggase zogen durch die Gänge. Luis Trenker, der nach dem Ersten Weltkrieg als Schauspieler und Bergfilmregisseur Karriere machte, war Offizier in einem der österreichischen Forts. In seiner Autobiographie *Alles gutgegangen* berichtet er: »Sperrforts sind eine enge Welt, in der der Blick schließlich blind wird für alles, was draußen vor sich geht. Sie formen den Kämpfer auf eine besondere Weise: Er wird verbittert und zäh, gewissermaßen ein Bestandteil des Bauwerkes, in das man ihn gesperrt hat. Die stickige Luft, das gespenstische Flackern schwacher Lampen, das monotone Brummen der Ventilatoren und das Dröhnen krepierender Geschosse zehren an den Nerven der Eingeschlossenen. Da hockt der Tod in jedem Winkel, und sein Atem verfolgt sie im Schlafen und Wachen.«

Heute wirkt das Fort Doss del Sommo eher wie ein geplatzter Pfannkuchen. Die geborstenen Überreste bestehen aus großen und kleinen Betonbrocken. Leere Fensterhöhlen reihen sich zwei Stockwerke hoch. Die Innenräume sind mit Geröll aufgefüllt. Im ehemals 7 m tiefen Befestigungsgraben wachsen Gras und Blumen. Armeen von Heuschrecken und Grillen haben das Terrain erobert. Nur sie durchbrechen die Stille mit ihrem knarrenden Gesang.

In Sichtweite, nur 1,5 km Luftlinie entfernt, erhebt sich auf einer Wiesenkuppe das Fort Sommo Alto. Doch das tiefe Val di Plina zwingt die Wanderer auf dem Friedenspfad zu einem Umweg über den Coe-Paß. Die Festung Sommo Alto ist in ihren Grundmauern weitgehend intakt. Provisorische Treppen führen durch drei düsteren Stockwerke. Das seit Jahrzehnten von den Decken tropfende Wasser hat zarte Stalaktiten gebildet. Aber schon in den dreißiger Jahren hatte man die Stahl- und Eisenteile aus allen Räumen entfernt und in den Waffenschmieden eingeschmolzen. Der nächste Krieg stand bevor. Neue Waffen brauchte das Land.

An der höchsten Stelle des Forts, wo einst die 21-cm-Haubitze auf die Pasubio-Front ausgerichtet war, flattern heute die italienische, die österreichische und die deutsche Flagge einträchtig im Wind. An die Außenmauer der Festung sind mit roter Farbe die Worte »Istria Italiana« geschmiert. Die italienischen Neofaschisten wollen die Halbinsel Istrien, die bis zum Zweiten Weltkrieg zu Italien gehörte, zurück. Der Nationalismus der Gegenwart scheint den der Vergangenheit eingeholt zu haben.

Wandern im Nonstal – Bischofsburgen unter abertausend Apfelbäumen

Wer in der Erntezeit das Nonstal durchstreift, kann sehen, wie allenthalben die Pflückerinnen und Pflücker bei der Arbeit sind. Dieses Apfelparadies hat einen weiteren ganz besonderen Akzent, einen, der nach Käse duftet. Ist doch das bei Mezzocorona aus dem Etschtal abzweigende und zunächst nach Norden, dann nach Westen ziehende vom Noce durchflossene Tal auch durch seinen Käse berühmt. Dabei ist es vor allem der »Grana Trentino«, der als König der Nonstaler Käse bezeichnet werden muß. Je älter dieser nach Parmesanart hergestellte Käse ist, um so leckerer schmeckt er als Knabberei zur abendlichen Weinstunde.

Urlaubstage im Nonstal sind Wandertage schlechthin. Das weite, liebliche Tal eignet sich für stunden- oder tagelange weitgehend mühelose Wanderungen. Die hohen Berge halten sich im Hintergrund: die gewaltigen Felsberge der Brenta auf der einen, das Gebirge, das das Nonstal nach Norden gegen Südtirol abgrenzt auf der anderen Seite. Eigentlich ist das Nonstal kein Tal im üblichen Sinne, sondern eine gewaltige Hochfläche, in die der Noce sich tief, zum Teil wilde Schluchten bildend, eingefressen hat. Es paßt zu diesem Ruhe und Beschaulichkeit atmenden Tal, daß von Trient aus die einzige Schmalspurbahn der Provinz Trient, die Trento-Malè-Bahn, ein bei allen Nostalgiefreunden beliebter Zubringer ist.

Ideale Ziele für herbstliche Wanderungen sind vor allem die vielen Burgen und Schlösser, die mitunter buchstäblich versteckt unter den Apfelbäumen liegen und als einstige Sitze der mächtigen Fürstbischöfe von Trient oder ihrer Gefolgsleute eine beredte Sprache sprechen von der großen geschichtlichen Bedeutung des Nonstales.

Schon der Assessorenpalast in Clès, dem Hauptort des Tales, erinnert an die fürstbischöfliche Vergangenheit. In diesem bereits 1356 erwähnten Palazzo residierten die Assessoren, die Statthalter der Fürstbischöfe. Schöne Säle mit kostbaren Holzdecken und Wandmalereien sind im Inneren zu sehen. Eine halbe Stunde zu Fuß braucht man von Clès, um nach Schloß Clès zu kommen, das hoch über dem großen Stausee von Santa Giustina liegt. In dem um das Jahr 1000 gebauten Schloß wurde 1485 Bernhard von Clès geboren, der bedeutendste Fürstbischof von

Kletterkunststücke am Nordzipfel des Gardasees bei Nago.

Trient. Wie die Schlösser Valer und Bragher ist auch Schloß Clès in Privatbesitz. Das größte und prächtigste Schloß, ein richtiger Palast, ist Schloß Thun, Stammschloß der gleichnamigen Adelsfamilie, die in weiten Teilen Mitteleuropas zu Reichtum und Ansehen gekommen ist.

Nicht versäumen sollte man auch einen Besuch in San Romedio. Diese Einsiedelei des heiligen Romedius ist sicherlich eine der eindrucksvollsten Wallfahrtsstätten Europas. Am Ende des schluchtartigen Rodeiotales ragt auf einem hohen Felsen ein Konglomerat von fünf Kirchen und mehreren Einsiedlerzellen auf. Die erste von ihnen entstand um 1000, im 13. Jahrhundert wurde ein Kloster gegründet. Zwei Bären in einem Zwinger unterhalb der Kirchen erinnern daran, daß der heilige Romedius der Legende zufolge einst auf einem Bären reitend in Trient eingezogen sein soll.

Sind die Schlösser Meisterleistungen menschlicher Baukunst, so ist der Tovelsee Prunkstück der Gebirgsnatur, ein Höhepunkt, den man gesehen haben muß. Seine Lage am Ende des Toveltales inmitten der wildmajestätischen Bergwelt der Brentaberge macht ihn zu einem der schönsten Seen der ganzen Alpen.

Wo die Talstraße allmählich gegen die Berge ansteigt, liegt Fondo mit der Burg Castelfondo. Von hier ist es nicht mehr weit durch den Bergwald zur Höhe des Mendelpasses an der Grenze zu Südtirol. Von hier oben, wo einst die Habsburger eine Sommerresidenz hatten, kann man einen der schönsten Ausblicke genießen, den man sich vorstellen kann, den Blick über das Südtiroler Unterland zwischen Bozen und der Salurner Klause.

Von hier mündet die Gampenpaßstraße ins Nonstal herein, über die durch das Trentiner Nonstal bis heute noch der einzige Straßenzugang zu den Südtiroler Dörfern am Deutsch-Nonsberg, Laurein und Proveis, führt. Sie aufzusuchen lohnt schon des einzigartigen Ausblicks auf die Brenta- und Adamelloberge wegen.

Wandern macht natürlich auch Hunger und Durst. Im Nonstal wie im ganzen Trentino ist man da ganz besonders gerüstet. Während des gesamten Oktobers steht das Trentino ganz im Zeichen seiner kulinarischen Köstlichkeiten, die dem Besucher wieder einmal bewußt machen, daß man kaum anderswo in Italien so gut essen und trinken kann wie hier. Da ist es gut zu wissen, daß eines der bekanntesten Schlemmerlokale dieses Schlemmerlandes im Nonstal zu finden ist, der »Orso Grigio«, der Graue Bär, in Ronzone nahe Fondo.

»Die Stadt selbst ist abenteuerlich gebaut, und wundersam wird einem zu Sinne, beim ersten Anblick dieser uraltertümlichen Häuser mit ihren verblichenen Freskos«, schrieb Heinrich Heine über Trient, das sich seitdem kaum verändert hat. Tatsächlich hat sich keine andere Stadt südlich der Alpen das Bild einer Renaissancestadt des mittelalterlichen deutschen Reiches so rein bewahrt wie die Hauptstadt der heute autonomen italienischen Provinz Trento. Christoph Wendt hat sie besucht.

Trient – Renaissanceperle südlich der Alpen

Der Salier Heinrich II. erhob im Jahre 1004 den Bischof von Trient zum Reichsfürsten. Dabei blieb es, und seitdem war Trient an der Etsch für rund 800 Jahre bis zum Einmarsch der Franzosen unter Napoleon Hauptstadt eines blühenden Fürstentums, das nicht nur Mittelpunkt weltlicher Macht, sondern auch Zentrum der Kunst und Kultur wurde. Die Fürstbischöfe kamen aus verschiedenen Ländern; aus Italien, Polen, Böhmen, Mähren und Frankreich, vor allem aber aus Deutschland.

Einer von ihnen war Friedrich von Wangen (1207–18), unter dem Trient im Mittelalter eine starke städtebauliche Entwicklung erlebte. Er gab den Anstoß zum Bau des Domes über dem Grab des heiligen Vigil an der Stelle einer ersten Bischofskirche aus dem 6. Jahrhundert. Er ließ die Stadtbefestigung erweitern und die Etsch regulieren. Ein Teil der Befestigungsanlagen mit ihren Türmen steht heute noch. Der Fürstbischof zeichnete sich jedoch auch durch ein bemerkenswertes soziales Engagement aus. Auf seine Veranlassung hin wurde ein Bergbaucodex zusammengestellt, in dem erstmals in Europa die Arbeitsbedingungen der Bergleute geregelt wurden.

Der bedeutendste unter den Trentiner Fürstbischöfen war sicherlich Bernhard von Clès, der aus Clès im Nonstal stammte und das Bistum von 1514 bis 1539 leitete. Der Kardinal war ein glänzender Renaissancefürst. Er ließ die Stadt umgestalten, ihr das Gesicht geben, das uns noch heute die Altstadt zeigt. Diese Baumaßnahmen standen im Zusammenhang mit der Vorbereitung des bedeutendsten historischen Ereignisses, das je innerhalb

Rechte Seite: Renaissance-Kleinod auf der Südseite der Alpen – Trients Innenstadt wurde durch das Konzil von 1545 bis zum heutigen Tag geprägt.

der Mauern stattfand, das ökumenische Konzil von Trient.

Bernhard von Clès erlebte die Eröffnung am 13. Dezember 1545 jedoch nicht mehr. Sein Nachfolger Christoph Madruzzo regierte das Fürstbistum in den turbulenten 18 Jahren, da die Konzilsväter versuchten, die sich im Zeitalter der Reformation abzeichnende Kirchenspaltung zu überwinden. Martin Luthers Protestantismus in Deutschland, die Entstehung der anglikanischen Kirche in England unter Heinrich VIII. und das Vordringen des Calvinismus in Frankreich waren die Probleme, die das Konzil zu behandeln hatte. Zu den Hauptzielen, die man sich damals gesetzt hatte, gehörte der letztlich vergebliche Versuch, die Protestanten zu einer Rückkehr in die katholische Kirche zu bewegen.

Trient bot sich besonders wegen seiner Lage als Tagungsort an. Es war eine italienische Stadt innerhalb jenes deutschen Reiches, von dem die Gefahr des Protestantismus ausging. Es lag verkehrsmäßig am günstigsten Weg von Deutschland nach Italien, und es war die Stadt, in der die deutsche und italienische Welt und ihre Kultur zusammentrafen.

Die alte Stadt an der Etsch zehrt bis heute von jenem Konzil, dessen Sitzungen übrigens von 1547 bis 1551 nicht in Trient, sondern in Bologna stattfanden, weil in Trient eine Fleckfieberepidemie herrschte, und sie wirkt immer noch so, wie sie Bernhard von Clès für das Konzil architektonisch konzipierte. Für den, der von Norden kommt, ist es die erste »richtige« italienische« Stadt, die aber dennoch ihre deutschen Spuren nicht verbergen kann. Dies um so weniger, als das ganze Trentino, die Provinz Trient, von 1802 bis 1919 als »Welsch-Tirol« zu Österreich gehört hatte.

Die gesamte Altstadt ist heute ein geschlossenes Ensemble, das noch großenteils von der staufischen Stadtmauer Friedrichs von Wangen umgeben ist. Einer der damals entstandenen Stadttürme, der Adlerturm, Torre dell'Aquila, ist heute einbezogen in

Der Adlerturm und Schloß Buonconsiglio – die Fürstbischöfe residieren in einer wehrhaften Festung.

die gewaltige Anlage von Schloß Buonconsiglio, das durch die Jahrhunderte die imposante Stadtresidenz der Fürstbischöfe war. Zwischen 1400 und 1407 ließ dort Fürstbischof Georg von Liechtenstein durch den böhmischen Maler Wenzelaus einen berühmten Freskenzyklus an die Wände seines Privatsalons malen, einen einzigartiger Reigen von Monatsdarstellungen, die das höfische und das bäuerliche Leben zeigen.

Vor allem lombardische Baumeister schufen ab dem frühen 13. Jahrhundert den Dom des heiligen Vigil, ein großartiges romanisches Bauwerk, das in seiner vertikalen Wirkung schon fast gotisch wirkt. Eine der städtebaulichen Dominanten, die Bernhard von Clès damals in Angriff nehmen ließ, war eine prächtige Straßenachse vom Dom zum Schloß Buonconsiglio. An den flankierenden Palästen zwischen dem Dom als Sitzungsstätte und dem Schloß als Residenz sollten die Konzilväter hin und her ziehen und dabei des Fürstbischofs Stadt bewundern. Heute ziehen die Touristen durch die Via Belenzani und bewundern die kostbaren Renaissancefassaden mit ihren Portalen und Schwibbögen, mit ihren Balkonen und Wandgemälden. Es waren vor allem venezianische Maler, die damals die Stadt für das große Ereignis ausschmückten.

Freskenverzierte Giebel findet man auf Schritt und Tritt in der Altstadt. Neben den prächtigen Palazzi sind es vor allem zahlreiche Kirchen, die Trients Silhouette bestimmen. Das war schon zur Zeit der Konzilseröffnung so. Damals dichtete Graf Nicolaus von Arco in einem Loblied auf Trient: »Festes Bollwerk bist Du, die Etsch umspült Deine Mauern, Deine Äcker sind reich, Ceres und Bacchus sind nahe. Lächeln kannst Du, Trient, darauf hinschauen vom Hügel, singen mit frommem Mund Dank Deinem göttlichen Herrn. Hundert Kirchen hast Du, und die vielen Altäre ...«

Folgende Doppelseite: Auf der Piazza Cesare Battisti im Herzen der Altstadt von Trient.

Wandertip: *Frühling am Gardasee*

Die Wandersaison entspannt beginnen, auch mit Kindern im Schlepptau; dafür ist der Gardasee immer das ideale Ziel – und die Tourenmöglichkeiten gehen nicht so schnell aus. Die Gardaseeberge haben zwar lange und anstrengende Klettersteige zu bieten – aber auch eine ganze Schar von kürzeren, leichteren Zielen. Gerade recht zum Flanieren, zum Genießen der blühenden Natur, zum Schauen auf die verschneiten Dreitausender der Brenta- und Presanellagruppe.

Jeder kennt den **Coldri**, den Hausberg von Arco mit der überhängenden Ostwand, buntgetupft von Dutzenden von Kletterern. Und der leichte Klettersteig durch die Schroffenflanke neben dem Steilabbruch ist Pflichttour Nummer Eins für jeden Gardasee-Neuling. Ein Nachmittagstrip, kurz am Drahtseil über glattgetretene Kalkplatten hinaufgezerrt, dann über zerfressenen Karenfels zum riesigen Gipfelkreuz mit der Sicht auf Arco, den See und die noch weißen Kuppen des Monte Baldo.

Nur eine gute halbe Stunde ist es vom Colodri zum **Monte Colt**, ein bequemer Weg führt durch den lichten Wald hinüber. Aber nur 2 m neben dem Weg bricht die Felswand senkrecht ab, 100 m tief zu einer Waldterrasse über dem Sarcatal. Gefahrlos kann man hier am Rand der Klippe stehen und eine Ausgesetztheit genießen, wie sie sonst nur Kletterer erleben. Eine Bank am Waldrand lädt ein zum Picknick, danach geht es leichtfüßig hinunter nach Ceniga oder durchs bildhübsche Tälchen von Laghel zurück nach Arco zu Kaffee und Eis.

Über dem Tal von Laghel steht eine rotgelbe Felswand, der **Monte Mandrea**. Als langer Rücken streicht er in Richtung Arco und bildet direkt über dem Ort eine Kuppe, den Baone. Wer nach Colodri und Colt nicht genug hat, kann als Zugabe noch diesem Gupf aufs Haupt steigen; wer es gemütlich mag, findet hier ein eigenständiges, wenig bekanntes Tourenziel. Durch fleißig gepflegte Felder spaziert man von Arco aus zur markanten, kompakten Felsplatte am Fuß des **Baone**, wo man mit etwas Glück Kletterer bei ihren Balancespielchen beobachten kann.

Aber aufgepaßt! Ganz ähnliches Gelände wartet weiter oben auf den Baone-Aspiranten. Die ersten Meter krabbelt man auf etwas brösligen Bändern durch eine Schroffenzone hinauf, dann plötzlich steht man am Fuß des Plattenschusses. Ein Parkettboden aus Kalkstein, aber um 35 Grad aus der Waagerechten gekippt. Nichts für Ängstliche – »trau dich und gehe« heißt die Devise. Aufrecht stehen, die ganze Sohle aufsetzen und einfach hochmarschieren, Reibungsklettern für Wanderer. Ein hüfthoch gespanntes Drahtseil hilft beim Balancieren und beruhigt die Nerven. Oben am Gipfel wird klar, daß der Baone einer der schönsten Aussichtspunkte über Arco ist – aber das kann jeder selber feststellen ...

TAXI

Informationen: *Zwischen Bozen und Trient*

i: Der Süden Südtirols – Tourismusverband, Pillhofweg 1, I-39010 Frangart, Tel. (0471) 633488, Fax 633367.
i: APT del Trentino, Via Romangnosi 11, I-38100 Trento, Tel. (0461) 497353, Fax 260277, E-mail: apt@provincia.tn.it.

Regionale Touristenbüros

i: Kaltern, Marktplatz 8, I-39052 Kaltern, Tel. (0471) 963169, Fax 963469.
i: Tramin, Rathausplatz 11, I-39040 Tramin, Tel. (0471) 860131, Fax 860820.
i: Eppan, Rathausplatz 1, I-39057 Eppan, Tel. (0471) 662206, Fax 663546.
i: A.P.T. Valle di Fassa, Via Costa 79, I-38032 Alba di Canazei, Tel. (0462) 602466 und 602594, Fax 602278.

Sehenswürdigkeiten

- *Ansitz Museum Schloß Moos-Schulthaus*, Schulthauser Weg 4, Eppan, Tel. (0471) 660139: alte Wohneinrichtung, Fresken und Bilder Tiroler Maler. Geöffnet: tgl. außer Mo, Führungen von Ostern bis Ende Okt. um 10, 11, 16 und 17 Uhr, Mo geschlossen.
- *Schloß Hocheppan*, Missian, St. Pauls/Eppan, Tel. (0471) 636081: Einst Sitz des Adelsgeschlechts der Eppaner, im 12. Jahrhundert erbaut, bietet es nicht nur einen herrlichen Blick auf das Etschtal, sondern mit den berühmten Fresken in der Burgkapelle Kulturschätze, die zu den wertvollsten Südtirols gehören.
- *Pfarrkirche zum hl. Paulus*, Eppan: gotischer Bau mit barockem Zwiebelturm. Anmeldung für Führungen unter Tel. (0471) 663225 (Paulser Kunststube).
- *St. Stephans-Kirche*, Montan/Pinzon, Tel. (0471) 820781: Highlight der gotischen Kirche ist der Flügelaltar von Hans Klocker. Besichtigung nur nach telefonischer Voranmeldung.
- *St. Jakob in Kastelaz*, Tramin: Kirche mit Fresken des Ambrosius. Der Schlüssel ist bei Familie Malojer nebenan erhältlich.
- *Südtiroler Weinbaumuseum*, Kaltern, Goldgasse 1, Tel. (0471) 963168: Querschnitt durch die Geschichte der Weinkultur. Geöffnet: Ostern bis Allerheiligen tgl. außer Mo.
- *Museum für Alltagskultur*, Neumarkt, Andreas-Hofer-Straße 24, Tel. (0471) 812472: Einrichtungs- und Gebrauchsgegenstände von anno dazumal. Geöffnet Apr. bis Nov. Mi–So.

Veranstaltungstips

- *Apfelwochen*, Auer, Tel. (0471) 810231: Hier kann man im Oktober Äpfel und Apfelspezialitäten kosten.
- *Burgduld*, Schloß Auer/Dorf Tirol: Der Bauernmarkt im Mai läßt das mittelalterliche Alltagsleben lebendig werden. Da steht man am Pranger, und Hexen werden »verbrannt«, Landesfürst, Burgfräuleins sowie Tagelöhner schieben sich durch die Menschenmengen.
- *Freilichtspiele*, Ritten/Lana/Neumarkt: Im August finden hier Darbietungen von Laienbühnen verschiedenster Art statt, Lustspiele, Dramen u. a.

Karneval im Trientiner Val Floriana. In kunstvollen Masken und Kostümen zieht man von Haus zu Haus.

Wandern am Gardasee

Colodri – Monte Colt, 400 / 435 m

Schwierigkeit: leichter Klettersteig zum Colodri, danach Wanderweg

Höhenunterschied: ca. 400 m; Dauer: 3–4 Std.

Ausgangspunkt: Arco, Parkplatz beim Schwimmbad / Camping Arco

Aufstieg: Auf steinigem Weg durch die Riesenblöcke unter der Colodri-Ostwand aufsteigen. Der Steig führt durch die geneigte, bewachsene Flanke zwischen den beiden senkrechten Wandabbrüchen des Colodri und der Rupe Secca. Im oberen Teil werden einige Felsstufen mit Drahtseilhilfe gequert oder erklettert, der Fels ist teils recht abgeschmiert. Vom Ausstieg auf der Colodri-Hochfläche über zerfressenen Fels weiter zum Gipfel mit dem riesigen Kreuz (1–1½ Std.).

Reiseinformationen von A bis Z

Allgemeines: Land und Leute auf einen Blick

Politik und Verwaltung: Alto Adige (Hohe Etsch) lautet der Name Südtirols auf italienisch. Es bildet zusammen mit dem Trentino eine autonome Region innerhalb Italiens, die sich aus den Provinzen Bozen (Bolzano) und Trient (Trento) zusammensetzt.

Fläche: Zusammen besitzen beide Provinzen eine Fläche von rund 13600 km^2 (zum Vergleich: Bundesland Schleswig-Holstein 15678 km^2), wovon Südtirol allein 7400 km^2 ausmacht.

Höhe: 40 % der Fläche Südtirols liegen über 2000 m Höhe, 46 % zwischen 1000 und 2000 m, 10% zwischen 500 und 1000 m und nur 4% unterhalb der 500-m-Marke.

Bevölkerung: Knapp 900000 Menschen leben in der gesamten Region, davon etwa 450000 in Südtirol.

Sprache: 68 % sind deutsch-, 28 % italienischsprachige Südtiroler, 4 % Ladiner.

Alpinschulen

Geschulte und geprüfte Bergführer aus 15 Alpinschulen stehen für Bergtouren zur Verfügung. Die Alpinschulen haben einen Katalog herausgegeben mit Angeboten für Kletterkurse, Hüttenwanderungen u. a.
Alpinzentrum Rosengarten, Welschnofen,
Tel. (0471) 613599;
Alpinschule Pustertal, Welsberg, Tel. (0474) 944660;
Alpinschule Dolomiten, Kastelruth, Tel. (0471) 705343.

Anreise

Die Anreise nach Südtirol kann im Norden über den Reschenpaß und den Brennerpaß (mautpflichtig wie alle Autobahnen in Italien) erfolgen (ganzjährig geöffnet), im Westen über das Stilfserjoch (Wintersperre), im Osten über Winnebach, im Süden über die Brennerautobahn.

Automobilclubs

Italienischer Automobilclub: Italienstraße 19/A, I-39100 Bozen, Tel. (0471) 280003; Pannendienst: Tel. 116.
ADAC Notrufzentrale München: (0049-89) 222222.

Bergbahnen

Ca. 400 Liftanlagen sind in Funktion.

Burgen und Ruinen

Rund 120 Burgen und Ruinen, etwa 200 Ansitze und vier wehrhafte Klosterbauten befinden sich auf Südtiroler Gebiet. Mehr als 40 davon beherbergen Museen, Hotels und Restaurants. Besonders während der Sommermonate werden Burgen und Schlösser zum Schauplatz interessanter Veranstaltungen. Dazu zählt auch das wohl wichtigste Ereignis eines jeden Sommers: Musicastello – Burg- und Schloßkonzerte in Südtirol.

Bustouren

Das Reisebüro Alpina-Tourdolomit, Tel. (0473) 237309, bietet Tagesfahrten (Dolomiten usw.) und Halbtagesfahrten an.

Camping

Es gibt in Südtirol 36 Campingplätze, von denen einige auch im Winter geöffnet sind. Im Verzeichnis der Campingplätze sind die Adressen aufgelistet. Ein kostenloser Campingführer ist erhältlich bei Südtirol Tourismus Werbung (s. S. 166).

Diplomatische und konsularische Vertretungen

Generalkonsulat von Deutschland, Via Solferino 40, I-20121 Mailand, Tel. (02) 6231101, Fax 6554213.
Generalkonsulat von Österreich, Via Tranquillo Cremona 27, 20145 Mailand, Tel. (02) 4812937, Fax 48009630.
Generalkonsulat der Schweiz, Via Palestro 2, 20121 Mailand, Tel. (02) 7779161, Fax 76014296.

Einkaufen

Beliebte Mitbringsel aus Südtirol sind Holzschnitzereien, Keramikwaren, geklöppelte Spitzendecken, Speck, Wein, gewebte Stoffe, Trachtenpuppen und Trachtenmode, Schnaps.

Eisenbahn

Staatsbahn, Auskünfte für Reisegäste:
Tel. (0472) 458993;
Autoreisezug: Tel. (0471) 972072, Fax 313530.

Elektrizität

Die Stromspannung beträgt 220 V Wechselstrom.

Essen und Trinken

Die kulturelle Vielfalt spiegelt sich auch in der Gastronomie wider: Neben deftigen Knödeln und Schlutzkrapfen fehlen auf dem Speisezettel auch Spaghetti und Pizza nicht. Die Tiroler Gastlichkeit gemütlicher Gasthäuser vermischt sich mit dem südlichen Charme von Pizzerias und italienischen Restaurants. Junge Köche entwickelten daraus eine ganz neue Form der Südtiroler »Cuisine«, und so manches Gasthaus hat sich im Laufe der Zeit als echtes Feinschmecker-Restaurant etabliert. Zum gepflegten Essen gehört ein guter Tropfen Wein.

Reiseinformationen von A bis Z

Die Weinreben gedeihen in Südtirol aufgrund der vielen Sonnentage prächtig, und die Weine (z.B. Vernatsch, Lagrein, Gewürztraminer) müssen einen Vergleich mit Weinen aus Frankreich oder aus dem restlichen Italien nicht scheuen.

Feiertage

1. Januar (Neujahrstag), 6. Januar (Hl. Drei Könige), Ostermontag, Pfingstmontag, 25. April (Staatsfeiertag), 1. Mai (Tag der Arbeit), 15. August (Mariä Himmelfahrt), 1. November (Allerheiligen), 25./26. Dezember (Weihnachten).

Ferienwohnungen/Ferien auf dem Bauernhof

Eine umfassende Broschüre »Urlaub auf dem Bauernhof« mit Adressen, Abbildungen sowie Infos über Ferienwohnungen kann man bei Südtirol Tourismus Werbung (s. unten) anfordern.

Feste

Traditionelle Prozessionen, Umzüge und Feste zeigen, daß das Brauchtum in Südtirol heute wie eh und je eine große Rolle spielt. Man liebt Musik. Fast jedes Dorf hat eine eigene Musikkapelle, die in der ortseigenen Tracht zu diesen Anlässen aufmarschiert. Diese Feste haben entweder traditionelle oder kirchliche Hintergründe, wobei die wichtigsten Fronleichnam am 1. Juni, Herz-Jesu am 8. Juni und Mariä Himmelfahrt am 15. August sind.

Geld

Währungseinheit ist seit dem 1.1.1999 der Euro. Als Bargeld im Umlauf ist bis zum 31.12.2001 die italienische Lira (ca. 1000 Lira = 1,– DM).

Hotels/Unterkünfte

Es gibt etwa 4600 Hotels, Gasthöfe, Pensionen, Hotels Garnis, Residences und 5300 private Zimmer und Ferienwohnungen, 89 Schutzhütten, die durch gute Wege erwandert werden können, 37 Berggasthäuser und 36 Campingplätze. Ein interessantes Angebot ist das Wohnen in Schloßhotels.

Informationen

Allgemeine Informationen

i: Südtirol Tourismus Werbung, Pfarrplatz 11, I-39100 Bozen, Tel. (0471) 883808, Fax 993889, E-mail: tourism@provinz.bz.it, http://www.provinz.bz.it/tourismus/.
Sehr gutes und umfassendes Informationsmaterial.

i: APT di Trento, Via Romagnosi 11, I-38100 Trento, Tel. (0461) 497353, Fax 260277.

Regionale Touristenbüros

- Alta Badia, c/o Tourismusverein Corvara, Col-Alt-Straße 36, I-39033 Corvara, Tel. (0471) 836176, Fax 836540, E-mail: altabadia@dolomitisuperski.com.
- Bozen-Jenesien, Waltherplatz 8, I-39100 Bozen, Tel. (0471) 307000, Fax 980128, E-mail: Bolzano@sudtirol.com.
- Der Süden Südtirols, Pillhofstraße 1, I-39010 Frangart, Tel. (0471) 633488, Fax 633367.
- Eisacktal, Großer Graben 28a, I-39042 Brixen, Tel. (0472) 802232, Fax 801315, E-mail: info@eisacktal.com.
- Ferienregion Kronplatz, Herzog-Siegmund-Straße 4/a, I-39031 Bruneck, Tel. (0474) 555447, Fax 530018, E-mail: crontour@dolomitisuperski.com.
- Ferienregion Tauferer-Ahrntal, Ahrntalstraße 95, I-39030 Steinhaus, Tel. (0474) 652081, Fax 652082, E-mail: tauferer.ahrntal@acomedia.com.
- Gröden, Dursanstraße 78, I-39047 St. Christina, Tel. (0471) 792277, Fax 792239, E-mail: info@val-gardena.com.
- Im Herzen Südtirols, c/o Tourismusverein St. Leonhard in Passeier, I-39015 St. Leonhard in Passeier, Tel. (0473) 656466, Fax 656624.
- Meraner Land, Maria-Trost-Straße 5, I-39012 Meran, Tel. (0473) 212404, Fax 210636, E-mail: info@meranerland.com.
- Rosengarten-Latemar, I-39050 Birchabruck, Tel. (0471) 610310, Fax 610317, E-mail: rola@dolomitisuperski.com/rola.
- Seiser Alm-Schlerngebiet, Schlernstraße 16, I-39040 Seis am Schlern, Tel. (0471) 707024, Fax 706600, E-mail: seiseralm@dolomitisuperski.com.
- Vinschgau, Kapuzinerstraße 10, I-39028 Schlanders, Tel. (0473) 620480, Fax 620481, E-mail: vinschgau@suedtirol.com.

Weitere Informationen

- Tiroler Hotelier- und Gastwirteverband, Delaistraße16/1, I-39100 Bozen, Tel. (0471) 971110, Fax 974494.
- Verband der Privatzimmervermieter, Tel./Fax (0471) 978321.
- Südtiroler Verkehrsmeldezentrale, Tel. (0471) 200198, Fax 201157: Auskünfte für den Autofahrer, Schneebericht am Wochenende.
- Lawinenwarndienst, Tel. (0471) 270555.

Reiseinformationen von A bis Z

Literatur
Reinhard Kuntzke: *Wandern in den Dolomiten*, Dumont aktiv, 19,90 DM. Hervorragendes Handbuch für Dolomitenwanderer, handlich, mit vielen Tips.
Gute Berichte und stimmungsvolle Fotos über Südtirol bietet die Zeitschrift *Berge*, Olympia Verlag, Badstraße 4–6, 90403 Nürnberg, Tel. (0911) 216-0, Fax 2162237.

Mietwagen
AVIS, Verdiplatz 18, I-39100 Bozen, Tel. (0471) 971467.
Autovermietung Götsch, Kuperionstraße 18, I-39012 Meran, Tel. (0473) 210567.

Naturparks und -schutzgebiete
Sieben Naturparks (Schlern, Texelgruppe, Puez-Geisler, Fanes-Sennes-Prags, Trudner Horn, Sextner Dolomiten, Rieserfernergruppe), ein Nationalpark (Stilfserjoch) sowie zahlreiche Biotope und Naturdenkmäler.

Notruf
Tel. 113 (Polizei und Rettungsdienst),
Tel. 116 (Autopannendienst),
Tel. 118 (Bergrettungsdienst).
Für Notrufe empfiehlt es sich, immer einige Münzen aufzubewahren.

Öffentliche Verkehrsmittel
Öffentliche Verkehrsmittel sind durch das integrierte Transportsystem vernetzt, d.h., Bus, Bahn und Stadtbus können mit ein und derselben Fahrkarte, einer Wertkarte, benutzt werden. Auskünfte erhalten Sie gebührenfrei unter Tel. (147) 888088 (Eisenbahn) und (1678) 46047 (öffentlicher Nahverkehr).

Öffnungszeiten
Geschäfte in der Regel Mo–Fr 9–12 und 15–19 Uhr, Sa 9–12 Uhr.

Parkplätze
Aufgrund akuten Platzmangels empfiehlt es sich z.B. in Bozen, das Auto auf einem gebührenpflichtigen bewachten Parkplatz abzustellen (auch wegen Diebstahlsgefahr zu empfehlen). Viele Parkplätze im Stadtgebiet sind zu bestimmten Uhrzeiten Anwohnern vorbehalten.
Alternative: gebührenpflichtige Kurzparkzonen, die durch blaue Bodenmarkierungen gekennzeichnet sind. Münzgeld erforderlich! Achten Sie genau auf die Beschilderung, denn Parksünder werden gnadenlos abgeschleppt!

Paßstraßen
Die Südtiroler Verkehrsmeldezentrale gibt Auskunft über die Befahrbarkeit der Paßstraßen (s. S. 166).

Radfahren
Geradelt wird hauptsächlich in folgenden Urlaubsregionen: Obervinschgau, Untervinschgau und Ultental, Sarntal und Passeiertal, im Süden Südtirols und in den Gebieten Rosengarten-Latemar, Wipptal, Tauferer-Ahrntal und Hochpustertal. Die Broschüre »Radwandern« enthält ausgewählte Streckenbeschreibungen und Ferienregionen. Der Süden Südtirols und Vinschgau haben eigene Radführer herausgegeben. Die ebenfalls kostenlose Broschüre »Bike Hotels« (erhältlich bei Südtirol Tourismus Werbung, s. S. 166) listet Gastbetriebe aller Kategorien auf, vom Campingplatz bis zum Hotel. Geboten werden Räume zur Fahrradaufbewahrung, Werkstätten, Ersatzteile, geführte Touren usw.

Reisedokumente
Zur Einreise nach Südtirol benötigt man einen gültigen Personalausweis oder einen Reisepaß.

Reisezeit
Ganzjährig: Hauptreisezeit ist zu Ostern, zu Pfingsten, im Juli, im August, im September und zu Weihnachten. Unterkünfte sollten rechtzeitig gebucht werden. Tip: Der Frühling setzt hier schon sehr früh ein. Im März blühen die Kirschbäume, es folgt unverzüglich die Birnen- und Aprikosenblüte bis hin zum absoluten Höhepunkt gegen Mitte/Ende April, wenn in den Tälern Millionen von Apfelbäumen in Blüte stehen und zu Spaziergängen unter ihren Blütenkronen einladen.

Skifahren und Wintersport
Die Dolomiten im Osten, das Ortlermassiv im Westen des Landes und der Alpenhauptkamm im Norden machen Südtirol zu einer attraktiven Winterlandschaft. Moderne Aufstiegsanlagen bringen Skifahrer und Snowboarder auf 850 km Pisten. Zwei Großraum-Skigebiete garantieren Skivergnügen: Dolomiti Superski im Osten und Ortler Skiarena im Westen des Landes. Die Broschüre »Winterideen« (erhältlich bei Südtirol Tourismus Werbung, s. S. 166) enthält Tips für den Winterurlauber sowie eine Aufstellung der Skiregionen und ihrer Liftpreise.

Telefonieren
Von Deutschland, Österreich und der Schweiz nach Italien: 0039 mit vollständiger Vorwahl, d.h. incl. der

Reiseinformationen von A bis Z

»0«; also z. B. 0039-0471 (für Bozen), danach die Rufnummer. Von Italien nach Deutschland: 0049, nach Österreich: 0043 und in die Schweiz: 0041.

Törggelen
Der glasklare Herbst läßt Bergsilhouetten näher- und die Menschen zusammenrücken. Es ist die Zeit des »Törggelens« (von September bis November, s. S. 26), wenn man zu den Bauernhöfen und -schenken wandert, um dort zu gebratenen Kastanien und Südtiroler Speck den »Nuien« (neuen Wein) zu kosten. Echte Törggele-Touren finden nur in den Umgebungen von Meran und Bozen, am Hochplateau des Schlerngebietes, im Eisacktal bei Brixen und im unteren Vinschgau statt. Weitere Auskünfte bei Südtirol Tourismus Werbung (s. S. 166).

Veranstaltungen
Freilichtaufführungen am Ritten bei Bozen und in Lana, die Soireen auf Schloß Tirol im Juni, die Grödner Musikwochen im Juli, der Bozner Ballettsommer im Juli und die Meraner Musikwochen mit Auftritten weltbekannter Orchester und Musiker Ende August bis Ende September runden die kulturelle Angebotspalette in den Sommermonaten ab. Weitere Veranstaltungen wie die Italienmeisterschaft im Hundeschlittenrennen im Antholzer Tal (Februar) oder der Oswald-von-Wolkenstein-Ritt im Seiser Alm-Schlerngebiet im Mai sind der Broschüre »Spektrum« zu entnehmen, erhältlich bei Südtirol Tourismus Werbung (s. S. 166).
S. auch *Wein*.

Wandern
Südtirol und das Trentino sind Wanderparadiese. Spazierengegangen, gewandert und geklettert wird in allen Höhenlagen bis hinauf zu Südtirols höchstem Berg, dem Ortler (3902 m). Ein bestens erschlossenes Wandernetz mit sehr gut ausgeschilderten Wegen wartet auf Wanderlustige. Viele Orte bieten ihren Gästen geführte Wanderungen an. Von der Südtirol Tourismus Werbung (s. S. 166) können dazu die informativen kostenlosen Broschüren »Südlich Wandern«, »Urlaubsideen« und »Die schönsten Wanderhotels« bezogen werden.

Wein
Die *Bozner Weinkost* (jeweils Anfang Mai) ist die wichtigste Veranstaltung für die gesamte Weinwirtschaft Südtirols. Verkostet und bewertet werden die Weine des Vorjahrs.
Weinritt im Süden (von Mitte April bis Mitte Juni und in der ersten Septemberhälfte): ganztägige Touren durch zehn Gemeinden der Südtiroler Weinstraße. Besichtigung historischer Weinhöfe und Kellereien mit Weinverkostung (s. auch S. 140 ff.).

Zollbestimmungen
Gäste aus den EU-Staaten können folgende Mengen zollfrei ein- und ausführen: 800 Zigaretten, 90 Liter Wein, 110 Liter Bier, 10 Liter Spirituosen,
Gäste aus der Schweiz: 100 Zigaretten, 2 Liter Wein, 1 Liter superalkoholische Getränke, 2 Liter Liköre.

Kartenübersicht

Register

Autoren und Fotografen

Dieter Kreutzkamp
Reiseschriftsteller, Fotograf und Weltreisender, Jahrgang 1946, wohnt in Bad Münder. Rund 15 Jahre lebte er in den verschiedensten Regionen der Erde. Fotos und Berichte von seinen ausgedehnten Reisen durch mehr als 100 Länder wurden in Zeitschriften und im Fernsehen veröffentlicht. Bei Frederking & Thaler erschienen bereits 13 Bücher von ihm, u. a. in der Reihe *Straßen in die Einsamkeit* die Bände *Durch West-Kanada und Alaska, Namibia, Mitten durch Deutschland, Österreich* und *Rocky Mountains.*
(S. 8, 68, 90, 117, 137, 161)

Birgit und Harald Antes
Im Saarland geboren, leben seit rund 30 Jahren am Tegernsee in Oberbayern. In ihrer »Sucht nach wilden Landschaften und langen Wanderungen« sind sie immer wieder auf Reisen – am liebsten in alpinen Regionen, Nepal und Tibet. Seit rund eineinhalb Jahrzehnten arbeiten sie als freie Journalisten, Buchautoren und Fotografen für Alpin- und Reisemagazine.
(S. 60)

Andreas Dick
Journalist, Fotograf und Bergführer, geboren 1964 in Baden-Baden, lebt in München. Seit seiner Jugend besucht er regelmäßig die Schweizer und Südtiroler Berge. Dem staatlich geprüften Berg- und Skiführer gelangen dort etliche extreme Kletter- und Steileisrouten.
(S. 47, 55, 164)

Dr. Gerhard Fitzthum
Journalist, Jahrgang 1955, promovierte 1992 in Philosophie bei Odo Marquard in Gießen. Er arbeitet als Hörfunk-Autor und freier Mitarbeiter für die Reisebeilagen renommierter Tages- und Wochenzeitungen, wie DIE ZEIT, *Frankfurter Rundschau, taz* und *Neue Zürcher Zeitung.* Themenschwerpunkte: Philosophie der Naturbegegnung, Reisekultur, Alpen, »sanfter« Tourismus.
(S. 146)

Dr. Hannes Kautzky
Sachbuchautor und Bildreporter, Jahrgang 1958, lebt in Innsbruck. Studium der Biologie und Geschichte, Mitarbeiter des »Forums österreichischer Wissenschaftler für Umweltschutz«. Er widmet er sich bevorzugt Natur- und Umweltthemen und verfaßte mehrere Natur- und Reiseführer. An den im Verlag Frederking & Thaler erschienenen Reiseratgebern *Österreich* und *Schweiz* wirkte er als Koautor und Fotograf mit.
(S. 9, 12, 14)

Reinhard Kuntzke
Journalist, Jahrgang 1949. Der studierte Politologe ist seit zwei Jahrzehnten als freier Journalist und Autor tätig, u.a. für DIE ZEIT und für die *taz.* Seine Schwerpunktthemen sind Tourismusentwicklung und -politik, seine bevorzugten Reisegebiete die Alpen und Norditalien.
(S. 19, 104, 112, 120, 127, 153)

Jul Bruno Laner
Lebt als freischaffender Publizist, Theaterautor, Dokumentarfilmer und Journalist in Bozen. Er behandelte südtirolspezifische Themen in Büchern, Filmen und Stücken, z.B. *Sagenhafte Bergwelt* mit Ernst Pertl als Fotograf, *Leben, die sich gleichen* (ein Vergleich Himalaya – Alpen mit dem Lichtbildner Udo Bernhart), *Dolomiten, neue Perspektiven* mit Reinhold Messner und Jakob Tappeiner.
(S. 24, 27, 30, 140, 142, 148)

Georg Lembergh (Fotos)
Fotograf, Jahrgang 1963, lebt in Wien. Als Sohn eines Südtirolers zieht es ihn immer wieder mit der Kamera in die Heimat seines Vaters. Seine Fotoreportagen erschienen u.a. in GEO-SAISON, DIE ZEIT, *Das Reisemagazin.*

Sebastian Marseiler
1950 in Schluderns (Vinschgau) geboren, lebt in Meran. Literaturstudium in Verona. Autor von Reportagen und Publikationen über seine Heimat, Kunst und Kultur, über die Welt der Bergbauern, italienische Städte und Landschaften und über Fernreisen, u. a. in *Merian*. Daneben arbeitet er als Dokumentarfilmautor für RAI Bozen und das Bayerische Fernsehen.
(S. 13)

Hanspaul Menara
1945 in Sterzing geboren, publiziert seit Jahrzehnten erfolgreich über seine Heimat Südtirol. Zu seinen über 30 Buchveröffentlichungen zählen Standardwerke über Südtirols Berggipfel, Waalwege, Burgen und Schlösser – und natürlich die schönsten Wanderrouten. Seit vielen Jahren veröffentlicht er im *Dolomiten-Magazin* die beliebten Wandervorschläge.
(S. 17, 38, 39, 41, 43, 77, 111, 127, 144)

Barbara Schaefer
Journalistin, Jahrgang 1961, lebt als freie Autorin in Berlin. Sie schreibt Reisereportagen und Artikel zu kulturellen Themen für verschiedene Zeitungen und Zeitschriften. An den bei Frederking & Thaler erschienenen Reiseratgebern *Rocky Mountains* und *Schweiz* wirkte sie als Koautorin mit.
(S. 107)

Günter Schenk (Fotos)
Fotograf, Jahrgang 1948, beobachtet seit Jahrzehnten europäisches Brauchtum mit der Kamera. Seine Festreportagen erscheinen in renommierten Wochenblättern und Tageszeitungen, u. a. der *Süddeutschen Zeitung*, dem *Rheinischer Merkur* und der *Frankfurter Rundschau*.

Othmar Seehauser (Fotos)
1955 auf einem Bergbauernhof unter dem Rosengarten im Eggental geboren, ist seit 1980 als freier Fotojournalist im In- und Ausland (mit Schwerpunkt Lateinamerika) tätig. Anfang der neunziger Jahre Rückkehr nach Südtirol, wo er tagtäglich Ereignisse, Stimmungen, Traditionen und Widersprüche der Südtiroler Gesellschaft in seinen Bildern festhält. Veröffentlichungen u. a. in *FF Südtiroler Wochenzeitung, Der Spiegel, Berge, The New York Times Magazine.* Der größte Teil der Bilder in diesem Buch stammt von ihm.

K.W. Steegers (Fotos)
Fotograf, Jahrgang 1944, lebt in Lünen. Nach einer Ausbildung zum Fotodesigner lehrte er mehrere Jahre an der Fachhochschule für Visuelle Kommunikation in Dortmund. Er arbeitet als freiberuflicher Fotograf zu den Themen Dokumentation, Architektur, Stadt-Landschaft. Mehrere Wanderbücher wurden von ihm bebildert.

Klaus Thiele
1943 in Berlin geboren, wohnhaft in Warburg. Studium der Theaterwissenschaften. Nach seiner Tätigkeit als politischer Redakteur in Bremen und Reporter in Berlin kam er aus Neigung zum Reisejournalismus. Er baute ein eigenes umfangreiches Bildarchiv auf. Sein großer, schwerer Fotokoffer ist überall dabei – ob bei den Aborigines in Australien oder im schönen Südtirol. Letzteres gehört zu seinen Lieblingszielen – dreimal im Jahr ist er mindestens dort. Dabei haben es ihm die Kochkünste besonders angetan ...
(S. 26, 72, 76, 82, 116, 125, 133)

Christoph Wendt
Reisejournalist, Fotograf und Buchautor, Jahrgang 1935, lebt in Monschau in der Eifel. Seit vielen Jahren sucht der freiberufliche Journalist bei seinen Reisen in der ganzen Welt – auch in viel frequentierten, touristisch gut erschlossenen Ländern – abseits der ausgetretenen Routen nach »Straßen in die Einsamkeit«.
(S. 22, 34, 37, 50, 63, 78, 86, 91, 94, 98, 102, 108, 134, 151, 157, 158)

Bildnachweis

Umschlag: Dieter Kreutzkamp (Vorderseite), Othmar Seehauser (Rückseite)
Antes & Antes: S. 61, 63
L. Bährendt, Autonome Provinz Bozen: S. 91, 105
Andreas Dick: S. 48/49, 53, 59, 137, 155, 157
Archiv Dolomitenfreunde, Wien: S. 16, 153, 154
Hannes Kautzky: S. 124
Dieter Kreutzkamp: S. 12, 17, 58, 69, 81, 90, 107, 108, 109, 122, 145, 146, 147, 159, 160
Georg Lembergh: S. 42, 76, 98, 104, 115, 126, 138/139
Sebastian Marseiler: S. 15
Hanspaul Menara: S. 22, 11, 127, 129
Günter Schenk: S. 54, 164
Othmar Seehauser: S. 4/5, 6, 7, 8, 11, 13, 14, 19, 23, 25, 27, 30, 32, 40, 52, 84/85, 89, 92/93, 96, 97, 100, 101, 103, 112, 117, 118/119, 130/131, 142, 149, 151, 152
K.W. Steegers: S. 28/29, 33, 35, 36, 43, 44/45, 47, 51, 57, 60, 66/67, 68
Klaus Thiele: S. 20/21, 26, 38, 70/71, 75, 77, 78, 83, 123, 125, 134, 143
Christoph Wendt: S. 41, 64, 74, 79, 87, 135

LEICA

Die Fotos von Dieter Kreutzkamp und K. W. Steegers wurden mit Leica R8 und R 6.2 aufgenommen.

Die Deutsche Bibliothek – CIP Einheitsaufnahme

Südtirol – Trentino : zwischen Ortler und Dolomiten, zwischen Brenner und Trient; auf Hirtenpfaden und stillen Bergwegen entlang der Sonnenseite der Alpen / Dieter Kreutzkamp. Mit Beitr. von Reinhard Kuntzke... – München: Frederking & Thaler, 1999
ISBN 3-89405-403-4

Herausgegeben von Dieter Kreutzkamp, Bad Münder
Lektorat: Dagmar Lutz, München
Gestaltung und Produktion: Büro Caroline Sieveking, München
Einbandkonzept: Petra Dorkenwald, München
Karten: Margret Prietzsch, Mammendorf
Reproduktion: PHG Lithos GmbH, Martinsried
Druck und Bindung: BAWA Print & Partner GmbH, München

Printed in Germany

ISBN 3-89405-403-4

Umwelthinweis:
Das Papier wurde aus chlorfrei gebleichtem Zellstoff hergestellt und enthält keine Aufheller. Die Einschweißfolie – zum Schutz vor Verschmutzung – besteht aus umweltfreundlichem und recyclingfähigem Polyethylen.

Kulturbericht

informativ, engagiert, bildreich

Brücken schlagen zwischen unterschiedlichen Menschen und Lebensweisen

Fred Bruemmer
Mein Leben mit den Inuit
Reisen zwischen Grönland und Alaska.
30 Jahre Freundschaft mit den Eskimos – ein Bericht über ihr Leben in rauher Natur.
176 Seiten, 27 Farb-, 23 s/w-Fotos,
1 Karte, Format 17 x 24 cm,
geb. mit Schutzumschlag,
DM 49,80 / öS 364,– / sFr 46,–
ISBN 3 89405 350 X

Barbara Veit
Traumsucher
192 Seiten, 57 Farbfotos,
1 Karte, 17,0 x 24,0 cm, Glanzeinband,
DM 39,80 / öS 291,- / sFr 37,-
ISBN 3 89405 370 4

Désirée v. Trotha
Die Enkel der Echse
Lebensbilder aus dem Land der Tuareg
208 Seiten, 42 Farbfotos,
1 Karte, 14,0 x 22,0 cm,
geb. mit Schutzumschlag,
DM 39,80 / öS 291,- / sFr 37,-
ISBN 3 89405 379 8

Winona LaDuke
Last standing woman
304 Seiten, 42 s/w-Fotos,
14,0 x 22,0 cm
geb. mit Schutzumschlag,
DM 39,90 / öS 291,- / sFr 37,-
ISBN 3 89405 385 2

FREDERKING & THALER